新丝路·语言

РЕГИОНОВЕДЕНИЕ РОССИИ
俄罗斯区域概况

主编 孙玉华

编者 孙玉华 〔俄〕А. А. Бочкарёв

北京大学出版社
PEKING UNIVERSITY PRESS

图书在版编目(CIP)数据

俄罗斯区域概况/孙玉华主编. —北京：北京大学出版社，2018.3
（新丝路·语言）
ISBN 978-7-301-28732-3

Ⅰ.①俄⋯ Ⅱ.①孙⋯ Ⅲ.①俄语－阅读教学－高等学校－教材 ②俄罗斯－概况 Ⅳ.①H359.37：K

中国版本图书馆CIP数据核字（2017）第219636号

书　　　名	俄罗斯区域概况 ELUOSI QUYU GAIKUANG
著作责任者	孙玉华　主编
责 任 编 辑	李　哲
标 准 书 号	ISBN 978-7-301-28732-3
出 版 发 行	北京大学出版社
地　　　址	北京市海淀区成府路205号　100871
网　　　址	http://www.pup.cn　新浪微博：@北京大学出版社
电 子 信 箱	pup_russian@163.com
电　　　话	邮购部62752015　发行部62750672　编辑部62759634
印 刷 者	天津和萱印刷有限公司
经 销 者	新华书店
	787毫米×1092毫米　16开本　19.25印张　480千字 2018年3月第1版　2023年3月第2次印刷
定　　　价	58.00元

未经许可，不得以任何方式复制或抄袭本书之部分或全部内容。
版权所有，侵权必究
举报电话：010-62752024　电子信箱：fd@pup.pku.edu.cn
图书如有印装质量问题，请与出版部联系，电话：010-62756370

前言

俄罗斯是个辽阔而多元的国家，因此，了解其区域结构问题，研究其每个区域的特点意义重大，这既有助于发展中俄关系，也有助于形成具有和谐互利伙伴关系的欧亚共同体。

综合考虑欧亚大区乃至整个世界现代社会经济发展的需求，依据现代区域学的研究成果，本教材把俄联邦空间作为一个由八个大区组成的系统来进行分析，但这八个大区与现行的八个联邦区的划分并不相符。区域学作为一门科学，需要用一种复杂的方法来对各个区域进行研究，要将这些区域作为具有某些特征、资源、发展前景和内部矛盾的系统，其矛盾是由区域之间或与邻国之间的复杂关系而造成的。立足于该视角，本教材分析了俄罗斯的中央区、西北区、南方区、伏尔加河沿岸区、乌拉尔区、西西伯利亚区、东西伯利亚区和远东区，把每个区作为经济（矿物、能源、工业、运输资源）、科学—教育、文化和旅游资源综合体来分析。每个区域都应将当前的生态问题作为向可持续发展转轨道路上最重要的障碍来进行研究。此外，还应研究每个区域与上合组织成员国——中国和中亚各国的现代经济和人文联系。

研究中央区时，尤其要关注莫斯科巨大的经济和科学潜力及其作为俄罗斯经济中心的作用（其中包括它作为贸易金融和对外经济中心）以及在发展俄中现代工业、农业和旅游业战略合作方面的巨大潜力。莫斯科巨大的科学和教育潜力、莫斯科州科学城各个封闭的国防技术中心的特殊地位以及"斯科尔科沃"现代创新中心的前景，都被一一提及。中央区拥有丰富的旅游资源，其中最著名的当属莫斯科的名胜古迹和"金环城市"的历史古迹以及大型战争遗址自然风景区。

研究西北区时本教材指出，该区已分为两个发展不平衡的经济区，即北部地区和西北部地区。"俄罗斯北方"历史疆域共性的形成，及其对邻近地区的经济影响，尤其值得关注。本书描述了科拉半岛、卡累利阿共和国、科米共和国、涅涅茨自治区富饶的矿物和生物资源，以及圣彼得堡、列宁格勒州巨大的工业潜力以及这些地区发展现代汽车制造业和造船业的成就。圣彼得堡丰富的科学、教育、旅游资源及其与中国伙伴们的广泛经济联系引人注目。虽然寒冷的气候限制了旅游业的发展，但圣彼得堡、诺夫哥罗德和普斯科夫的历史遗迹以及科拉半岛、卡累利阿共和国的自然美景还是拥有巨大的发展潜力。

研究南方区时，我们指出该区地理的复杂性、民族的多样性和文化的特殊性。该区矿产和森林资源不多，但土壤和水资源相当可观，这就决定了俄罗斯南部经济的定位——发展农业以及与之相关的工业和旅游业各部门。克拉斯诺达尔边疆区、黑海沿岸地区、克里米亚半岛海岸线尤其是索契和雅尔塔市拥有独一无二的旅游资源。区域内现有俄罗斯最大的港口——新罗西斯克，还将实施具有战略意义的桥梁建筑项目，将把克里米亚与北高加索地区连接起来，并推动半岛成为俄联邦最富裕、最具发展活力的区域之一。中国投资商将俄罗斯南部视为大有发展前景的区域之一，着力推动该区域的发展。该地区良好的生态条件为其发展生态旅游业提供了更多的可能。

在研究伏尔加河沿岸区时，我们指出了该区域地理特征的复杂。在伏尔加河沿岸有大型的经济和交通枢纽:下诺夫哥罗德、喀山、萨马拉、伏尔加格勒。该区的经济基础是油田、中伏尔加的石油加工企业、汽车工业和航空工业。无论在经济方面还是在文化方面，该区的生活都是围绕伏尔加河进行的，将其作为经济轴线，形成运输通道与独一无二的经济、能源、水、旅游等资源的综合体。该区域首先是在"伏尔加河—长江论坛"的框架下积极发展与中国伙伴的贸易投资合作，同时该区域也是哈萨克斯坦、吉尔吉斯斯坦和乌兹别克斯坦的重要经济伙伴。航空航天工业、国防和能源工业共同组成的科学生产联合体，使得该区域拥有巨大的科学发展潜力。该区域最优质的旅游资源有:下诺夫哥罗德、喀山、伏尔加格勒的历史遗迹，以及日古廖夫斯克山脉、伏尔加河三角洲的自然美景。

至于乌拉尔区，该区域作为"俄罗斯工业心脏"的定位引人注目。乌拉尔的矿产资源丰富多样，但是金属矿石的枯竭导致该地经济需要重新定位，需要外来原料，并开发巴什基尔的石油和奥伦堡的天然气。苏联时期强大的重型机械制造业、化学工业，为该区域的现代经济奠定了基础。与哈萨克斯坦接壤的漫长边境线与与中国西部地区的邻近，确立了南乌拉尔这一交通走廊的重要性。中国商品可借此运往欧洲，也可借此从哈萨克斯坦向东部运输原料。该区域的科学教育资源与经济特点相联系，为俄罗斯及其上海合作组织成员国的采掘工业培养地质学家和技术专家。尽管叶卡捷琳堡和彼尔姆拥有丰富的文化项目，但该区域没有国家级的旅游资源。乌拉尔区的生态问题严重阻碍该区域的发展，极大降低了其投资吸引力，在区域最大的工业中心叶卡捷琳堡、车里雅宾斯克、马格尼托哥尔斯克尤为如此。

在对西西伯利亚的研究中，该区大量的矿产引人注目。首先是亚马尔—涅涅茨自治区和汉特—曼西自治区的石油和天然气资源，以及克麦罗沃州的煤炭资源得到了积极开发。这一定位于油气开采的区域，在整个俄罗斯经济运行中发挥着关键作用。"阿尔泰"天然气管道项目将把西西伯利亚气田和中国国内的消费者连结起来。该项目不仅在地区层面，而且在国家层面也是一大重要战略项目。新西伯利亚、托木斯克州巨大的科教和创新潜力不能低估。西西伯利亚的天然珍珠阿尔泰地区，有大量可供发展生态旅游的诱人资源。哈卡斯共和国的旅游资源完全未被开发。由于自身与中国、蒙古和哈萨克斯坦接壤的有利位置，该区域在"一带一路"倡议的背景下具有战略意义。

在研究东西伯利亚时，特别要注意以下事实：该区域的大量资源到目前为止还没有被开发。这主要是由于此地气候条件恶劣、劳动力严重短缺。东西伯利亚也可以被称为"未来的领土"，因为它的潜力只有在数十年后才能充分显现出来。现在，东西伯利亚是一个大型的发电中心（得益于在叶尼塞河和安加拉河交汇处建立的最大的水力发电站），也是重工业中心，尤其是有色冶金业非常发达。虽然东西伯利亚与俄罗斯欧洲部分距离较远、交通基础设施落后阻碍了该区域的发展，但是东西伯利亚区拥有独一无二的集水、生物、旅游、生态资源于一体的自然综合系统——贝加尔湖。该区域与中国东北部地区的经济联系历来十分紧密且日益广泛。目前中俄双方在采矿、木材加工、能源和运输等经济项目上有合作。该区在贝加尔湖、萨彦岭一带遍布独特的自然景点。

研究远东区时，应该指出它最为重要的问题——尽管邻近中国、日本、朝鲜和美国给它带来了美好前景，但是人口严重短缺大大阻碍了它的发展。该区域的经济受20世纪90年代经济危机的影响，主要发展内容为亚太地区各国与俄罗斯欧洲部分提供原料（石油、天然气、煤炭、有色金属、木材）。该区矿产资源和生物资源十分丰富，但气候恶劣，人口短缺，与俄罗斯欧洲部分距离遥远，这严重阻碍了对该区域的开发。近年来，阿穆尔州、滨海边疆区和中国东北地区积极发展跨境贸易合作，建设现代化交通走廊、机场和物流中心，在整个远东区开办中俄合资企业。该区域的科学和教育机构，与亚太地区的国外合作伙伴联系密切，远东区的一流大学——远东联邦大学是培养汉语、韩语和日语人才的最权威的教育中心之一。远东区还拥有独特的自然条件，比如堪察加火山、沿海丘陵，以及阿穆尔河的水资源，但是由于当地的经济问题，这些资源并没有得到充分的利用。

ОТ АВТОРОВ

Настоящее учебное пособие по курсу «Регионоведение России» входит в состав серии учебно-методических пособий по регионоведению стран ШОС, разрабатываемых авторским коллективом Даляньского университета иностранных языков. Предлагаемое пособие разработано, прежде всего, для учащихся бакалавриата и магистратуры высших учебных заведений КНР (и других стран ШОС), изучающих регионалистику в рамках программ Университета ШОС по направлению подготовки «Регионоведение». Кроме того, пособие может быть использовано и для изучения регионалистики как дополнительной или факультативной дисциплины.

Учебное пособие рассчитано, прежде всего, на самостоятельную внеаудиторную работу учащихся. Авторский коллектив в ходе разработки методической концепции пособия принимал во внимание тот факт, что система преподавания регионоведения в высшей школе КНР находится на стадии формирования, а стандарты содержания соответствующих курсов – на стадии определения. В подобной ситуации предлагаемый учебник мог бы сыграть консолидирующую роль единого пособия для составления авторских лекционных курсов, мультимедиа-курсов, контрольно-измерительных материалов и учебных материалов по локальным вопросам.

Отличительной особенностью данного пособия является широкий содержательный охват (в пособии на ознакомительном уровне представлены весьма объемные пласты актуальных регионоведческих знаний) при относительно высоком уровне доступности. Вместе с тем, авторский коллектив указывает на объективные трудности с освоением предложенного текста, неизбежно возникающие у китайских учащихся с недостаточным уровнем владения русским языком. Как представляется авторам пособия, его применение оптимально для учащихся IV курса бакалавриата языковых специальностей китайских вузов или для магистрантов. Для русскоговорящих учащихся вузов стран ШОС пособие можно применять на любом этапе обучения.

Настоящий учебник на ознакомительном уровне рассказывает учащимся об основных отличительных особенностях восьми регионов России: Центрального, Северо-Западного, Южного, Поволжского, Уральского, Западно-Сибирского, Восточно-Сибирского и Дальневосточного. Структурно учебник состоит из 9 частей: в первой из них описываются принципы регионального членения обширной территории Российской Федерации, в последующих частях, по чётко определенной структуре, проводится описание каждого региона в отдельности. Каждая из этих частей состоит из пяти структурных единиц – глав, рассматривающих специфику региона в различных аспектах (экономико-географическом, научно-образовательном, экологическом и т.п.). Первая глава в каждой части посвящена многостороннему экономико-географическому обзору региона и, в этой связи, отличается значительным объемом и делится на параграфы. Структурное единство учебника на основе чётко определенных принципов, по замыслу авторского коллектива, должно способствовать формированию у учащихся стройной картины системно взаимосвязанных знаний по регионоведению России.

При составлении настоящего пособия авторы принимали во внимание требования, включенные в государственный стандарт специальности «Регионоведение» в вузах России. Данные требования подразумевают наличие у учащихся знаний исторических, политико- и экономико-географических, культурных и экологических особенностей изучаемого региона, а также представлений об основных тенденциях и факторах развития изучаемого региона в системе межрегиональных отношений. Кроме того, учащиеся должны иметь представление о динамике экономических, демографических, социально-культурных и экологических процессов в регионе, а также понимать причины и возможные последствия острейших проблем регионального развития. Авторы убеждены, что настоящее учебное пособие удовлетворяет всем перечисленным требованиям.

Принципиально важной особенностью учебника, по убеждению авторов, является рассмотрение каждого региона в системе межрегионального экономического сотрудничества в рамках ШОС. Данная особенность связана с необходимостью обратить повышенное внимание учащихся на резко усиливающиеся интеграционные тенденции по всей территории Евразии.

Авторский коллектив выражает огромную признательность Сунь На, Лю Хуажуну, Цзэн Ялинь, Теркулову Т.Т., Евгеновой О.В., Решетиной Ю.О., и Пономаревой М.А. за содействие в сборе фактических, статистических и иллюстрационных материалов, использованных для разработки настоящего пособия. Отдельную благодарность авторы выражают Таюрской И.В. и Лукониной А.А. за неоценимую помощь на всех этапах работы над учебником.

СОДЕРЖАНИЕ

ЧАСТЬ 1. РЕГИОНАЛЬНОЕ РАЗДЕЛЕНИЕ РОССИИ 1

ЧАСТЬ 2. ЦЕНТРАЛЬНЫЙ РЕГИОН РОССИИ 6
Глава 1. Экономико-географическая характеристика Центрального
региона России 6
   1.1. Общая характеристика региона 7
   1.2. Природные ресурсы Центрального региона России 9
   1.3. Основные отрасли экономики Центрального региона России 12
   1.4. Транспортные системы Центрального региона России 15
   1.5. Москва как экономический центр современной России 18
Глава 2. Экономическое сотрудничество Центрального региона России со
странами ШОС 21
Глава 3. Научные и образовательные ресурсы Центрального региона России 25
Глава 4. Природные и культурные достопримечательности Центрального региона
России 31
Глава 5. Экологическая обстановка в Центральном регионе России 38

ЧАСТЬ 3. СЕВЕРО-ЗАПАДНЫЙ РЕГИОН РОССИИ 42
Глава 1. Экономико-географическая характеристика Северо-Западного региона
России 42
   1.1. Общая характеристика региона 43
   1.2. История экономического освоения Северо-Западного региона России 45
   1.3. Минеральные ресурсы Северо-Западного региона 49
   1.4. Водные и биологические ресурсы Северо-Западного региона 52
   1.5. Основные отрасли экономики Северо-Западного региона 54
   1.6. Транспортные системы Северо-Западного региона 57
Глава 2. Экономическое сотрудничество Северо-Западного региона с КНР 60
Глава 3. Научные и образовательные ресурсы Северо-Западного региона
России 62

Глава 4. Природные и культурные достопримечательности Северо-Западного региона России ·········· 65
Глава 5. Экологическая обстановка в Северо-Западном регионе России ·········· 71

ЧАСТЬ 4. ЮЖНЫЙ РЕГИОН РОССИИ ·········· 76
Глава 1. Экономико-географическая характеристика Южного региона России ·········· 76
   1.1. Общая характеристика региона ·········· 77
   1.2. История экономического освоения Юга России ·········· 79
   1.3. Природные ресурсы Юга России ·········· 82
   1.4. Основные отрасли экономики Юга России ·········· 84
   1.5. Юг России как центр сельскохозяйственного производства страны ·········· 87
   1.6. Транспортные системы Юга России ·········· 90
Глава 2. Экономическое сотрудничество Юга России со странами ШОС ·········· 94
Глава 3. Научные и образовательные ресурсы Юга России ·········· 99
Глава 4. Природные и культурные достопримечательности Юга России ·········· 103
Глава 5. Экологическая обстановка в Южном регионе России ·········· 110

ЧАСТЬ 5. ПОВОЛЖСКИЙ РЕГИОН РОССИИ ·········· 115
Глава 1. Экономико-географическая характеристика Поволжья ·········· 115
   1.1. Общая характеристика региона ·········· 116
   1.2. История экономического освоения Поволжья ·········· 118
   1.3. Минеральные ресурсы Поволжья ·········· 121
   1.4. Основные отрасли экономики Поволжья ·········· 123
   1.5. Транспортные системы Поволжья ·········· 126
   1.6. Река Волга как уникальный ресурсный комплекс Поволжья ·········· 128
Глава 2. Экономическое сотрудничество Поволжья со странами ШОС ·········· 134
   2.1. Экономическое сотрудничество с КНР ·········· 134
   2.2. Экономическое сотрудничество со странами Средней Азии ·········· 137
Глава 3. Научные и образовательные ресурсы Поволжья ·········· 139
Глава 4. Природные и культурные достопримечательности Поволжья ·········· 143
Глава 5. Экологическая обстановка в Поволжском регионе России ·········· 151

ЧАСТЬ 6. УРАЛЬСКИЙ РЕГИОН РОССИИ ·········· 156
Глава 1. Экономико-географическая характеристика Уральского региона России ·········· 156
   1.1. Общая характеристика региона ·········· 157
   1.2. История экономического освоения Урала ·········· 159
   1.3. Минеральные ресурсы Уральского региона России ·········· 163
   1.4. Водные и биологические ресурсы Уральского региона России ·········· 165
   1.5. Основные отрасли экономики Уральского региона России ·········· 166
   1.6. Транспортные системы Уральского региона РФ ·········· 171

СОДЕРЖАНИЕ

Глава 2. Экономическое сотрудничество Уральского региона со странами ШОС ... 173
    2.1. Экономическое сотрудничество с КНР ... 173
    2.2. Экономическое сотрудничество со странами Средней Азии ... 175
Глава 3. Научные и образовательные ресурсы Уральского региона России ... 177
Глава 4. Природные и культурные достопримечательности Уральского региона России ... 181
Глава 5. Экологическая обстановка в Уральском регионе России ... 188

ЧАСТЬ 7. ЗАПАДНО-СИБИРСКИЙ РЕГИОН РОССИИ ... 192

Глава 1. Экономико-географическая характеристика Западно-Сибирского региона России ... 192
    1.1. Общая характеристика региона ... 193
    1.2. История экономического освоения Западной Сибири ... 195
    1.3. Минеральные ресурсы Западной Сибири ... 198
    1.4. Основные отрасли экономики Западной Сибири ... 200
    1.5. Транспортные системы Западно-Сибирского региона ... 203
Глава 2. Экономическое сотрудничество Западно-Сибирского региона со странами ШОС ... 206
Глава 3. Научные и образовательные ресурсы Западной Сибири ... 212
Глава 4. Природные и культурные достопримечательности Западной Сибири ... 217
Глава 5. Экологическая обстановка в Западной Сибири ... 223

ЧАСТЬ 8. ВОСТОЧНО-СИБИРСКИЙ РЕГИОН РОССИИ ... 228

Глава 1. Экономико-географическая характеристика Восточно-Сибирского региона России ... 228
    1.1. Общая характеристика региона ... 229
    1.2. История экономического освоения Восточной Сибири ... 231
    1.3. Минеральные ресурсы Восточно-Сибирского региона России ... 233
    1.4. Лесные и биологические ресурсы Восточно-Сибирского региона России ... 235
    1.5. Основные отрасли экономики Восточной Сибири ... 237
    1.6. Транспортные системы Восточной Сибири ... 239
    1.7. Озеро Байкал как уникальный ресурсный комплекс Восточной Сибири ... 242
Глава 2. Экономическое сотрудничество Восточно-Сибирского региона с КНР ... 246
    2.1. Пограничное, транспортное и туристическое сотрудничество ... 246
    2.2. Совместные экономические проекты ... 247
    2.3. Торговое сотрудничество ... 249
Глава 3. Научные и образовательные ресурсы Восточной Сибири ... 251
Глава 4. Природные и культурные достопримечательности Восточной Сибири ... 254
Глава 5. Экологическая обстановка в Восточной Сибири ... 260

ЧАСТЬ 9. ДАЛЬНЕВОСТОЧНЫЙ РЕГИОН РОССИИ 264
Глава 1. Экономико-географическая характеристика Дальневосточного региона России 264
    1.1. Общая характеристика региона 265
    1.2. История экономического освоения Дальнего Востока 267
    1.3. Минеральные ресурсы Дальневосточного региона России 269
    1.4. Лесные, водные и биологические ресурсы Дальневосточного региона России ... 270
    1.5. Основные отрасли экономики Дальнего Востока 272
    1.6. Транспортные системы Дальнего Востока 274

Глава 2. Экономическое сотрудничество Дальневосточного региона с КНР 277
    2.1. Торговое и энергетическое сотрудничество 277
    2.2. Пограничное, транспортное и туристическое сотрудничество 279
    2.3. Совместные экономические проекты 281

Глава 3. Научные и образовательные ресурсы Дальневосточного региона России 284

Глава 4. Природные и культурные достопримечательности Дальневосточного региона России 288

Глава 5. Экологическая обстановка на Дальнем Востоке 294

РЕГИОНАЛЬНОЕ РАЗДЕЛЕНИЕ РОССИИ

俄罗斯区域划分

在俄罗斯作为统一国家的整个历史时期，统治者们都在国家空间区域划分时面临着各种各样的问题。从有效管理的角度来说，这种划分方式被称为"行政区划"。现代俄罗斯的行政区域划分为八个大区（联邦区）和85个小区（联邦主体）。然而，行政区域划分有其自身的内在矛盾：比如地域和经济都非常庞大且具有多样性的西伯利亚是一个大区，而一些历史疆域，如伏尔加河下游区域，则被划分为不同的大区。因此，俄罗斯领土区划的问题要复杂得多，且不仅限于行政方面。

19世纪初俄罗斯区域划分问题获得了科学地位，但是长时间以来许多学者无论是在区域数量上还是在区域的划分原则上，都没有统一的意见。无论康斯坦丁·阿尔谢尼耶夫、彼得·西蒙诺夫—佳恩—尚斯基开始采取的以地理原则为基础的尝试，还是德米特里·门捷列夫采取的经济原则，每一个俄罗斯区域划分的方案都有局限，并且只适用于自然地理或者是经济地理。

区域学乃是基于地理、经济、政治、历史、民族语言以及文化等综合因素全面研究俄罗斯区域结构的一门现代科学。除此之外，区域学研究还会考虑到地区优势、资源、地区间的关系、发展前景和现存问题等要素。

当代俄罗斯大多数的区域学专家将俄罗斯划分为八个联邦区：中央区、西北区、南方区、伏尔加河沿岸区、乌拉尔区、西西伯利亚区、东西伯利亚区和远东区。本书的作者也支持这一划分方法，然而为了更详细地分析某些区域的资源及其存在的问题，作者将注意力聚焦于某些中小地区（联邦主体）上。

Россия – огромная страна. Слово «огромный» относится и к географическим масштабам России, и к ее экономическому потенциалу, и к её культурному богатству. Любое крупное, значительное, масштабное явление очень трудно воспринимать целиком: при этом велика опасность выпустить из внимания какую-нибудь важную деталь или закономерность. Ведь в слове «Россия», как в любом другом масштабном понятии, заключена огромная сложность и многообразие. Современные деловые кварталы Москвы, где звучит речь на всех языках мира, и отдалённые сибирские сёла, где до сих пор хранят старинные русские обычаи, - всё это Россия. Затерянные в тундре селения северных народов, живущих в царстве вечной зимы, и красочный, жаркий, яркий и сложный Кавказ – всё это Россия. Огромные промышленные гиганты Урала, потрясающие воображение силой человеческих возможностей, и пустынные калмыцкие степи, которые не меняются уже тысячи лет, – всё это Россия. В силу этого бесконечного разнообразия Россию трудно воспринимать как единое целое – слишком велика разница между ее регионами. В силу этого же бесконечного многообразия Россия очень похожа на Китай. Эти две великие страны и культуры необходимо изучать во всём богатстве их региональных проявлений: только в этом случае можно по-настоящему познать их величие и значение во всемирном масштабе.

Для эффективного исследования отдельных регионов России необходимо предварительно определиться с тем, какой региональный состав имеет эта страна. Вопрос о разделении России на регионы не является ни простым, ни бесспорным. Первые попытки регионального разделения России предпринимались еще в эпоху Российской империи; так, в 1818 году выдающимся географом Константином Арсеньевым впервые была предложена система 10 «географических пространств» России. Во второй половине XIX века над проблемой регионального деления обширной империи много работал другой великий учёный – Пётр Семёнов-Тян-Шанский, который предложил структуру из 14 территорий, а затем, специально для использования в статистике, предложил структуру из 12 регионов России. Как видно, количество регионов во всех предложенных структурах несколько отличается. Это связано с тем, что различные науки смотрят на вопрос о региональном составе России по-разному. С точки зрения государственного управления, используется принцип разделения территории, который получил название «административно-территориальное деление». Этот принцип был известен еще в древние времена, когда правители делили свои земли на провинции и уезды для эффективного сбора налогов. В Российской империи еще Екатерина Великая разделила всю огромную территорию страны на 50 губерний (к 1914 году их стало 78) и на 500 уездов. В современной политической географии и общественно-политических дисциплинах используется принцип административно-территориального разделения России на двух уровнях: выделяется 85 микрорегионов (субъекты федерации), которые объединяются в 8 макрорегионов (федеральные округа). Разделение территории России на субъекты федерации и федеральные округа отражает не только политические, но и некоторые культурно-исторические особенности формирования российской нации и российского государства. Однако этот вид разделения создавался для повышения эффективности и удобства государственного управления многочисленными регионами, поэтому он, в конечном счёте, неизбежно включает в себя определенные географические и культурные противоречия. Так, например, Астраханская область, географически находящаяся на территории Поволжья, отнесена к Южному федеральному округу, а Пермский край, имеющий тесные культурные и экономические связи с Уральским регионом, включен в Приволжский федеральный округ. Огромная территория Сибири, с точки зрения административно-территориального деления, объединена в единый Сибирский федеральный округ без учёта разделения на

ЧАСТЬ 1
РЕГИОНАЛЬНОЕ РАЗДЕЛЕНИЕ РОССИИ

Западную и Восточную. Описанные противоречия не позволяют использовать принцип двухуровневого административно-территориального деления в качестве основного для регионоведения.

В экономической географии и экономических науках используется иной принцип территориального разделения России – на основе сложившихся экономических связей и систем. Этот принцип разрабатывал великий русский учёный Дмитрий Менделеев (более известный как химик, он был ведущим специалистом Российской империи и в сфере экономической географии). В рамках этого принципа, который получил название «экономического районирования», Менделеев предложил разделение России на 14 «экономических краёв». В советскую эпоху территорию СССР делили на 18, а территорию России - на 10 экономических районов. В рамках этого принципа деления экономические связи важнее географического положения: например, Якутию, которая географически находится в Восточной Сибири, включают в Дальневосточный экономический район, поскольку они имеют общие экономические характеристики. С точки зрения современного экономического районирования, территория России делится на 13 экономических районов; крупные географические регионы - Сибирь, Поволжье и Центральная часть России разделены на два экономических района каждый, а Калининградский и Крымский экономические районы имеют самостоятельное значение. Несмотря на то, что принцип экономического районирования позволяет точнее понимать особенности экономического развития различных частей России, он имеет свои недостатки: например, не учитывает культурно-исторический фон формирования регионов. Это не позволяет рассматривать принцип экономического районирования в качестве универсального для комплексного изучения регионов России.

Кроме административного и экономического принципов разделения существуют и другие. Так, существует философский подход, который рассматривает регион как территорию, на которой живут люди с единым мировоззрением; юридический подход, который рассматривает регион как территорию, на которой действуют определенные законы; внешнеполитический подход, который обращает внимание на связи различных регионов со странами-соседями. В Западной Европе недавно появилась новая оригинальная идея: регион – это территория, жителей которой объединяют общие проблемы. Все эти принципы активно используются в различных науках, все они имеют большое значение для понимания специфики отдельных регионов, но ни один из них не может быть признан универсальным принципом разделения территории России, подходящим для регионоведения.

Регионоведение как наука ставит перед собой задачу именно комплексного изучения регионов во всем многообразии их политических, экономических, национальных, религиозных и культурных особенностей, с учётом исторической специфики их формирования. Очевидно, что для реализации такого подхода невозможно использование только одного принципа разделения территории России, взятого только из политической или только из экономической географии. Сейчас регионоведение как наука находится в стадии становления, поэтому собственно регионоведческий принцип территориального разделения России также еще окончательно не сложился. Тем не менее, очевидно, что этот принцип должен быть связан с методами экономической и политической географии, а также истории, культурологии, этнографии и других научных дисциплин. Только таким сочетанием методов можно решить основную научную задачу регионоведения – дать анализ связей между географическим положением пространства и его внутренними и внешними функциями, а также, на основе этого анализа, выработать рекомендации по управлению этим пространством.

В настоящем учебном пособии по регионоведению России авторы постарались учесть всё многообразие политических, национальных, экономических, культурных и исторических особенностей различных регионов. Однако при таком громадном количестве факторов предложить единую структуру регионов России, которая бы не входила в противоречие ни с одним из перечисленных выше принципов, попросту невозможно, поэтому предлагаемый авторами механизм регионального членения ориентируется, прежде всего, на методическую эффективность, внутреннюю логичность и удобство в применении, а также на отражение перспектив усиления регионального взаимодействия в рамках ШОС и других региональных международных объединений. На основе указанных принципов, мы предлагаем выделить восемь крупных регионов: Центральный регион, Северо-Западный регион, Южный регион (включает Крым и Северный Кавказ), Поволжье, Уральский регион, Западную Сибирь, Восточную Сибирь и Дальневосточный регион.

Каждый из рассматриваемых регионов является максимально крупной единицей регионального деления России и сложной системой с многообразием внутренних связей. Для более подробного рассмотрения этих связей авторы применяли более локальное географическое разделение: так, например, в пособии большое внимание уделяется сравнению особенностей южной и северной частей Дальнего Востока, восточной и западной частей Урала, Среднего и Нижнего Поволжья. В качестве наиболее локальной единицы территориального разделения России авторами использовались субъекты федерации.

В основе данного разделения лежит комплекс пяти принципов: географического, административного, исторического, экономического и внешнеэкономического. Последовательность описания отдельных регионов в настоящем пособии определяется их географической близостью к Центральному региону и ходом их исторического освоения. Каждый из восьми представленных регионов в настоящем учебном пособии рассматривается как самостоятельный ресурсный комплекс, в который включаются экономические ресурсы (минеральные и биологические, энергетические, промышленные, транспортные), научно-образовательные ресурсы, культурные и туристические ресурсы. Учитывая укрепление дружественных связей в рамках ШОС и огромную актуальность вопросов расширения регионального взаимодействия в рамках ШОС, каждый из перечисленных регионов рассматривается во всем многообразии экономических, погранично-транспортных, научно-гуманитарных и экологических связей с региональными партнёрами в КНР и республиках Средней Азии. Учитывая важность принципов устойчивого развития для современного мира и важность регионального участия в его обеспечении, каждый регион рассматривается также через призму имеющихся экологических проблем и возможностей перехода на рельсы устойчивого развития.

Таким образом, структура предлагаемого учебного пособия в полной мере определяется описанными выше критериями регионального разделения территории Российской Федерации, а также необходимостью рассмотрения каждого региона в свете актуальных тенденций развития современных российско-китайских отношений и межрегиональных отношений на евразийском пространстве в целом.

ЧАСТЬ 2

ЦЕНТРАЛЬНЫЙ РЕГИОН РОССИИ

Глава 1 Экономико-географическая характеристика Центрального региона России

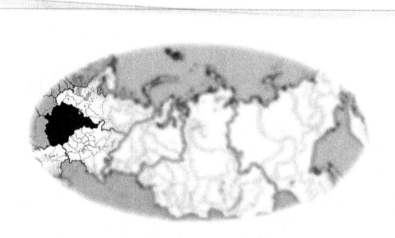

俄罗斯中央区的经济地理特征

中央区是"俄罗斯的心脏"，是俄罗斯历史上形成的第一个地区。15至16世纪，统一的俄罗斯国家开始形成，莫斯科周围的大公国融合形成了中央区。该区是俄罗斯文化的中心，俄罗斯文化从这里传播到欧亚大陆的大部分地区。该区89%的居民是俄罗斯人（不包括多民族的莫斯科），这是俄罗斯唯一一个没有民族自治区的区域，它由17个州和1个联邦直辖市——莫斯科市组成。

中央区不仅人口数量最多（将近27%），人口密度也最大（在莫斯科市、莫斯科州居住着近200万人口）。就地理位置而言，它位于俄罗斯欧洲部分的西部，但不临海。其地理位置使其与西欧、乌克兰、白俄罗斯紧密相连。中央区内没有高山，但却有大河，其中有伏尔加河及其支流奥卡河、第聂伯河和顿河。

ЧАСТЬ 2
ЦЕНТРАЛЬНЫЙ РЕГИОН РОССИИ

除了一个大型铁矿矿床——库尔斯克地磁异常区，该地区再无其他优质的矿产资源。其余的矿产资源诸如建筑用沙、黏土、石灰石以及该区的森林资源和土壤已经由于长期使用而严重枯竭。

中央区是俄罗斯经济最发达的地区，大部分的现代化高科技产业都落户于此（例如宇宙火箭产业、电子产业）。国家预算中33%的收入都来自该区。中央区的经济结构多样：莫斯科的金融和商业企业分布密集，没有重工业，南部地区大力发展农业。除莫斯科之外，沃罗涅日、图拉、雅罗斯拉夫尔也是中央区最大的经济中心。

俄罗斯中央区特别是包括莫斯科市在内的莫斯科州，因其最发达的交通体系而别具一格。莫斯科作为俄罗斯的中心交通枢纽，连接了11条巨型铁路线和15条汽车线路。汽车运输在区域经济中发挥着重要作用，尤其是沿"东西线"的汽车运输，将西欧、莫斯科和国家东部地区（伏尔加河流域、乌拉尔地区）连接为统一的汽车运输网。目前中央区正谋划积极发展高铁线路。拥有6个机场的莫斯科是俄罗斯最大的空运中心。

莫斯科在中央区占有特殊地位，其GDP占俄罗斯全国GDP的21%。在外商投资、贸易和服务领域，全俄罗斯很难找到与莫斯科旗鼓相当的竞争对手。莫斯科居民的平均收入是俄罗斯其他地区居民的2—3倍，这主要是由于首都的劳动力素质更高（42%的莫斯科人接受过高等教育）。莫斯科也是对外经济发展领域的绝对领头羊（首都莫斯科与中国对外贸易额占全国贸易额的17%）。

1.1. Общая характеристика региона

Центральный регион России по праву можно назвать «сердцем России». Этот регион исторически сформировался из небольших русских государств - княжеств, объединившихся вокруг Москвы. Этот регион стал тем центром, откуда влияние русского государства распространялось на все остальные территории современной России. Именно на небольшой территории Центральной России зародилась и выросла идея о единстве Русского мира, о России как великой державе. Именно по этим причинам Центральный регион, бесспорно, можно считать самым русским регионом России. Национальный состав населения этого региона (за исключением многонациональной Москвы) также отличается однородностью – его подавляющее большинство составляют русские (более 89%, это рекорд среди всех регионов России). Это единственный регион России, в котором нет национальных республик и других национальных автономий.

Центральный регион является крупнейшим по численности населения. На его небольшой территории (всего 4% от территории России) живёт более 26,5% ее жителей. В регионе самая большая в стране плотность населения. Население распределено неравномерно: из почти 40 миллионов человек более 12 миллионов живет в Москве и еще более 7 миллионов – в Московской области. Регион занимает первое место в России и по количеству субъектов федерации. На его территории находится 17 небольших по площади областей и один город центрального подчинения – Москва. Вся территория Центрального региона России совпадает с территорией Центрального федерального округа.

Москва – самый населенный город России и всей Европы

Москва включается в состав Центрального региона с точки зрения географического положения и исторической традиции, но бурные социально-экономические процессы последних лет сделали российскую столицу во многом уникальной. Москва от окружающих областей отличается пёстрым национальным составом и быстро растущей численностью населения, высочайшими темпами экономического развития, особой структурой экономики с низкой долей промышленности. Все эти особенности менее характерны для соседней Московской области и гораздо менее характерны для всех прочих субъектов Центрального региона. Следует отметить еще одну важную особенность развития Москвы – постоянно растёт территория столицы. С 1990-х годов специалисты обсуждают объединение Москвы и Московской области, однако этот процесс реализуется постепенно. В последние годы Москва включила в себя несколько крупных районов Московской области. 70 малых городов Московской области имеют тесные связи экономические и транспортные связи с Москвой, в столице работает немалая часть населения области. Территории вокруг Москвы

Карта региона

традиционно называют словом «Подмосковье»; в современной науке территориальное единство Москвы и Подмосковья получило официальное название: «Московская городская агломерация»; его население составляет более 17 миллионов человек. Вероятно, в ближайшем будущем у учёных-регионоведов появятся все основания считать, что Москва и Подмосковье составляют самостоятельный регион России.

Крупнейшими городами региона, помимо Москвы, являются: Воронеж (1 млн. жителей), Ярославль (более 600 тысяч), Рязань (530 тысяч), Липецк (500 тысяч) и Тула (около 500 тысяч). Несмотря на то, что в регионе развито сельское хозяйство, более 80% его населения живёт в городах.

Географически Центральный регион находится на западе европейской части России. Регион не имеет выхода ни к одному морю, но с помощью рек и системы каналов имеет морские связи с южными и северными морями. С запада регион имеет границы с Украиной и Белоруссией, через Белоруссию, Польшу и Германию проходит кратчайший путь от Москвы до Западной Европы, с которой регион традиционно имеет достаточно тесные торгово-экономические связи.

Рельеф региона в основном равнинный, крупных горных массивов нет, на севере находится Валдайская возвышенность. Крупнейшие реки региона – Волга с притоками Ока и Кострома, Днепр с Десной, Западная Двина и Дон – многочисленны и образуют развитую сеть малых рек. Однако географическое положение рек таково, что на территории региона нет очень крупных водоемов – в нём расположены только верховья великих русских рек, но свою силу они набирают уже в других регионах. На территории региона много озер, но все они имеют небольшие размеры. На севере региона много болот.

Климат Центрального региона – умеренный, с не слишком холодной зимой и не слишком жарким летом, количество осадков также достаточно. Разница между летней и зимней температурами не превышает 30 градусов. По климатическим условиям Центральный регион России гораздо более благоприятен, чем в большинстве северных и восточных территорий России, и позволяет выращивать многие виды сельскохозяйственных культур, развивать животноводство.

1.2. Природные ресурсы Центрального региона России

На территории Центрального региона России нет крупных горных массивов, тем не менее, в регионе есть немалые запасы полезных ископаемых. Наиболее известным месторождением подземных богатств является обширный район на территории Курской и Белгородской областей, который известен под названием «Курской магнитной аномалии» (КМА). В этом районе – одном из богатейших рудных районов мира - находятся богатейшие запасы железной руды, большая часть которой имеет высокое качество. Только экономически важные запасы железной руды КМА оцениваются в более чем 40 миллиардов тонн, а общие рудные богатства этой территории – в триллионы тонн.

Пейзажи Курской магнитной аномалии

Добывать эту руду можно открытым способом. Курская магнитная аномалия начала осваиваться еще в 1930-е годы, но ее запасы еще далеки от исчерпания, сейчас активно используются лишь 4 месторождения, а число разведанных месторождений гораздо больше. Площадь КМА составляет 160 тысяч квадратных километров, месторождения находятся в Курской и Белгородской областях. Даже самые бедные руды КМА (с низким содержанием железа) имеют такой химический состав, что их можно также эффективно использовать в промышленности. Освоение железных богатств КМА экономически очень выгодно: в частности, в Белгородской области, где еще не все месторождения хорошо изучены, крупнейшие залежи железа находятся очень близко от Белгорода; в городе создано несколько крупных металлургических предприятий. Кроме того, вместе с железной рудой можно добывать и другие ценные ресурсы, например, бокситы и строительное сырье (пески и глины). Кроме того, в Курской и Белгородской областях имеются большие запасы мела, который в эпоху СССР был известен по всей стране и даже продавался за границу (в те времена мел активно использовался не только в промышленности, но и для письма).

Еще одним крупнейшим минеральным месторождением региона является массив медно-никелевых руд в Воронежской области. Этот массив имеет третье место в России (после рудных богатств севера Красноярского края и Кольского полуострова).

Немалые минеральные богатства есть в Липецкой области; некоторые виды минерального сырья (всего в области почти 200 месторождений 22 видов полезных ископаемых) даже вывозятся за границу. Важнейшими ресурсами является известняк, стекольные пески, цветные пески (используются для производства строительных красок), сырье для производство кирпича. Важным стратегическим ресурсом являются титан-циркониевые пески (они же имеются и в Брянской, Тамбовской и в Рязанской области). Эти пески содержат не только фосфор, но и многие ценные минералы. Значительные запасы отдельных ресурсов (прежде всего, песков и известняков) есть в Московской области.

Другие области Центрального региона сравнительно небогаты полезными ископаемыми. Основными минеральными богатствами являются фосфориты (Московская, Тамбовская, Белгородская, Курская, Брянская и Воронежская область) и сырье для производства цемента и других строительных материалов, к которым относятся пески, глины, известняк. Однако темпы экономического развития региона велики, строительство расширяется и имеющиеся ресурсы уже не обеспечивают собственных потребностей. Кроме того, часть месторождений около крупных городов, например, месторождения высококачественного стекольного песка в Московской области, которые осваивались еще с XVII века, сейчас не разрабатываются по экологическим причинам.

Поскольку полезные ископаемые Центрального региона начали осваиваться гораздо раньше, чем в других регионах России, и в XIX-XX веке их освоение шло намного интенсивнее, чем освоение природных богатств Урала и Сибири, то многие виды полезных ископаемых уже практически полностью использованы. Так, например, в эпоху СССР Владимирская область была известна кварцевыми песками, из которых в знаменитом городе Гусь-Хрустальный делали хрусталь. Но сейчас в области использованы почти все запасы и ценных кварцевых, и простых стекольных песков.

В регионе имеется острый дефицит топливных полезных ископаемых. Крупных месторождений нефти и газа в регионе нет совсем. Из топливных ресурсов велики только запасы бурого угля (особенно в Тверской и Рязанской областях), добыча которого в 1990-е годы сильно сократилась из-за невыгодности, и торфа, который в современной экономике можно использовать лишь ограниченно. Весь регион работает на привозном топливе.

Лесные ресурсы по всей территории региона значительно истощены многовековым использованием. Территории к югу от Москвы отличаются дефицитом лесных ресурсов (леса здесь исторически вырубались для расширения пахотных земель). Богатые лесные ресурсы (до 50%) остались только на севере и востоке региона – в Костромской и Тверской областях. Там леса представлены ценными хвойными породами и составляют важную

Город Гусь-Хрустальный знаменит изделиями из хрусталя

часть экономики. В других областях почти все леса – вторичные (то есть более молодые, они появились уже после освоения первичных, коренных лесов); промышленного значения такие леса не имеют, но их можно использовать, например, для развития экологического туризма. Так, например, традиционно привлекательны для туристов подмосковные леса, где много грибов и ягод, есть возможности заниматься рыбалкой и охотой.

Почвы региона обычно низкого качества, требуют обязательного использования удобрений. Качество почв на юге региона заметно выше, чем на севере, однако местные плодородные почвы так активно использовались в течение многих веков, что во многом потеряли свои отличные качества. Лучшие почвы находятся в Тульской и Орловской областях.

Шишкин писал настоящий русский лес Тверской области

1.3. Основные отрасли экономики Центрального региона России

Центральный регион России является наиболее экономически развитым регионом страны. Экономика региона занимает лидирующие позиции в России не только по количественным, но и по качественным показателям – здесь сосредоточено большое количество современных предприятий с высокотехнологичным производством. Для региона характерна низкая доля в экономике полезных ископаемых (менее 10%). Вместе с тем, регион отличается высоким развитием таких сложных и важных промышленных отраслей как ракетно-космическая промышленность, электронная промышленность, производство точных машин и современных станков, робототехника, авиастроение и оборонная промышленность, а также нефтехимическая промышленность. Большое значение имеет и пищевая промышленность. На долю региона приходится 33,9% российского ВВП и 26,5% промышленной продукции страны. Доля региона в сельскохозяйственном производстве страны несколько меньше, но, тем не менее, весьма велика – 21,6% (при этом, сельское хозяйство составляет только 2,3% от общего объема экономики региона).

Промышленность Центрального региона занимает ведущие позиции в России в машиностроении, а также по нескольким другим направлениям – в черной металлургии (19,2%), в выплавке стали (17%), в производстве молочной продукции (35%), водки (38%), тканей (30%). Регион обеспечивает 33% доходов в бюджет РФ и 43% российского импорта.

Экономика Центрального региона отличается противоречивостью. В экономике Москвы и Московской области с одной стороны и экономики других областей с другой стороны имеются огромные отличия. Экономика Москвы отличается низкой

ЧАСТЬ 2
ЦЕНТРАЛЬНЫЙ РЕГИОН РОССИИ

долей промышленности, высокой долей торговли и сферы услуг и очень высокой производительностью труда (почти в 3 раза выше, чем в среднем по России). Экономика других областей региона имеет противоположные пропорции и отличается довольно низким уровнем производительности труда.

Регион неоднороден и по экономической специализации. Север и центр региона

Экономика Центрального региона развивается быстрыми темпами

имеют более развитое и современное промышленное производство, а юг региона более ориентирован на развитие сельского хозяйства и пищевой промышленности. Крупнейшими промышленными центрами региона, кроме Москвы, являются Воронеж, Тула и Ярославль.

Важнейшей отраслью промышленности в регионе является машиностроение, при этом в регионе имеются самые разные предприятия машиностроительного комплекса: от производства железнодорожных вагонов до сборки современных автомобилей, от производства точных приборов для космических аппаратов – до тяжелого промышленного машиностроения. Наибольшее значение для экономики России имеют предприятия, производящие современные приборы и электронику: они производят почти 75% данной продукции России. Почти в каждой области работают крупные предприятия промышленного машиностроения: в Костромской области работают предприятия по выпуску бурового и транспортного оборудования, в Воронежской и Московской областях – металлургического и кузнечного оборудования, в Белгородской и Тульской областях – горного оборудования. В Тамбовской области производят крупное оборудование для атомной, химической и нефтегазовой промышленности. Развито и транспортное машиностроение: в Брянской области (тепловозы и судовые двигатели), в Орловской и Ярославской областях (строительная и сельскохозяйственная техника), в Смоленской и Тверской областях (производство железнодорожных вагонов).

Центр текстильной промышленности России – Иваново – традиционно называют «городом невест» (на текстильных предприятиях работают, в основном, женщины)

Еще одной базовой отраслью в промышленности региона является химическая промышленность (до 25% от общероссийских показателей). В нескольких частях региона (в Тульской, Тамбовской, Московской и Ярославской областях) сформировались крупные узлы химической и нефтехимической промышленности, которые стали локомотивами развития этих областей. Всего на территории региона более 100 крупных и средних химических предприятий. В Воронежской и Смоленской областях производят минеральные удобрения, в Тверской и Тульской областях – пластики, в Тамбовской и Владимирской областях – краски и красители, а также химические волокна. До 40% продукции химической и нефтехимической отрасли региона идёт на экспорт.

Регион является лидером и в развитии лёгкой промышленности (до 30% от общероссийских показателей, более 60% производства текстиля). В регионе производится 90% российских тканей из хлопка, 86% тканей из льна, 73% тканей из шерсти, 60% тканей из шёлка. Крупнейшими центрами лёгкой промышленности являются Ивановская, Костромская и Ярославская области.

Богатые запасы в регионе сырья для производства строительных материалов способствовали развитию строительной промышленности, прежде всего, цементного производства (24% от общероссийских показателей). Немалое значение имеют и предприятия пищевой, полиграфической и фармацевтической промышленности.

Сельское хозяйство наиболее развито в южных областях Центрального региона

(Белгородская, Воронежская, Брянская, Тамбовская области), абсолютным аграрным лидером региона является Белгородская область. Всего в Центральном регионе производится 22% российского зерна, 27% картофеля, 21% овощей, 26% мяса, 21% яиц и 19% молока России. В сельском хозяйстве региона растениеводство немного преобладает над животноводством. После 2010 года наметился значительный спад в темпах развития этой отрасли экономики: местным сельхозпредприятиям было трудно конкурировать с дешевым продовольственным импортом из Европы, однако после импортных ограничений 2014 года власти региона делают всё возможное для возрождения сельского хозяйства.

1.4. Транспортные системы Центрального региона России

Центральный регион России отличается очень высокой плотностью, а также высоким качеством развития всех видов современного транспорта (кроме морского). Транспортные системы наиболее активно развиваются в Москве и Подмосковье, а также по основным транспортным коридорам, которые связывают Москву с зарубежными странами и соседними регионами во всех направлениях. Такую модель называют «лучеобразной»: транспортные магистрали расходятся от Москвы во все стороны, как лучи солнца. Москва является центром 11 крупных железных дорог и 15 автомобильных магистралей.

Регион имеет небольшую площадь территории, но на нём лежит огромная транспортная нагрузка по транзиту грузов из Южного региона в Северо-Западный регион, а также из Европы в Поволжье и восточные регионы России. Ведущую роль в решении транспортных задач играют железнодорожный и автомобильный транспорт.

Особенно быстрыми темпами в последние годы в регионе развивается автомобильный транспорт. Тяжелые грузовые

На небольшие расстояния грузы в Центральном регионе перевозятся тяжелыми грузовиками - фурами

автомобили используются не только для местных перевозок внутри региона, но и для перевозок грузов на большие расстояния, особенно по международным маршрутам, например, от крупных городов Европы до Москвы. Наиболее тесные транспортные связи по автомобильным дорогам сложились с Белоруссией, Украиной, Польшей, Германией, государствами Прибалтики (Латвией, Литвой и Эстонией) и странами Северной Европы (прежде всего, с Финляндией и Швецией). Наиболее густая и развитая сеть автомобильных дорог – в Московской области и на западе региона (в Белгородской, Курской и Липецкой областях), наименее развитая – на его востоке (в Костромской области).

Огромное значение в регионе играет железнодорожный транспорт, который занимает первое место по объему грузоперевозок. Протяженность железных дорог в регионе составляет 17 тысяч километров, большая их часть входит в систему Московской железной дороги. Железные дороги Центрального региона России связаны с железнодорожными сетями Белоруссии и Украины. Крупнейшими железнодорожными узлами являются Москва, Брянск, Тула, Рязань и Ярославль.

Грузы по железной дороге в регионе перевозятся, главным образом, в направлении «Запад – Восток». Основные потоки грузов по железным дорогам Центрального региона приходятся на направления Юга, Урала и Поволжья: по ним перевозятся лес, нефть, уголь, руда, сельскохозяйственная продукция. Специалисты утверждают, что в будущем (к 2020-2030 году) Центральный регион переживёт бурный рост промышленности, что приведёт, во-первых, к увеличению объемов грузов, а во-вторых, к тому, что большая их часть будет приходиться на продукцию машиностроения и химической промышленности.

В Центральном регионе железные дороги играют важнейшую роль и в пассажирских перевозках. Именно по железной дороге большинство пассажиров перемещается между 4 западными регионами России: Центральным, Северо-Западным, Южным и Поволжским. Наибольший объем пассажирских перевозок по железной дороге отмечается в Московской и ближайших к ней областях. Пригородные перевозки пассажиров при этом по количеству намного превосходят перевозки среднего и дальнего следования (например, только по Московской железной дороге каждые сутки проходит почти 3000 пригородных поездов). Планируется, что объем пассажирских перевозок в Центральном регионе в 2030 году составит 909 миллионов человек в год (из них 845 миллионов человек – на пригородных поездах).

В будущем Москва должна стать центром всероссийской сети высокоскоростных железных дорог. Пока планируется построить три магистрали этой сети в трех разных направлениях: в Северо-Западный регион «Москва – Тверь – Санкт-Петербург» (к 2018 году); в Поволжье и далее на Урал: «Москва – Казань – Екатеринбург»; и в Южный регион: «Москва – Адлер». По состоянию на 2015 год, достигнуты важные соглашения с китайскими партнёрами по строительству высокоскоростной железной дороги «Москва – Казань». К сожалению, практическая работа по реализации планов развития современных железных дорог в Центральном

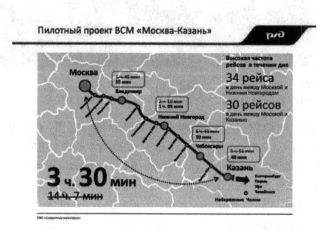

Высокоскоростная железнодорожная магистраль «Москва – Казань» - самый крупный транспортный проект России

ЧАСТЬ 2
ЦЕНТРАЛЬНЫЙ РЕГИОН РОССИИ

регионе ведется крайне медленно.

Внутренний водный транспорт, несмотря на достаточный уровень развития инфраструктуры, большого экономического значения не имеет; его роль в перевозке грузов постоянно снижается. Это связано с низкой скоростью движение грузов по рекам, а также тем, что речные транспортные коридоры расположены в направлении «Север – Юг», а для Центрального региона более важным является направление «Запад – Восток». Более того, Волга, которая используется для перевозок в Ярославской, Костромской, Ивановской, Тверской и Московской областях, до 140 дней в году может быть покрыта льдом. Канал имени Москвы соединяет Волгу со столицей России. Кроме того, для перевозок используются реки Ока, Москва, Клязьма и верхнее течение Дона. Из Северо-Западного региона речным транспортом привозят строительные материалы и лес, в обратном направлении перевозятся нефтепродукты. Из Поволжья в Центральный регион по Волге идут удобрения, нефтепродукты и зерно. Однако объемы речных грузовых перевозок по объемам во много раз уступают перевозкам автомобильным транспортом. Речной транспорт позволяет организовывать туристические маршруты по Волге и Оке, а также внутригородские речные прогулки (например, в Москве – по Москве-реке).

Воздушный транспортЦентрального региона играет важную роль в перевозках на дальние расстояния, например, в пассажирских перевозках в Сибирь и на Дальний Восток. Небольшие размеры региона снижают ценность внутренних воздушных перевозок. Москва – крупнейший в России центр воздушного транспорта, в котором находится шесть аэропортов, три из которых – Домодедово, Шереметьево и Внуково – являются самыми крупными в стране. Эти три аэропорта находятся далеко друг от друга, что создает немалые проблемы для пассажиров, которым нужна пересадка на самолет в другом аэропорту. Воздушные маршруты соединяют столицу со многими городами России и государствами мира. Еще один международный аэропорт имеется в Воронеже, есть аэропорты в Курске, Белгороде, Калуге, Ярославле, Твери, Липецке.

Немалое место в транспортной системе региона занимает и трубопроводный транспорт. Он обеспечивает снабжение региона нефтью и газом, а также транзит нефти и газа в Белоруссию, Украину и Западную Европу. Огромное число автомобилей в Москве и Подмосковье необходимо обеспечивать топливом, поэтому в регионе работают крупные комплексы по производству бензина.

Домодедово – крупнейший аэропорт Москвы и один из крупнейших аэропортов Европы

Крупнейшим нефтепроводным маршрутом является линия из Поволжья «Альметьевск (Татарстан) – Нижний Новгород – Рязань – Москва»; этот нефтепровод снабжает сырьем крупные нефтеперерабатывающие заводы Рязани и Москвы. На нефтеперерабатывающий завод Ярославля нефть приходит по северному нефтепроводу из Республики Коми. Все эти нефтеперерабатывающие заводы связаны продуктопроводами (трубопроводами, по которым идёт не нефть, а бензин и дизельное топливо) с Москвой и Подмосковьем. Через территорию региона нефть идет в Белоруссию и страны Западной Европы по двум веткам: «Пермь – Нижний Новгород – Ярославль – Полоцк (Белоруссия)» и «Самара – Брянск – Полоцк». По территории региона проходят и крупные газопроводы из Центральной Азии, Северного Кавказа и Западной Сибири.

1.5. Москва как экономический центр современной России

Москву часто называют «государством в государстве»: все жители России убеждены в исключительном положении Москвы не только в экономике, но во всех сферах жизни. В столице производится 21% российского ВВП, в 2013 году – более 12 триллионов рублей. По этому показателю Москва сравнима с такими государствами как Таиланд или ЮАР. По показателям ВВП Москва занимает 15-ое место в списке 100 крупнейших городов мира, однако ее место в этом списке постоянно поднимается. По ВВП на душу населения Москва более чем в три раза превышает средние показатели по России. В структуре экономики Москвы наибольший удельный вес занимает сфера торговли. На втором месте находится сфера бизнес-услуг, научных исследований и дизайна, а также информационных технологий. В городе работает лучшая в России строительная индустрия, лучше всего развита сфера услуг и торговля, быстро развивается сфера информационных услуг. По всем экономическим показателям Москва является лидером Российской Федерации, сильно опережая всех конкурентов.

Москва является крупнейшим центром привлечения иностранных инвестиций (более 36% от общероссийских объемов). Здесь находятся штаб-квартиры всех крупнейших компаний России и почти всех иностранных компаний, даже тех, которые имеют свои производства за тысячи километров – в Сибири или на Дальнем Востоке. В Москве (и частично за

«Москва-Сити» – деловой комплекс в центре Москвы, место расположения штаб-квартир крупнейших корпораций

ее пределами, на территории Московской области) созданы 4 свободные экономические и таможенные зоны, которые включают аэропорты Внуково и Шереметьево, а также Западный речной порт. По данным европейских специалистов, Москва входит в число 10 самых привлекательных для инвесторов городов Европы. До 2014 года (до времени введения ЕС антироссийских санкций) позиции Москвы в этом отношении постоянно росли.

Столь значительные успехи в экономическом развитии столицы возможны, в том числе, и благодаря мощному резерву рабочей силы. В Москве количество работающих жителей составляет более 7 миллионов, при этом большинство из них представляет наиболее высококвалифицированные кадры (из 1000 жителей Москвы 420 имеют высшее образование). Москва является центром притяжения для всех жителей России, поскольку средние доходы жителя Москвы (в 2014 году – около 60 тысяч рублей) превышают доходы в любом регионе в два-три раза. В большом количестве прибывают в Москву и иностранные трудовые мигранты, количество которых в Москве, по разным оценкам, составляет от 800 тысяч до 2 миллионов человек. 25% трудовых ресурсов столицы заняты в торговле, в бизнес-сфере и в сфере финансов занято 23%, 20% приходится на сферу социального и государственного управления. В промышленности работает менее 8% москвичей.

Доля промышленности в экономике Москвы незначительна, но, тем не менее, Москва является лидером России и по промышленному производству. В городе работают машиностроительные предприятия, предприятия цветной металлургии, хорошо развита химическая, полиграфическая и легкая промышленность. Однако с 2010-х годов отмечается резкое сокращение промышленного производства на территории города. Так, прекратил свою работу один из крупнейших заводов Москвы – металлургический завод «Серп и молот», резко сокращено производство на известном предприятии ЗиЛ (автомобильном заводе им. Лихачёва, где производились грузовые автомобили). Переносится на территорию Московской области и производство многих других видов продукции, например, пищевой отрасли. На обширных территориях бывших заводов создаются новые жилые районы. Правительство Москвы поддерживает развитие в городе только высокотехнологичного производства, главным образом, направленное на замещение импорта, особенно в таких областях, как медицина, авиастроение, IT-технологии, микроэлектроника. Так, с 2010 года на юго-востоке столицы строится крупный комплекс инновационного производства – технополис «Москва»; кроме того, действует 5 технопарков.

В Москве (как правило, на окраинах города) расположены крупнейшие в стране предприятия ракетной и оборонной промышленности, в том числе, Государственный научно-производственный центр им. М.В. Хруничева (производит ракеты-носители), а также завод «Вымпел» (производит боевые ракеты). В Москве располагаются крупнейшие инженерно-технические центры, конструкторские бюро, проектные институты. В столице разрабатывается большинство новых передовых технологий и производственных моделей.

Космические ракеты «Протон» делают в Москве

Москву по праву называют «торговой столицей России». Оптовая и розничная торговля занимает более 38% экономики столицы, при этом огромную роль играет торговля топливом (Москва – абсолютный лидер России по количеству автомобильного транспорта). В ней регулярно проходят крупные выставки, авиа- и автосалоны, на долю Москвы приходится свыше 30% розничных продаж всей страны. В городе работает более тысячи супермаркетов и торговых комплексов.

Москва является крупнейшим центром внешнеэкономического сотрудничества. Предприятия Москвы осуществляют торговые операции с 213 странами и регионами мира. Крупнейшим внешнеторговым партнёром российской столицы является Китай – на него приходится более 17% от общего объема внешней торговли Москвы. Основными экспортными категориями являются: продукция машиностроения, химической промышленности, продовольственные товары, изделия из металлов. Крупнейшими покупателями этих товаров являются компании из Швейцарии, США, Италии, Индии и Китая. Основными категориями импорта являются машины и оборудование, легковые автомобили, медикаменты, продовольствие, одежда и обувь. В Москву поставляются товары из 203 стран, при этом бесспорным лидером среди источников импорта является Китай.

Москва является и финансовой столицей России, крупнейшим центром концентрации капитала не только в странах СНГ, но и во всей Центральной и Восточной Европе. По разным оценкам, в Москве находится от 70% до 85% финансового капитала всей России. Москва с большим отрывом занимает первое место в России по объемам банковских активов и объемам выданных кредитов. Здесь же находится ведущая российская биржа – Московская межбанковская валютная биржа (входит в 20 крупнейших бирж мира). В Москве работает до 30% всех страховых организаций России.

Тенденции последних лет показывают устойчивый рост экономического потенциала Москвы. В обозримом будущем Москва останется «экономическим сердцем» России.

ЧАСТЬ 2
ЦЕНТРАЛЬНЫЙ РЕГИОН РОССИИ

Глава 2 Экономическое сотрудничество Центрального региона России со странами ШОС

俄罗斯中央区与上合组织成员国的经济合作

从地理位置上看，俄罗斯中央区与上合组织成员国之间的距离是很遥远的，但是中央区本身具有的巨大经济和投资潜力，使得对外贸易关系得到蓬勃发展。中国企业向俄罗斯提供了俄罗斯需求的大众日用品，反之，俄罗斯的矿物资源则满足了中国的需求。2000年，俄罗斯中央区与一些中国企业就已经建立了战略合作伙伴关系。两国的地区贸易关系稳定发展。当地政府积极借鉴中国建设现代化工业园的经验，在两国政府和一些中国投资商的帮助下，2012年到2013年期间，利佩茨克州建立了东方工业园股份有限公司，包括长城汽车股份有限公司在内的很多中国汽车制造企业都对俄罗斯中央区表现出了兴趣。

双方未来的合作方向是在斯摩棱斯克州、奔萨州创建现代农业集群。在此开展俄中旅游合作具有很大的潜力。最近俄罗斯每年接待超过100万的中国游客，其中大部分游客去往俄罗斯中心地区，比如莫斯科和金环城市。最受中国游客欢迎的景点是红场、克里姆林宫、谢尔吉耶夫圣三一修道院、弗拉基米尔金门、苏兹达尔教堂和博物馆。

在中亚方面，该区积极和俄联邦在欧亚经济联盟中的合作伙伴哈萨克斯坦进行合作。塔吉克斯坦和乌兹别克斯坦乃是中央区的粮食、水果、蔬菜的供应源，同时也为伊万诺沃州的纺织企业供应棉花。

Многие области Центрального региона поддерживают тесные торгово-экономические связи с китайскими партнёрами; эти связи, как правило, реализуются на уровне отдельных компаний. Неуклонно растёт торговый оборот между областями Центрального региона России и КНР; темпы этого роста в 2013-2014 годах были выше 10%.

Важнейшим направлением сотрудничества с китайскими партнёрами в Центральном регионе, как и во всех прочих регионах России, являются связи в сфере добычи и переработки полезных ископаемых. В центральных областях России интересы китайских предпринимателей сосредоточены на богатейших железнорудных запасах Курской магнитной аномалии. Из Курской области в Китай поставляется железная руда (экспорт осуществляет крупнейшее предприятие области – Михайловский горно-обогатительный комбинат), а в обратном направлении следует электрооборудование, бытовая техника и продукты питания (фрукты, морепродукты, чай). Такой же набор товаров китайского импорта характерен для большинства областей Центрального региона.

С 2000-х годов различные области региона стремятся к установлению долгосрочных отношений стратегического партнёрства с отдельными городами и провинциями КНР. Так, например, Орловская область подписала соглашения о стратегическом сотрудничестве с китайским городом Чунцином и городом Сюйчжоу (провинция Цзянсу). Власти Костромской области имеют устойчивые партнёрские связи с Народным правительством провинции Шаньдун. Подписываемые руководителями городов и регионов соглашения охватывают фактически все сферы экономики и социального развития: промышленность, сельское хозяйство, высокие и новые технологии, образование, здравоохранение и туризм.

Китайские инвесторы готовы вкладывать немалые средства в модернизацию и развитие промышленных производств в Центральном регионе, ориентируясь на перспективы долгосрочного взаимовыгодного сотрудничества. При этом китайские партнёры стараются передать региону свой опыт создания крупных комплексов современной промышленности (в Китае такие комплексы принято называть 工业区 или 工业园, то есть «промышленные парки», а в русском языке принято название «промышленный кластер»). «ВостокПром» - пример такого китайско-российского промышленного кластера, который в 2012-2013 годах начал создаваться в одной из особых экономических зон Липецкой области на средства крупного китайского инвестиционного холдинга Hong Investment Holdings. В рамках этого проекта, который получил поддержку от правительств двух стран, планируется создать в области площадку для развития инновационного машиностроительного производства.

Стабильное экономическое развитие Центрального региона и хорошо развитая инфраструктура позволяет китайским компаниям широко разворачивать сотрудничество в наиболее технологичных отраслях, в частности, в сфере автомобилестроения. Положительный опыт в этом направлении имеют Тульская область и китайская автомобильная компания «Чанчэн» (Greatwall), которые в 2014 году заключили соглашение о создании совместного сборочного производства (планируется, что завод откроется в 2017 году). Китайская автомобильная компания «Лифань» вкладывает огромные средства в строительство нового автозавода в Липецкой области. Один из крупнейших производителей автостёкол в КНР – компания «Фуяо» - в 2012 году стала инвестором автостекольного производства в Калужской области.

Китай значительно опережает Россию по уровню развития сельскохозяйственных технологий. Это создаёт новые возможности по освоению передового китайского опыта аграрными регионами России. Первые примеры такого сотрудничества появились в приграничных территориях Восточной Сибири и Дальнего Востока, однако к 2005-2006 году всё больше субъектов западных регионов России стали проявлять интерес к сельскохозяйственному сотрудничеству с Китаем. В 2005 году крупное соглашение в этой сфере подписали Смоленская область и провинция Сычуань, китайские специалисты будут внедрять в российскую практику новые технологии овощеводства и животноводства. В

ЧАСТЬ 2
ЦЕНТРАЛЬНЫЙ РЕГИОН РОССИИ

рамках соглашения было решено создать «Российско-китайский парк современного сельского хозяйства» на территории Смоленской области, мощный сельскохозяйственный комплекс, в строительство которого предприятия провинции Сычуань готовы вложить 200 миллионов юаней. Аналогичное соглашение о сотрудничестве с сычуаньскими партнёрами подписано и властями Пензенской области.

Большую роль в укреплении экономических связей КНР и российских регионов играет Посольство КНР в Москве.

На совместном производстве компании «Фуяо» в Калужской области

Посольство регулярно проводит презентации различных субъектов РФ с участием представителей китайского бизнеса, имеющего интересы в России. Летом 2014 года, в частности, состоялась презентация Костромской области. Подобные презентации, как правило, завершаются подписанием большого количества соглашений по конкретным проектам.

Китай является стратегическим партнёром России в сфере туризма. Из всех многочисленных российских направлений туризма гостей из Китая (а их в 2014 году в Россию приехало более 1,2 миллиона человек) больше всего привлекает Центральный регион, а именно – Москва и «Золотое кольцо». Москва занимает первое место по количеству китайских туристов, их число быстро растёт: в 2013 году столица России приняла более 310 тысяч туристов, а в 2014 году – уже почти 380 тысяч (в четыре раза больше, чем Лондон, и примерно столько же, сколько традиционно популярный в Китае австралийский Сидней). Московский городской комитет по развитию туризма активно сотрудничает с китайскими СМИ для рекламы туристических ресурсов столицы. Для приёма многочисленных туристических групп из КНР в Москве была запущена программа China Friendly (разработка путеводителей и информационных сайтов на китайском языке).

Китайских туристов привлекают не только достопримечательности Москвы, но и маршрут «Золотое кольцо России». Туры по «Золотому кольцу» организуют крупнейшие китайские туроператоры – Beijing Shenzhou, BeijingYouthTravel, AVIC и многие другие. Китайские группы посещают Сергиев Посад, Суздаль, Владимир, осматривают старинные церкви и монастыри. В числе наиболее посещаемых китайскими туристами достопримечательностей: Троице-Сергиева Лавра, Золотые ворота во Владимире, Суздальский Кремль,

Китайские туристы – частые гости в Москве

многочисленные музеи в различных городах маршрута.

Центральный регион ведет обширное торгово-экономическое сотрудничество и с республиками Средней Азии. Первостепенным партнёром является Казахстан, экономические связи с которым традиционно были весьма активны: для большинства субъектов Центрального региона Казахстан занимал третье место в торговом сотрудничестве после Украины и Белоруссии. Связи с казахскими партнёрами еще более расширились в 2013-2015 годах в преддверии исторически важного шага по экономической интеграции России и Казахстана – создания Евразийского экономического союза (с 1 января 2015 года). В этот период торговый оборот почти всех субъектов Центрального региона начал расти особенно быстрыми темпами – от 25% до 50% в год.

Правительство и деловые круги Казахстана проводят большую работу по поиску стратегических партнёров в регионе для подписания долгосрочных соглашений. Делегации областей Центрального региона России, в свою очередь, активно продвигают свои товары на территории Республики Казахстан. Наибольшие перспективы сотрудничества – в российском экспорте в Казахстан продукции машиностроения, металлообработки, а также в экспорте леса, и в импорте из Казахстана продукции химической промышленности.

К сотрудничеству стремятся и отдельные регионы Республики Казахстан. Так, например, в 2013 году в Москве проходила первая региональная ярмарка товаров и продуктов питания Южно-Казахстанской области. Эта область Казахстана стала первым среднеазиатским регионом, который стал прямым торговым партнёром Москвы и Московской области.

Узбекистан и Таджикистан не вошли в Евразийский экономический союз, но тенденция к усилению экономических связей в Центральном регионе отмечается и в отношении этих стран. Как и Казахстан, Узбекистан и Таджикистан закупают в Центральном регионе машины, металлы, древесину.

Фрукты из Таджикистана на рынках Центральной России

ЧАСТЬ 2
ЦЕНТРАЛЬНЫЙ РЕГИОН РОССИИ

Российская сторона проявляет большой интерес к закупке продовольствия из Узбекистана и Таджикистана; в первую очередь, это относится к северным областям Центрального региона России (Тверская, Ярославская и другие области), которые после ограничений на продовольственный импорт из Европы в 2014 году вынуждены искать новые источники поставок фруктов и овощей. Традиционно высок интерес к сотрудничеству с Таджикистаном у Ивановской области: многочисленные текстильные предприятия этой области нуждаются в поставках хлопка из Средней Азии.

Глава 3. Научные и образовательные ресурсы Центрального региона России

俄罗斯中央区的科学与教育资源

科学与教育资源是俄罗斯中央区最重要的财富，特别是在莫斯科地区集中了俄罗斯超过80%的科学资源。莫斯科是世界上最大的科学与教育中心之一，在莫斯科有260多所高校（其中109所为公立院校），有俄罗斯科学院的大部分研究所，同时还有俄罗斯最大、世界排名第五的俄罗斯国家图书馆以及其余400多个图书馆。莫斯科的高校学生数量达150万人（超过莫斯科人口数量的10%）。

在莫斯科的众多高校中——有莫斯科国立罗蒙诺索夫大学（俄罗斯最大的大学，在读学生超过4万名）、莫斯科国立国际关系学院（教授55种外语）、俄罗斯人民友谊大学（有来自146个国家的留学生）、高等经济学院以及其他高校。莫斯科的一些技术和物理数学类高校享有盛誉，比如莫斯科工程物理学院、莫斯科物理技术学院、莫斯科鲍曼国立技术大学尤为著名。莫斯科也是全俄罗斯文化艺术领域的教育中心，在莫斯科有享誉欧洲的戏剧类、电影类和音乐类高校。

在苏联时期，中央区的每个州内均设立了与该州经济专业化相关的学术机构（如伊万诺夫州的纺织工业学院、图拉州的军工学院）。莫斯科市、莫斯科州以及毗邻区域的弗拉基米尔州、伊万诺夫斯克州、卡卢加州成为"俄罗斯科技核心区"，那里有苏联时代建造的一些专门的科学家之城——科学城（例如卡卢加州的奥布宁斯克市就拥有一些最大的核物理以及航天技术研究所）。规模最大的核物理国际科研中心位于杜布纳科学城。莫斯科州的科学城数量最多，能为完成重要的国防及航天任务提供保障。

2010年，在梅德韦杰夫个人的倡议下，俄罗斯第一个创新中心"斯科尔科沃"于莫斯科近郊建成，旨在发展成为俄罗斯的"硅谷"。与封闭的科学城不同，"斯科尔科沃"致力于积极的国际合作，其中包括与北京"中关村"创新中心、中兴、华为、百度等中国伙伴间的合作。

Центральный регион России является бесспорным лидером среди всех регионов страны по научно-образовательным ресурсам. По оценкам администрации президента РФ, в регионе сосредоточено более 80% научного потенциала страны. Крупнейшим научно-образовательным центром региона, России и всей Восточной Европы является Москва. Московские вузы открыли свои филиалы во всех регионах России, но наибольшее число этих филиалов находится в областных центрах и малых городах Центрального региона.

Москва является одним из крупнейших центров науки и образования в мире. Научные институты российской столицы успешно работают в сферах ядерной энергетики, космонавтики, электроники. Именно в Москве в 1755 году появился первый в России университет (ныне – МГУ им. М.В. Ломоносова). Система научных институтов начала складываться в Москве еще в начале XX века, а в 1934 году в Москву из Ленинграда были переведены центральные организации Академии наук СССР.

Читательский билет Российской государственной библиотеки

В столице работает крупнейшая библиотека России (первое место в Европе, пятое место в мире) – Российская государственная библиотека, которую москвичи по старой привычке называют «Ленинка» (в эпоху СССР библиотека носила имя В.И. Ленина). Она содержит более 44,8 млн. книг и документов, принимает более 1 млн. посетителей в год. Известна и Научная библиотека МГУ – старейшая открытая библиотека России. Всего в Москве действует более 400 библиотек.

Москва не имеет себе равных в России по масштабам ресурсов высшего образования. В городе работает 264 вуза, из них 109 – государственных. Численность студентов в 2009 году составляла более 1,28 млн. человек (и эта цифра постоянно растёт). 11 московских ВУЗов имеют статус национальных исследовательских институтов.

МГУ им. М.В. Ломоносова – самый крупный и известный вуз России, в нём обучается более 40 тысяч человек, работает более 4000 преподавателей. МГУ стабильно входит в число ведущих вузов мира, по качеству преподавания математических наук – в число 50 ведущих вузов мира. Одновременно МГУ является и крупным исследовательским центром, включает 15 научных институтов.

Среди других наиболее известных и престижных вузов Москвы следует отметить Московский государственный институт международных отношений МИД РФ (МГИМО). Этот вуз держит мировой рекорд по количеству преподаваемых иностранных языков – всего 53 (включая русский как иностранный). МГИМО проводит большую работу в сфере международного образовательного сотрудничества. В этой же сфере известен и Российский университет дружбы народов (РУДН). Он отличается не только количеством учащихся (более 28 тысяч), но их разнообразием: в нём обучаются представители 450 национальностей из 146 стран мира. Многие вузы Москвы являются лучшими вузами России в своих направлениях: это относится, например, к Первому Московскому государственному медицинскому университету имени И. М. Сеченова, старейшему и известнейшему медицинскому вузу страны, а также к Высшей школе экономики (ВШЭ) – этот вуз был создан лишь в 1992 году, но уже стал лучшим экономическим вузом России.

Всемирной известностью пользуются ведущие технические и физико-математические вузы Москвы. Московский инженерно-физический институт (МИФИ) ведет уникальные исследования в области ядерной физики. Московский физико-технический институт («Физтех») – один из лучших вузов в мире по качеству подготовки специалистов-физиков, готовых к работе в новейших областях науки.

Московские вузы ежегодно принимают тысячи студентов из КНР

Московский энергетический институт (МЭИ) и Московский авиационный институт (МАИ) также являются лидерами в своих сферах. Однако самым престижным техническим вузом столицы является Московский государственный технический университет им. Н.Э. Баумана (МГТУ, «Бауманка»). Этот вуз стал единственным неклассическим университетом России в списке лучших университетов мира (кроме МГТУ в этом списке Россию представляют МГУ, СПбГУ и Новосибирский госуниверситет).

Помимо технического образования Москва является признанным всероссийским центром творческого образования. В ней находится крупнейший театральный вуз Европы – Российский университет театрального искусства (ГИТИС), Всероссийский государственный университет кинематографии им. С.А. Герасимова (ВГИК). Не менее престижны театральные вузы при крупнейших театрах: Школа-студия МХАТ и Театральный институт им. Бориса Щукина (при театре им. Евг. Вахтангова). Всемирную известность имеют Московская государственная консерватория им. П.И. Чайковского и Российская академия музыки им. Гнесиных («Гнесинка») – одни из самых престижных музыкальных вузов в мире.

Во всех областных центрах региона действуют крупные классические университеты. Наиболее известные и престижные из них находятся в юго-западной части региона: это Белгородский государственный университет (имеет статус национального исследовательского университета) и Воронежский государственный университет. На севере региона хорошо известны классические университеты Ярославля и Твери, на юге региона – Рязанский государственный университет им. С.А. Есенина. В регионе хорошо развито и техническое образование. В каждом областном центре, как правило, имеется крупный технический вуз, а также филиалы крупных московских технических вузов; имеются и другие профильные вузы – медицинские, сельскохозяйственные, военные, творческие.

В каждой области существуют созданные в СССР научные институты, связанные с экономической специализацию данной области. Так, в Ивановской области есть научный институт текстильной промышленности, в Тульской области, известной предприятиями военной промышленности, работают оборонные научные центры, в которых создаются образцы современного вооружения. Данная тенденция существует и для сельского хозяйства: например, в Тверской области, где выращивают лён, есть Всероссийский научно-исследовательский институт льна.

Научные ресурсы региона наиболее сосредоточены вблизи Москвы; большинство научных центров располагается в столице, на территории Московской области и в соседних областях – Владимирской, Ивановской, Калужской. Так, например, в небольшой Владимирской области действует свыше 30 крупных научных институтов. В Центральном регионе распространены специализированные научные населенные пункты («наукограды»). Старейший наукоград России – город Обнинск с его знаменитыми научными центрами ядерной физики, физической химии и космической техники – находится в Калужской области. Лидером по числу наукоградов является Московская область.

Небольшой подмосковный городок Дубна – один из самых известных российских наукоградов

Формирование наукоградов на территории области началось ещё в 1930-е годы, тогда, в преддверии приближающейся войны, наукограды были ориентированы на решение оборонных задач. Троицк, Дубна и Черноголовка были созданы позже для решения различных фундаментальных проблем физики. В наукограде Дубна работает «Объединенный институт ядерных исследований» - крупнейший международный научный центр, один из самых известных центров физических исследований в мире. В Дубне действует особая экономическая зона, которая занимается развитием информационных и медицинских технологий, производством материалов нового поколения. Около 50 предприятий области работают в сфере нанотехнологий. Город Пущино – крупнейший в России центр биологических и медицинских исследований, в нём создается крупный фармацевтический комплекс. Наукограды в Московской области появляются и в последние годы: так, в 2008 году статус наукограда получил город Протвино

ЧАСТЬ 2
ЦЕНТРАЛЬНЫЙ РЕГИОН РОССИИ

(специализация: ядерная физика). Благодаря деятельности наукоградов Московская область обладает крупнейшим в России научно-техническим потенциалом (который уступает только Москве и Санкт-Петербургу). Более половины научных организаций области работают для оборонных целей.

В Московской области создан комплекс научных центров космической отрасли. Важнейшим является Центр управления космическими полётами в городе Королёв (город назван в честь великого советского конструктора космических кораблей) и центр управления военными спутниками. В Московской области находится Звёздный городок, в котором работает главный российский центр подготовки космонавтов имени Ю.А. Гагарина.

В 2010 году в Центральном регионе, неподалёку от Москвы, был создан первый в России инновационный центр «Сколково». Идею создания такого центра, который должен играть ту же роль, что и знаменитая «Силиконовая долина» в США, активно поддерживает Д.А. Медведев. «Сколково» задуман как сверхсовременный комплекс по созданию и быстрому внедрению в экономику новых технологий в пяти направлениях, среди которых биомедицинские технологии, информационные технологии, новые энергетические технологии, космические технологии и ядерные технологии. Инновационный центр «Сколково» должен отличаться от имеющихся наукоградов, научные

Инновационный центр «Сколково» - детище Дмитрия Медведева

задачи которых не связаны с быстрым экономическим эффектом. Еще одной важной особенностью «Сколково», в отличие от наукоградов Московской области, является максимальная открытость и развитие международных научно-образовательных связей. Со «Сколково» сотрудничают компании Финляндии, Германии, США, Франции, Австрии, Швеции, Италии, Южной Кореи и Индии.

В рамках инновационного центра «Сколково» запущен проект «Открытый университет». Этот университет не является государственным вузом, но занимается подготовкой специалистов высокого уровня для работы в «Сколково».

«Сколково» - масштабный проект; ожидается, что к 2020 году в центре будет жить и работать более 25 тысяч человек. В настоящее время проект быстро развивается. По состоянию на 15 августа 2014 года в работе пяти направлений «Сколково» участвуют более 1300 компаний, которые за 2014 год заработали около 16 миллиардов рублей, из них 10 млрд. рублей – в направлении информационных технологий.

С самого начала создания «Сколково» у российских властей были большие планы по привлечению к сотрудничеству китайских компаний. Лидеры двух стран – Д.А. Медведев и Ху Цзиньтао – обсуждали эти вопросы в 2010 году, тогда китайская сторона выразила готовность поддержать своим участием первый российский инновационный центр.

Руководство «Сколково» неоднократно заявляло о том, что у китайских партнёров накоплен крайне богатый опыт по работе подобных инновационных центров (например, «Чжунгуаньцунь» в Пекине); этот опыт активно изучается и в «Сколково».

В 2014 году, когда начался новый период сближения России и КНР, российская сторона вновь обратилась к китайским властям с приглашением расширить китайское участие в Сколково. Обсуждались самые разные формы сотрудничества: подписание партнёрских соглашений с одним из аналогичных центров в Пекине, создание совместного инвестиционного фонда, участие китайской стороны в финансировании Открытого университета «Сколково». Обе стороны согласились, что наиболее выгодным для обеих сторон будет сотрудничество в сфере новых источников энергии, перспективные предложения есть и в сфере биомедицинских технологий. Во время Пекинского саммита АТЭС в 2014 году руководители «Сколково» сообщили о подписании соглашения с инновационным технопарком «Цинхуа». В частности, на территории технопарка в Пекине появится представительство «Сколково». В дальнейших планах – открытие представительства «Сколково» в Сянгане.

Важнейшим шагом в укреплении российско-китайского стратегического партнёрства на базе «Сколково» является создание китайско-российского Парка высоких технологий «Шёлковый путь». Парк будет иметь две площадки – в «Сколково» и в Сиане (провинция Шэньси). В рамках данного соглашения интерес к сотрудничеству выразили такие гиганты китайского бизнеса как ZTE, Huawei и Baidu. Активно сотрудничает «Сколково» и с государственными структурами Китая, в частности, с Министерством науки и технологий КНР.

Главы правительств КНР и РФ обсуждают перспективы сотрудничества в «Сколково»

«Сколково» - это первый, но очень важный шаг в создании целой системы научно-технологических центров современного уровня в постсоветской России.

ЧАСТЬ 2
ЦЕНТРАЛЬНЫЙ РЕГИОН РОССИИ

Глава 4 Природные и культурные достопримечательности Центрального региона России

俄罗斯中央区的名胜古迹

俄罗斯中央区是俄罗斯文明的摇篮，拥有众多名胜古迹。其中特别重要的是"金环城市"，包括弗拉基米尔州的旅游资源——古老的博物馆之城苏兹达尔的克里姆林宫、弗拉基米尔的金门建筑，还有亚历山德罗夫镇古老的伊凡雷帝行宫。

其他独特的旅游资源，包括位于佩列斯拉夫尔—扎列斯基市的"俄罗斯世界"旅游区——俄罗斯主题公园、伊万诺沃州的列维坦山、图拉的茶炊博物馆、梁赞的历史博物馆、圣母升天大教堂以及其他斯摩棱斯克历史遗迹。此外还有纪念俄罗斯历史上最大两场战役的战争遗址博物馆，分别与发生在莫斯科近郊的博罗季诺战役、发生在库尔斯克州的普罗霍罗夫卡战役有关。该地区还有纪念伟大卫国战争的《布良斯克森林》自然保护区，保护区里有很多珍稀动物和鸟类。

该区的北部谢利格尔湖畔，2005年起每年定期举办"谢利格尔"青年论坛，普京和梅德韦杰夫经常出席该论坛。近年来，大型青年论坛多在索契、克里米亚举行，但时至今日，"谢利格尔"青年论坛都具有重要意义。科斯特罗马州拥有世界上唯一一家驼鹿养殖场，在此可以品尝到这些可爱动物的乳汁。

Центральный регион России обладает огромным богатством культурно-исторических туристических ресурсов. Ценные исторические объекты, связанные с рождением русской цивилизации, есть здесь фактически в любом городе, да и сами старинные русские города представляют большой интерес. Некоторые из этих ресурсов объединены в популярные туристические маршруты – из них наиболее известен маршрут «Золотое кольцо России», а некоторые совершенно неизвестны даже в пределах той области, в которой они находятся. Еще более многочисленны и разнообразны исторические и культурные достопримечательности Москвы, которые мы в настоящей главе не рассматриваем ввиду их широкой известности во всем мире.

Плещеево озеро и Русский парк

Плещеево озеро – главная природная достопримечательности города Переславль-Залесский (юго-запад Ярославской области) – славится чистотой воды. Территория озера и прилегающие леса входят в состав национального парка с большим количеством редких животных и растений. На озере развита туристическая рыбалка и некоторые виды активного отдыха. Озеро навсегда вошло в русскую историю как место, где юный Петр Великий построил свой первый маленький флот для военных игр. Однако на берегах Плещеева озера есть немало и других интересных мест, например, остатки древнерусского города Клещина, знаменитый Синий камень – священное место для славян до Крещения Руси, старинный монастырь, а также старинный город Переславль-Залесский.

В городе летом 2014 года была открыта огромная туристическая зона «Русский парк» - небольшая модель русского мира, которая объединяет все достижения русской культуры, известные во всем мире – от музыки Чайковского до блюд русской кухни. Парк объединяет семь тематических музеев, посвященных разных явлениям русской культуры: музыке, чаю и квасу, русской моде и т.п, а также настоящая русская усадьба XIX века. «Русский парк» должен стать одним из центров Золотого кольца России.

Музей «Тульские самовары»

Самовары – главная достопримечательность Тулы

Старинный русский город Тула славится многочисленными достопримечательностями, но самым известным, бесспорно, является открытый в 1991 году музей «Тульские самовары». В России есть и другие самоварные музеи, но ни один из них не имеет славы тульского. Музей находится в старинном здании в историческом центре города, недалеко от Тульского кремля. Производство знаменитых самоваров в Туле началось в конце XVIII века, а в XIX веке в городе работало уже 28 самоварных фабрик. В музее собраны самые разные самовары, в том числе на уникальные, сделанные специально для Николая II или для Сталина.

Старая Рязань и Солотча

Русский город Рязань, как и многие другие старинные русские города, переживал многочисленные войны и разрушения. Современный город Рязань – это совсем не та Рязань, о которой мы читаем в древних летописях. Рязань, которую монголо-татары захватили в XIII веке, сейчас находится около села Старая Рязань, это чистое поле, в котором учёные нашли остатки древних рязанских соборов и большого города (сейчас исследовано только около 10% всех находок). В современной Рязани в историческом музее можно посмотреть, как выглядел этот богатый и красивый город в древние времена.

Село Солотча находится в 20 километрах от центра Рязани и его жители считают себя рязанцами. Эта территория является охраняемой природной зоной и популярным курортом: зимой здесь можно покататься на лыжах, а летом работают детские лагеря и санатории. Солотча – удивительно красивое место с уникальным чистым воздухом и чистой водой в местных реках. Село окружено густыми сосновыми лесами. Здесь же находится известный женский монастырь, замечательный памятник архитектуры, основанный еще в 1390 году.

Озеро Селигер и остров Хачин

Озеро Селигер – одно из лучших мест для развития экологического туризма на севере

Центрального региона (большая часть озера находится уже в Новгородской области). Это не самое большое озеро знаменито большим количеством островов, крупнейший из которых – остров Хачин. Туристических баз и гостиниц на этом острове нет, его население составляют дачники и туристы, живущие в палатках. Туристов привлекают 13 внутренних озер, протянувшихся цепью с севера на юг. Есть на острове и настоящий канал, который в XIX веке прорыли монахи одного из местных монастырей.

Озеро Селигер наиболее известно тем, что с 2005 года на его берегу проводится крупнейший в России летний молодежный форум. Гостями форума, который проводится при поддержке партии «Единая Россия», часто бывают известные люди России, в том числе и В.В. Путин и Д.А. Медведев.

Владимир Путин – частый гость на берегах озера Селигер

Елецкий музей народных промыслов и ремесел

Старинный русский город Елец в Липецкой области гордится своей историей и тем фактом, что он на целый год старше Москвы. Главной его достопримечательностью является Елецкий музей народных промыслов и ремесел. Здесь собраны предметы традиционных ремесел – изделия из металла, тканей, есть даже старинные музыкальные инструменты. Видное место занимают такие традиционно русские промыслы как изготовление тряпичных кукол и плетение лаптей. Но самым известным елецким промыслом является плетение кружев. Есть и экспонаты современных видов народного искусства, например, флористика (составление фигур из цветов). В музее постоянно работают учебные классы, где все желающие могут освоить эти виды промыслов.

Достопримечательности Смоленска: Лопатинский сад и Успенский собор

Город Смоленск, город-крепость, находящийся к северо-западу от Москвы, много раз становился на пути у врагов, шедших на русскую столицу. Смоленск находился в центре военных событий Смутного времени, Отечественной войны 1812 года и Великой Отечественной войны. Город имеет множество военных достопримечательностей, но известны и два вполне мирных исторических места. Первое – это главный исторический парк Смоленска – Лопатинский сад, который находится у старинной крепостной стены. Сад не только очень красив, но и наполнен множеством исторических памятников. К 1150-летию Смоленска (в 2013 году) сад стал еще красивее, в нём появились новые музеи. Второе – это Успенский собор – наиболее известный собор древнего города, стоящий на высоком холме над берегом Днепра. Собор был так красив, что и Наполеон, и немецкие генералы, приказывали не разрушать собор, хотя был разрушен почти весь город. Собор поражает своей высотой в 69 метров и уникальными иконами. Рядом с ним находится еще несколько церквей и соборов, целый городок, окруженный стеной. Ежедневно на холм к собору поднимаются тысячи людей, чтобы посмотреть на прекрасный пейзаж Смоленска с высоты.

Музей-заповедник «Прохоровское поле»

Прохоровское поле хранит память, важную для каждого жителя России. Именно на этом небольшом поле, которое не менее известно, чем Бородинское или Куликово поля, в 1943 году во время Курской битвы произошла самая страшная танковая битва в истории человечества, за сутки унесшая многие тысячи жизней. В 1995 году поле было объявлено военно-историческим музеем-заповедником. На его территории находится мемориал, многочисленные памятники и музей исторической военной техники Второй мировой войны. В одном из музейных залов на большом экране бесконечной лентой проходят имена всех погибших в Прохоровском сражении; эта печальная лента движется по экрану более 30 часов.

«Прохоровское поле»

Кроме того, на Прохоровском поле установлен Колокол единения трех братских народов – русского, украинского и белорусского. 9 мая 2000 года в этот колокол звонили президенты трех стран.

Музей-заповедник «Бородинское поле»

Бородинское поле, на котором в 1812 году произошла крупнейшая битва с армией

Наполеона, находится на западе Московской области, недалеко от городка Можайск. В 1912 году, к столетнему юбилею Бородинского сражения, в центре поля был открыт военно-исторический музей. На огромной территории поля, кроме небольшого здания музея, находятся десятки памятников и исторических объектов, связанных с Бородинской битвой. Здесь всегда многолюдно, особенно в первые выходные

Бородинский музей

сентября, когда проводится фестиваль «День Бородина»: тогда на поле со всего мира съезжаются любители истории, которые разыгрывают события 7 сентября 1812 года.

Гораздо меньше людей знает, что в 1941 году Бородинское поле стало важнейшим участком Московской битвы. В 1953 году к памятникам героям Отечественной войны 1812 года добавились памятники героям Великой Отечественной войны.

Суздальский кремль

Город-музей, старинный русский городок Суздаль во Владимирской области – жемчужина Золотого кольца России. Его главной достопримечательностью является Суздальский кремль, к которому ведут все улицы города. Само здание кремля, основанное в XI веке, совсем не похоже на массивные крепостные сооружения Пскова и Новгорода. Однако именно это здание – историческое сердце Суздальского княжества, одного из самых известных земель Древней Руси. Мало кто знает, что князь Юрий Долгорукий был суздальским князем и основал Москву, чтобы обеспечить защиту этого скромного городка. С Суздалем связано не только имя этого князя, но и других великих правителей Киевской Руси – Ярослава Мудрого и Владимира Мономаха. На территории кремля находится древний собор XII века и несколько церквей XVII-XVIII веков. Кремль и собор являются объектами Всемирного наследия ЮНЕСКО.

Суздальский Кремль

Золотые ворота Владимира

Золотые ворота Владимира – драгоценный памятник древнерусской архитектуры,

Золотые ворота во Владимире

объект Всемирного наследия ЮНЕСКО, одна из знаменитейших достопримечательностей Золотого кольца России. Ворота располагаются в центре современного Владимира и выглядят довольно просто – как большая каменная арка высотой в 14 метров. Это громадное сооружение плохо выполняло функции защиты города – такие большие ворота трудно защищать, однако оно позволило владимирскому князю Андрею Боголюбскому создать в своей столице памятник, который во времена Древней Руси делал Владимир похожим на Киев или Константинополь. Построенные в 1164 году ворота открывали въезд в богатую княжескую часть города. Золотые ворота связаны и с именами таких великих князей, как Александр Невский и Дмитрий Донской.

Сумароковская лосиная ферма

В 1963 году в 20 километрах от Костромы в селе Сумарокове был создан удивительный объект – ферма, на которой разводили лосей. Эти крупные животные обычно живут в густых лесах подальше от людей, но на ферме их приручили и получают от лосей ценное молоко. Это молоко очень полезно для здоровья и очень дорого, но на ферме его можно попробовать по доступной цене круглый год. Живут лоси на свободе, но в лес не уходят – привыкли к

Лось – красавец русского леса – на ферме в Костромской области

удобной жизни с людьми. Приручённых лосей и оленей можно покормить и погладить.

Музей-заповедник «Александровская слобода»

Музей находится в небольшом городе Александрове во Владимирской области. Главным объектом заповедника является Александровский кремль – небольшая, но

ЧАСТЬ 2
ЦЕНТРАЛЬНЫЙ РЕГИОН РОССИИ

хорошо укрепленная белокаменная крепость на берегу небольшой речки. С XVI века здесь находилась загородная резиденция великого князя Василия III, но наибольшая известность пришла к этой крепости в 1565 году, когда сюда из Москвы неожиданно переехал первый русский царь Иван Грозный. До 1581 года небольшая крепость превратилась в фактическую столицу Русского царства. Сейчас крепость похожа на маленький средневековый город, немалую часть его занимает женский монастырь и православные храмы. На территории слободы есть несколько памятников древнерусской архитектуры, которые Иван Грозный перевез в свою временную столицу из многих мест России. Экскурсоводы рассказывают здесь об эпохе Ивана Грозного, об убийстве им своего сына Ивана, о первых русских печатных книгах.

Заповедник «Брянский лес»

Брянская область была всегда знаменита своими густыми, богатыми дикими животными лесами. Во времена Древней Руси дремучие брянские леса совершенно не осваивались человеком, но сейчас осталась лишь небольшая их часть. В 1987 году в ней на границе с Украиной на берегах реки Неруссы был основан государственный заповедник «Брянский лес», который в 2001 году вошел в сеть заповедников ЮНЕСКО. Более 80% территории заповедника покрыто лесом. В лесу живут многие редкие европейские птицы и животные.

Леса на реке Неруссе покрыли себя вечной славой в годы Великой Отечественной войны: на территории Брянской области, занятой фашистами, в этих лесах боролись с врагом партизаны. Там создан исторический заповедник «Трубчевский партизанский лес» с мемориальным комплексом и множеством исторических памятников.

Город Плёс и Гора Левитана

Небольшой городок Плёс на севере Ивановской области всегда был известен прекрасными пейзажами. В городе, окружённом озёрами, работал великий русский художник И.И. Левитан, который написал здесь один из своих шедевров – картину «Над вечным покоем» (1903 год) и множество других знаменитых пейзажей. Вид с одной из гор произвел на художника такое впечатление, что он немедленно решил поселиться в Плёсе. Если сегодня подняться на гору Левитана, то можно увидеть тот же пейзаж, что и на картине «Над вечным покоем». В 1972 году на горе Левитана открыли музей художника. Место популярно не только среди туристов, которые

«Над вечным покоем» - шедевр И.И. Левитана, написанный в Плёсе

обязательно делают на горе памятную «пейзажную» фотографию, но и среди художников: каждое лето сюда приезжают ученики художественных училищ со всей России.

Глава 5 Экологическая обстановка в Центральном регионе России

俄罗斯中央区的生态环境

由于工业发展迅猛，中央区的生态环境曾在苏联时期遭到了重创。该区有许多大型城市，其大型工业项目和运输工具，乃是空气和水的污染源。工业现代化仅在莫斯科得以全面实现（一切严重的大气工业污染源已迁出该市），但是在该区的其他工业中心（斯摩棱斯克、梁赞、雅罗斯拉夫尔等地），陈旧的动力和石油化学工业设施仍严重污染着大气。莫斯科的生态问题与汽车的高度集中密切相关，汽车每年向莫斯科的空气中排放约94%的污染物。莫斯科州和图拉州也有类似问题，因为这是通向莫斯科和更远的东部地区的必经之路。

然而，莫斯科也有生态环境良好的区域，即各个公园和大片森林，分布于麻雀山、银松林、伊兹梅洛沃、察里津诺。

中央区的很多河流被中度污染，比如伏尔加河、杰斯纳河、奥卡河、克利亚济马河、莫斯科河，但该区的水污染和土壤污染并不是首要问题。

中央区的农村地区在发展生态旅游方面富有前景。在这方面，位于特维尔州西部的国家中央森林自然保护区，及其附近的谢利格尔湖风景区具有极大的发展潜力。首都城郊地区的生态旅游正在积极发展中，建有大量在大自然中休息的地方、运动场、钓鱼场所和浴场等。

Экология Центрального района России больше, чем в других регионах, пострадала от быстрого роста промышленности в советскую эпоху. В последние годы отрицательное воздействие на экологию оказывает рост городов, прежде всего, Москвы и Подмосковья. Регион имеет наибольшее количество крупных городов: в них проживает более 60% его населения. В более чем 300 городах работают крупные промышленные предприятия.

Прежде всего, страдает качество воздуха, которое в большинстве городов региона является невысоким из-за промышленного загрязнения, прежде всего, предприятиями тепловой энергетики. Так, например, в Смоленской области основным источником загрязнения является Смоленская ГЭС, в Рязани городская электростанция даёт 40% вредных веществ в воздухе, аналогичная ситуация и в Костроме. Важными источниками загрязнения воздуха являются и нефтехимические, металлургические и машиностроительные предприятия, а также предприятия строительной промышленности. Например, в Брянской области серьезные экологические проблемы связаны с цементными заводами, в Рязанской области – с нефтеперерабатывающим заводом.

ЧАСТЬ 2
ЦЕНТРАЛЬНЫЙ РЕГИОН РОССИИ

Как и в других регионах России, загрязнение воздуха из автомобильных источников значительно превышает загрязнение от промышленных источников (от 70% до 90% от общего количества вредных веществ поступают в воздух из автомобилей). Проблемы с качеством воздуха отмечаются во всех крупных городах региона, а наиболее

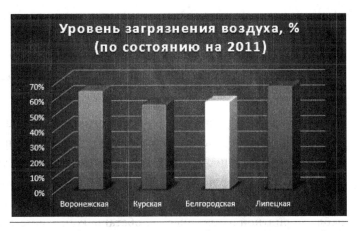

Во многих областях региона есть проблемы с состоянием воздуха

сильно они выражены в городе с наибольшей концентрацией автомобилей – в Москве. Крупные промышленные предприятия уже давно выведены за пределы Москвы, поэтому автомобили выдают 94% загрязняющих веществ. По количеству этих веществ в воздухе Москва находится на «почетном» втором месте в России, уступая только Норильску.

Проблема загрязнения воды в Центральном регионе в последнее время становится менее острой, однако по качеству воды регион остаётся на одном из последних мест в стране. Большинство промышленных предприятий и городов в регионе были построены давно и современных сооружений для очистки промышленного и канализационного стока не имеют, поэтому грязные воды сбрасываются прямо в реки и озёра региона. Промышленные предприятия Москвы и Подмосковья сбрасывают 10% грязных вод всей России, большой вред воде наносят предприятия Белгородской, Липецкой, Курской областей. Умеренно загрязненными являются почти все реки региона – Волга, Десна, Ока, Клязьма, Москва; от загрязнения гораздо больше страдают малые реки и подземные воды. В регионе, особенно в Москве и Московской области, постоянно ухудшается качество питьевой воды; в Москве это связано с ее перерасходом – в российской столице каждый житель использует примерно вдвое больше воды, чем в Европе. Значительные успехи в ликвидации этой проблемы есть пока только в Рязанской области.

В связи с многолетним интенсивным использованием минеральных удобрений в регионе ухудшается и качество почвы: она становится суше и кислее. Однако данная проблема по остроте не является первостепенной.

Наиболее остро экологические проблемы стоят в Московской и Тульской областях. Эти субъекты РФ занимают первое и второе место по количеству промышленных предприятий на 1 квадратный километр территории, кроме того, в них достаточно высока плотность населения, очень развиты транспортные системы, по которым идёт постоянное сообщение с Москвой. Именно транспорт является основным источником экологических бед: несмотря на все меры по ограничению использования низкокачественного топлива, Московская область занимает первое место в России по загрязнению свинцом. Тульская область по качеству окружающей среды занимает в стране одно из последних мест. Некоторое количество вредных веществ обе области получают с запада – в том числе, из стран Западной Европы. При этом обе области не имеют больших экономических возможностей по решению имеющихся экологических проблем.

Москва уже давно объявлена экологически неблагоприятным городом. К счастью, столица имеет огромные экономические возможности по решению имеющихся проблем, которые, по состоянию на 2015 год, стоят достаточно остро. Даже в историческом центре Москвы, вблизи Кремля, в воздухе находятся такие же вредные вещества, как и в крупных промышленных центрах. Врачи отмечают, что до 20% заболеваний в Москве связаны с неблагоприятной экологической обстановкой, кроме того, чаще, чем в других регионах России, болеют дети. В южных и юго-восточных районах столицы воздух особенно загрязнен. Более благоприятная экологическая обстановка на Воробьёвых горах, в Серебряном бору, в Нескучном и Ботаническом садах, в Измайлово и Царицыно.

В Москве, как и во многих крупных городах мира, изменены климатические условия. Климат столицы заметно отличается от климата окружающей его Московской области. Так, например, в Москве гораздо больше количество осадков, чаще бывает гроза и град.

За состоянием воздуха в Москве наблюдают десятка полтора организаций. Реализуется государственная программа «Охрана атмосферного воздуха», которая включает серьезные ограничения на использование экологически опасного транспорта.

Власти Москвы прилагают громадные усилия по созданию новых зеленых зон. По количеству деревьев на одного жителя Москва опережает многие мировые столицы. Парковые зоны занимают 30% ее территории, 17% ее площади относится к особо охраняемым природным территориям (они находятся, главным образом, на окраинах столицы). Парки создаются часто на территории старых промышленных объектов, проводится реконструкция имеющихся парков. В городе проводится акция «Миллион деревьев», при этом жители города сами определяют места посадок новых деревьев и их виды.

Парк «Лосиный остров» - крупнейший лесной массив в Москве

Несмотря на имеющиеся экологические проблемы в крупных городах, Центральный регион России остаётся достаточно перспективным в плане развития экологического туризма. Регион обладает не только природными, но и богатыми культурно-историческими

ЧАСТЬ 2
ЦЕНТРАЛЬНЫЙ РЕГИОН РОССИИ

ресурсами. Особенно привлекательным для экотуристов является Центральный лесной государственный заповедник на западе Тверской области. В заповеднике сохраняются уникальные еловые леса, которые считаются старейшими в Европе, им около 500 лет. Популярным местом экологического туризма является и живописное озеро Селигер (Тверская область), на котором имеются многочисленные базы отдыха.

Многие региональные центры экотуризма создаются только в последние годы, но развиваются быстрыми темпами. Большую известность в плане экотуризма приобрел заповедник «Калужские засеки», который проводит большую экологическую просветительскую работу, распространяет экологическую информацию в СМИ и среди школьников, проводит экологические акции, организует детские экологические лагеря. Успешно развиваются ресурсы сельского и экологического туризма и в Костромской области, где гостей планируют принимать во многих фермерских хозяйствах. На территории Москвы уже создано шесть эколого-просветительских центров, новый центр «Кусково» появится в 2015 году на юге Москвы. Экологический туризм активно развивается и на окраинах столицы, где создаются точки для отдыха на природе, спортивные площадки, места для рыбалки и купания.

ЧАСТЬ 3

СЕВЕРО-ЗАПАДНЫЙ РЕГИОН РОССИИ

Глава 1 Экономико-географическая характеристика Северо-Западного региона России

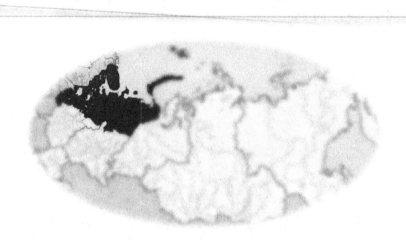

俄罗斯西北区的经济地理特征

从波罗的海到北乌拉尔山脉的广袤区域，都属于俄罗斯西北区。这里包括两个经济带：一个是西北经济带，工业较为发达，面向北欧和德国进行经济合作，但自然资源匮乏；另一个是北部经济带，自然资源富饶，但其发展受寒冷的气候条件制约。

历史上该地大部分区域都属于"俄罗斯北方"（除了最西方和最东方的区域）。

西北联邦区里人烟稀少的东北部地区占据了很大面积，比如科米共和国、只有四万人口的涅涅茨自治区。人口稠密并且经济发达的加里宁格勒州位于该区西部，它是俄罗斯在波罗的海西部地区的支柱。西北联邦区超过84%的人口分布在城市，尽管本区只有俄罗斯第二大城市圣彼得堡这一个大城市。

波罗的海、白海、巴伦支海、喀拉海的出海口都位于该区域，它还与芬兰、挪威、波兰、爱沙尼亚、拉脱维亚、立陶宛、白俄罗斯接壤，并且与德国、丹麦、瑞典经由波罗的海保持着密切的经济合作。

ЧАСТЬ 3
СЕВЕРО-ЗАПАДНЫЙ РЕГИОН РОССИИ

西北区拥有俄罗斯欧洲部分近50%的森林资源和丰富的水资源（欧洲最大的湖泊——拉多加湖、奥涅加湖就位于该区）。该区东部的气温要比波罗的海沿岸寒冷很多。

公元862年，在俄罗斯北部的诺夫哥罗德出现了俄罗斯的第一个国家。诺夫哥罗德和普斯科夫在中世纪时曾是北欧的大型贸易中心，其影响遍及沿北德维纳至北乌拉尔的广大地域。

从15世纪末起白海就成为莫斯科罗斯的贸易大门，而18世纪初期随着圣彼得堡的建设，该区域就显得至关重要。

苏联初期，圣彼得堡曾是国家最大的工业中心，因此，在1920年到1930年间为保证其原料供应，其相邻地区卡累利阿共和国、科拉半岛、阿尔汉格尔斯克州、沃洛格达州、科米共和国也开始飞速发展起来。

科拉半岛的希比内山脉和该区东部蕴藏着丰富多样的矿产资源——从煤炭、石油到黄金、金刚石；除此之外，希比内山区还拥有国内其他地区所没有的150余种矿物。在西北区与乌拉尔地区交界处，坐落着俄罗斯最大的煤田——伯朝拉煤田。涅涅茨自治区、巴伦支海大陆架盛产石油和天然气。产自加里宁格勒州的琥珀举世闻名。

该区的森林资源在其经济领域的发展中起到了关键作用，在科米共和国境内分布着大面积的人类尚未涉足的原始森林。该区虽然土地贫瘠，但是诺夫哥罗德州、沃洛格达州的草地为其积极发展畜牧业提供了条件。

圣彼得堡是该区最大的经济中心，贸易与金融服务在其经济结构中占主体地位，这一点与莫斯科相似。汽车制造业（列宁格勒州）和造船业（圣彼得堡、加里宁格勒州、阿尔汉格尔斯克州、摩尔曼斯克州）乃是该区的主导产业。该区生产军用舰船以及用于开发北极海域的大功率破冰船。科米共和国、卡累利阿共和国以及科拉半岛的采矿业与木材业也较为发达。

该区西部的交通线路要比东部更为发达。圣彼得堡是俄罗斯的大型交通枢纽以及首批高速铁路干线投入运营的中心。波罗的海的圣彼得堡港和加里宁格勒港、白海的阿尔汉格尔斯克港以及巴伦支海的摩尔曼斯克港四大港口保障了海上运输的发展。北冰洋唯一的运输走廊——北极航线就发端于摩尔曼斯克。

1.1. Общая характеристика региона

Понятия «Северо-Запад России» с точки зрения географии и с точки зрения экономики совершенно не совпадают. С точки зрения географии, в этот регион входит вся северная часть европейской России – от крайней западной точки России в Калининградской области до территорий на границе Северного Урала на востоке. С точки зрения экономики, данный регион делят на два экономических района: Северо-Западный и Северный. Данное деление имеет некоторые (но не слишком значительные) основания: субъекты Северо-Западного экономического района более развиты экономически (но мало обеспечены природными ресурсами) и ориентированы на тесные торговые связи с европейскими партнёрами, прежде всего, с Германией и странами Скандинавии. Субъекты Северного экономического района имеют богатые запасы природных ресурсов, но гораздо в большей степени испытывают на себе влияние сурового северного климата; эти территории

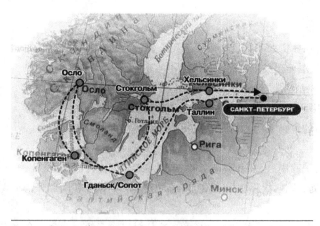

Санкт-Петербург через Балтийское море тесно связан со странами Северной Европы

России в меньшей степени включены в экономическое сотрудничество с Европой.

Тем не менее, разделение Северо-Запада на два экономических района произошло только в 1986 году, и это разделение не было основано на коренных экономических различиях, а носило в большей степени организационный характер (для удобства экономического планирования). С точки зрения культурного и исторического фона, все северные территории европейской части России представляют собой единый регион (кроме Санкт-Петербурга и Калининградской области), его часто описывают культурно-историческим понятием «Русский Север». Это единство было отражено и в том, что в 2000 году все эти территории были объединены в Северо-Западный федеральный округ. Именно в этом единстве мы и будем рассматривать Северо-Запад в настоящем учебном пособии.

В состав региона полностью входят два экономических района современной России: Северо-Западный и Северный. Регион включает следующие субъекты федерации: город федерального подчинения Санкт-Петербург, Ленинградская область, Новгородская область, Псковская область, Архангельская область, Вологодская область, Мурманская область и Республика Карелия, Республика Коми и Ненецкий автономный округ. Кроме того, в состав региона входит удалённая от основной территории России Калининградская область.

Регион имеет общую численность населения более 13,5 млн. человек, площадь – более 1,5 млн. кв. км. Оба показателя составляют чуть меньше 10% от площади и населения всей России. Большую часть региона занимают обширные территории на северо-востоке – Республика Коми и Ненецкий автономный округ. На крайнем западе региона находится самая маленькая по площади область России – Калининградская. Плотность населения заметно снижается по направлению с запада на восток. Ненецкий автономный округ на востоке региона занимает последнее место в России по численности населения – на его огромной площади в 176 тыс. кв. км.проживает всего чуть более 40 тысяч человек. По плотности населения Калининградская область опережает Ненецкий АО почти в 250 раз! На территории региона находится второй крупнейший город России, ее второй по значимости экономический и культурный центр – Санкт-Петербург (более 5 млн. человек), в котором проживает более трети населения всего региона. Других крупных городов в регионе нет. Сравнительно крупными городами считаются Калининград (более 400 тысяч человек),

Архангельск (350 тысяч человек), Вологда и Череповец (более 300 тысяч человек). Однако именно в городах в Северо-Западном регионе живёт почти всё население – доля городского населения превышает 84% (это рекордный показатель для России).

Регион имеет выход к двум океанам – Атлантическому (через Балтийское море) и Северному Ледовитому (через Белое, Баренцево и Карское моря). На юге он граничит с Центральным регионом России и Поволжьем, на востоке – с Уральским регионом. Регион имеет сухопутные границы с Финляндией, Норвегией, Польшей, Эстонией, Латвией, Литвой, Белоруссией, а выход в Балтийское море обеспечивает

Северо-Западный регион протянулся от Балтийского моря до Северного Урала

тесные экономические связи с Германией, Данией и Швецией.

На территории региона нет высоких гор. На ней сосредоточены огромные лесные массивы (около 50% лесных ресурсов европейской части России). Регион обладает и огромными водными ресурсами. Крупнейшими реками являются Северная Двина и Печора. Регион знаменит многочисленными озёрами, в том числе крупнейшими озёрами Европы – Ладожским и Онежским. Климат в регионе довольно суровый, однако на западе он гораздо благоприятнее, чем на востоке. На севере и востоке региона лето очень короткое, но тёплое.

1.2. История экономического освоения Северо-Западного региона России

Когда мы говорим об «экономическом освоении Северо-Запада», то следует отметить, что Северо-Запад не был для русской цивилизации внешним регионом, как, например, Урал или Кавказ. В южных частях региона, на территории нынешних Новгородской и Псковской областей, в 862 году появилось первое русское государство.

Северные земли европейской части России не являются благоприятными для зарождения и развития цивилизации. Местный суровый и неустойчивый климат, северные леса и болота, неплодородные почвы заставляли первых жителей Русского Севера вести настоящую войну за выживание. Именно поэтому время на этих территориях как будто течёт медленнее, чем в более южных частях России. Первые люди пришли на эти земли ещё в V тысячелетии до нашей эры, занимались они рыболовством на берегах местных озёр, а затем стали заселять территорию вдоль Финского залива. Местное население состояло из древних финских и балтийских племен. До VII века нашей эры о жизни этих племен было известно очень мало. В это время с юга к берегам Ладожского озера начинают приходить первые славянские племена и варяжские поселенцы из Северной Европы; они занимали свободные территории вокруг озера Ильмень между финскими и балтийскими племенами. В результате тесных контактов разных народов и культур в районе нынешних Новгородской и Псковской областей образуется уникальная многонациональная цивилизация – Северная Русь. Ее первым историческим центром стал город Ладога (сейчас это деревня в Ленинградской области); в 2013 году ученые доказали, что это поселение существовало еще в VII веке нашей эры и может называться «древней столицей Северной Руси». Цивилизация Северной Руси складывалась постепенно, православие полностью охватило русских жителей этого региона лишь к XIII веку (неславянские народы стали православными гораздо позже; коми получили православие только после 1380 года, а лопари – жители Кольского полуострова – только в XVI веке).

Древний русский город Ладога

Суровый климат и плохие почвы мешали развитию региона, но его выгодное географическое положение и близость к северным морям позволили преодолеть препятствия в развитии. К IX веку ведущее место Ладоги занял новый город - Новгород: через его земли проходили важные торговые пути из Киевской Руси на северо-запад к Балтийскому морю, поэтому Псков и Новгород образовались и выросли, прежде всего, как торговые города. Жители Великого Новгорода по праву гордятся своей древней историей и называют свои земли «колыбелью русской цивилизации», источником развития древней русской истории и культуры. Еще задолго до возвышения Москвы новгородцы осваивали территории вдоль Северной Двины почти до Северного Урала. Древнюю историю имеют и другие города, подчинявшиеся Новгороду, - Изборск, Торжок, Старая Русса. В Новгороде и этих городах быстро развивались ремёсла. В Новгороде с X века устанавливаются широкие торговые связи с датскими, немецкими и другими балтийскими партнёрами. Иностранцы вывозили из Новгорода меха, кожаную обувь и воск (из него делали свечи), привозили металлы, ткани, соль. Внешняя торговля была запрещена в конце XV века, когда свободный город Новгород подчинился Московской Руси, а затем и выход к Балтийскому морю был захвачен шведами. Однако Северо-Запад не потерял своего значения торгового моста в Европу.

ЧАСТЬ 3
СЕВЕРО-ЗАПАДНЫЙ РЕГИОН РОССИИ

С древних времен на суровых землях на берегах Белого моря селились славяне, которых называли «поморами». Поморская земля (нынешняя Архангельская область) подчинялась сначала Новгороду, а потом вошла в состав Московской Руси. В 1492 году по Белому морю в Данию из поморского села Холмогоры (древняя столица поморских земель) пришли первые корабли с русским хлебом. Именно территории на Белом море в устье Северной Двины взяли на себя функцию северных торговых ворот России в XV-XVII веках. С XVI века здесь открылась торговля с английскими купцами. В 1584 году для укрепления этой торговли был построен новый город – Архангельск, который стал главным морским портом России до конца XVII века. Через Архангельск проходило до 80% всей морской внешней торговли России. Тогда Россия продавала в Европу хлеб, меха, лес и другие товары. Недалеко от Архангельска Петр Первый организует первую государственную судостроительную верфь.

Огромное значение в жизни поморов играл лов рыбы в Белом море

С начала XVIII века в истории Северо-Запада начинается новая страница, его возрождение в качестве важнейшего региона России. Эта эпоха связана со строительством Санкт-Петербурга и его превращением в крупнейший политический и культурный центр страны. Город строился в почти неосвоенной местности, поэтому еще во времена Петра Первого началось развитие системы каналов. Этот процесс продолжался на протяжении всего XIX и XX веков. В XIX веке Санкт-Петербург стал крупным промышленным центром – в нем были сосредоточены огромные (по тем временам) заводы, которые работали, в основном, на импортном сырье, привозимом по морю. Здесь зародились самые первые и самые крупные машиностроительные и оборонные предприятия России. Санкт-Петербург был ориентирован на тесные связи с Западной Европой, поэтому в советскую эпоху вокруг него потребовалось создать мощный район по добыче сырья, который бы обеспечивал промышленность города всем необходимым. В 1920-1930-х годов начался мощный процесс экономического роста Северо-Западного региона: энергию стала давать Волховская ГЭС, в Хибинах (горах Кольского полуострова) начали добывать апатиты и сырье для производства алюминия, а металл приходил из города Череповца Вологодской области, где был построен огромный металлургический завод. После постройки Ленинградской АЭС в городе Сосновый Бор (на берегу Финского залива) были полностью решены энергетические проблемы города. Промышленность Северо-Запада, прежде всего, Ленинграда и Ленинградской области, в эпоху СССР была примером для других регионов.

Экономическое освоение крайних северо-восточных и северных территорий региона шло гораздо медленнее. К северо-востоку от Новгорода жили неславянские народы - ненцы и коми. С XII века с этими народами уже вели торговлю новгородские купцы, а затем их земли подчинялись Новгороду. Главным богатством коми и ненцев была пушнина – основной товар для внешней торговли. Долгое время на этих болотистых территориях с суровым климатом даже не было постоянных дорог, экономическое развитие их шло крайне медленно. Только в 1930-1950-е годы население Республики Коми начало увеличиваться, развернулось строительство, стали разрабатываться обширные запасы каменного угля, нефти, древесины.

Ненцы хорошо приспособились к суровым условиям Крайнего Севера

Новгородцы имели торговые контакты и с народами, которые жили на территории Кольского полуострова. С XII века новгородцы отправляют на север экспедиции за рыбой и пушниной, а с XIII века в древних книгах уже есть записи о том, что народы Кольского полуострова подчиняются Новгороду. К середине XVI века полуостров становится центром международной торговли, сюда за рыбой и мехами приходят корабли из Англии, Дании и Голландии, хотя в 1625 году на обширной территории полуострова жило всего чуть более 2000 человек. Территория оставалась малоосвоенной до начала Первой мировой войны, когда России понадобился безопасный и незамерзающий порт на севере. Тогда в 1917 году там был основан город Мурманск. В 1920-е годы внимание учёных привлекли богатейшие ресурсы гор Кольского полуострова - Хибин. Началось бурное экономическое развитие региона. В 1951 году в 25 километрах к востоку от Мурманска на берегу Кольского залива появился новый город – Североморск, база Северного флота, появились промышленные центры – Оленегорск и Апатиты. Дикий и неразвитый Кольский полуостров стал мощным промышленным регионом; к 1980 году Мурманская область занимала второе место в Северо-Западном регионе по объёму производства.

С XI века Новгород начинает владеть территориями Карельской земли вдоль реки Вуоксы. Местные жители – карелы, близкие к финской культуре, – жили на земле, которую хотели контролировать не только русские, но и шведы. После победы в Северной войне Пётр Первый присоединил Карелию к Российской империи, центром новой области стал город Петрозаводск. В советскую эпоху Карелия стала национальной автономией, а после 1991 года – национальной республикой в составе СССР. Экономическое развитие Карелии затруднялось малой населенностью этих суровых северных земель. С распадом СССР экономический кризис ударил по северным и северо-восточным территориям региона особенно сильно, например, за период с 1991 до 2007 года население Республики Коми сократилось на 22%, Мурманской области – более чем на 25%, однако в последние годы численность населения начала медленно расти.

Прекрасные пейзажи Карелии

Особую историю имеет Калининградская область, которая исторически не входила в границы русского мира и до XVIII века не находилась под влиянием русской цивилизации. Жили на этой территории пруссы (народ, родственный литовцам и латышам). Затем на долгие годы прусская земля попала под немецкое и польское влияние. В XVIII веке Восточная Пруссия на короткое время вошла в состав Российской империи. В 1945 году Восточная Пруссия была разделена примерно на три части, ее северная часть вошла в состав СССР, а юг и юго-восток вошли в состав Польши. В 1946 году полученные территории получили название Калининградской области. На новые территории началось переселение семей из областей, сильно пострадавших во время Великой Отечественной войны, например, из Белоруссии, Брянской области и других; здесь создаются многочисленные военные базы, в том числе база Балтийского флота.

1.3. Минеральные ресурсы Северо-Западного региона

Северо-Западный регион России достаточно богат минеральными ресурсами, однако их распределение по территории региона неравномерно. На территории Северо-Западного экономического района (Новгородская, Псковская и Ленинградская области) запасы полезных ископаемых сравнительно невелики, а запасы металлических руд здесь практически отсутствуют. Из богатств этого региона можно назвать запасы огнеупорных глин в Ленинградской области и чистых известняков в Ленинградской и Новгородской областях (чистые известняки используются в химической и алюминиевой промышленности, а также в сельском хозяйстве). На востоке Ленинградской области есть месторождения бокситов, которые имеют огромное значение для алюминиевой промышленности. В Ленинградской области имеются большие запасы горючих сланцев (они сосредоточены вокруг города Сланцы).

Северные районы региона (Кольский полуостров) и северо-восток региона (Республика Коми и Ненецкий АО) имеют богатейшие запасы минеральных ресурсов. Республика Коми имеет не только богатые запасы полезных ископаемых, но и отличается поразительным их разнообразием, поэтому эти земли часто называют «природной кладовой». На территории республики есть запасы угля, нефти, газа, бокситов, титановых руд, золота, алмазов, горючих сланцев, руд цветных и редких металлов.

Большие запасы таких топливных ресурсов как уголь, нефть и газ позволяют сохранять запасы горючих сланцев в резерве. На севере республики располагается Печорский угольный бассейн – крупнейший угольный бассейн в России. Его запасы оцениваются почти в 250 млрд. тонн угля, из них разведано пока только около 10 млрд. тонн в 30 месторождениях. 78% составляют каменные угли. Наиболее крупные месторождения находятся в окрестностях городов Воркута и Инта на границе Северо-Западного и Уральского регионов.

На территории Республики Коми и Архангельской области находится обширная Тимано-Печорская нефтегазоносная промышленность; геологические запасы нефти составляют здесь около 4 миллиардов тонн. В пределах провинции выявлено 127 месторождений, из них 83 нефтяных, 22 газовых, остальные – смешанные (нефтегазовые). Из этого огромного богатства осваивается только 22 месторождения, еще 21 находится в резерве.

Нефть – огромное богатство на неосвоенных просторах Республики Коми

Запасы горючих сланцев только на территории Республики Коми достигают почти 30 миллиардов тонн. Местные недра богаты и сопутствующими веществами – ванадием, хромом, никелем и другими, они могут быть использованы не только в топливе, но и для производства лекарств и удобрений.

Богата Республика Коми и металлами. Среди богатых запасов есть и полиметаллические руды, залежи меди и марганца, а также уникальные месторождения редких металлов (ниобия, тантала, иттрия и церия). Основное богатство – огромные месторождения бокситов (для производства глинозёма – сырья для алюминиевой промышленности). Бокситы имеют высокое содержание глинозёма и добываются дешевым открытым способом и отправляются на алюминиевые заводы соседнего Урала. С древних времен на территории республики известны и запасы меди (их добывали еще в XIII веке), однако о возможностях их масштабного освоения учёные пока спорят. Есть запасы золота и серебра.

К северу от Республики Коми находится Ненецкий автономный округ, на территории которого сосредоточены огромные запасы нефти и газа (более 50% запасов этих ресурсов

ЧАСТЬ 3
СЕВЕРО-ЗАПАДНЫЙ РЕГИОН РОССИИ

в пределах Тимано-Печорской нефтегазоносной провинции). Только на материковой части округа открыто 76 месторождений нефти и газа, в том числе 65 нефтяных, общие запасы нефти превышают 1,2 млрд. тонн, газа – почти 0,5 триллиона кубометров; прогнозируемые запасы в 2-3 раза больше. Ненецкий автономный округ имеет огромный потенциал и по другим полезным ископаемым – есть месторождения бокситов, никеля, меди, золота, алмазов, марганца и агатов. В восточной части округа находятся большие скопления каменного угля, известно более 80 месторождений строительных материалов. Около центра округа – города Нарьян-Мара – найдены запасы лечебных минеральных вод. Все перечисленные богатства – лишь малая часть от того, что скрывает огромная и почти неизученная территория округа. Геологическая работа здесь очень затруднена из-за сурового северного климата и почти полного отсутствия транспортного сообщения.

На территории Архангельской области имеются значительные месторождения алмазов. По запасам алмазов область занимает второе место в России, запасы алмазов составляют до 20% от общероссийских.

Есть месторождения бокситов, руд свинца и цинка (в этих рудах есть некоторое количества серебра), чистых известняков, сырья для производства цемента. Имеются большие запасы торфа (всего более 600, из них 200 крупных).

На территории Мурманской области расположен горный хребет – Хибины. Эта территория настолько богата полезными ископаемыми, что учёные считают её уникальной. В горах Кольского полуострова находится до 1000 видов полезных ископаемых (всего в мире их известно около 3000), 150 видов минералов не встречается нигде, кроме Мурманской области. Главное богатство этой области – апатиты, ценное сырье для минеральных удобрений, добывают его в районе города Апатиты. Добывают и сырье для алюминиевой промышленности – нефелины, а также железную руду (до 10% от российской добычи

Советская почтовая марка «Хибины»

в районе города Оленегорска). В горах находят алмазы и другие драгоценные камни, редкие металлы. В водах Баренцева моря обнаружены огромные запасы нефти и газа.

Огромны и природные богатства Карелии – на территории этой республики выявлено более 30 видов полезных ископаемых, из них 15 могут служить человеку. Есть на территории Карелии железные руды; запасы железных кварцитов с содержанием железа до 30% (как в районе Курской магнитной аномалии) составляют многие миллиарды тонн. На многих участках эти богатые руды выходят прямо на поверхность земли. Есть в Карелии запасы удивительного металла – титана, который намного легче стали и в три раза прочнее алюминия. Еще в XIV веке новгородские купцы знали о том, что в Карелии есть ценный камень – слюда, есть и множество других ценных минералов, многие из которых можно

51

использовать в строительной и других отраслях промышленности. Знаменита Карелия богатствами таких строительных камней, как мрамор и гранит. Мраморные и гранитные глыбы из Карелии привозились в Санкт-Петербург и использовались для украшения дворцов и соборов. Из карельского гранита сделаны знаменитые скульптуры, которые украшают Эрмитаж. Богата Карелия и менее ценными строительными материалами – песком, гравием, глиной.

Калининградская область оторвана от основной территории России, поэтому в ней вопрос о собственных запасах полезных ископаемых имеет огромное значение. Область имеет немалые запасы таких полезных ископаемых, как нефть, газ, каменная соль, торф, бурый уголь; наиболее знамениты запасы ценного камня – янтаря.

Янтарь на берегах Балтики добывают еще с середины XIX века, а сейчас его добывают больше, чем где-либо в мире. Только разведанные месторождения позволяют добывать янтарь еще 80-90 лет, но учёные предсказывают, что большая часть запасов еще не известна. Лучший янтарь – ювелирный – идет на экспорт, но даже отходы добычи янтаря можно использовать в самых разных отраслях промышленности. Вместе с янтарём добывается ценный материал для минеральных удобрений – фосфориты.

Янтарь используется в ювелирном деле

Запасы нефти в области располагаются не только на суше, но и в прибрежных водах Балтийского моря. На севере и северо-востоке области есть большие запасы каменной соли, а в юго-западных районах области – калийных солей. Солевые запасы области еще только начинают осваиваться. Есть запасы торфа и бурого угля, запасы торфа в многочисленных болотах области оцениваются в 3 млрд. тонн. Местный торф можно использовать не только как топливо, но и для развития лечебных курортов.

1.4. Водные и биологические ресурсы Северо-Западного региона

Северо-Западный регион, находящийся в условиях сурового северного климата, обладает огромными запасами водных и биологических ресурсов, эти ресурсы имеют немалое экономическое значение.

Ни один субъект федерации на территории Северо-Западного региона не испытывает недостатка в запасах воды (хотя во многих регионах имеются экологические проблемы с качеством этой воды). Многоводные реки – Нева, Нарва, Волхов, Северная Двина, Печора – содержат большие запасы пресной воды. Кроме того, на территории региона находятся десятки тысяч озер (для сравнения: в одной только Республике Карелия озёр более 60 тысяч, а в Республике Коми – более 78 тысяч) и несколько крупных водохранилищ.

ЧАСТЬ 3
СЕВЕРО-ЗАПАДНЫЙ РЕГИОН РОССИИ

Лидером по запасам пресной воды является Карелия – водой покрыто более 23% территории республики.

Рыбные ресурсы богаты и многообразны как в водах Балтийского, Белого и Баренцева морей, так и в реках и озерах – Ладожском, Онежском, Чудском и Ильмене. Озеро Ильмень особенно знаменито чистой водой и экологически чистой рыбой. Среди наиболее ценных видов рыб региона – атлантический лосось, волховский сиг, кумжа, угорь. В реках Кольского полуострова добывается крайне ценная рыба – сёмга. Достаточное количество этих видов рыб сохраняется благодаря работе рыбоводных заводов. Юго-восточная часть Балтийского моря наиболее богата рыбой (треской, салакой и килькой) и морепродуктами; эти ресурсы успешно осваиваются в Калининградской области.

Немалая часть территории покрыта лесом. Наибольшие запасы леса – в северных и восточных частях региона, особенно в республиках Карелия и Коми (площадь территории, занятая лесом, там превышает 50%), наименьшие – на западе, в Калининградской области (площадь лесов – менее 19% и сокращается). В богатых лесом районах большую часть запасов составляют ценные хвойные деревья. Но далеко не все лесные ресурсы используют в промышленности. Так, например, в Республике Коми более 30 тысяч квадратных километров территории покрыто девственными лесами, которые никогда не осваивались человеком. Эти леса в таком количестве больше не сохранились нигде в Европе. Немалая часть девственных лесов сейчас охраняется в пределах знаменитого в России Печоро-Илычского заповедника и национального парка «Югыдва» (оба

Уникальные леса Республики Коми охраняются государством

объекта внесены в списки ЮНЕСКО).Леса в окрестностях крупных городов (например, в Ленинградской области) также имеют не промышленное, а огромное экологическое и рекреационное значение.

Почвенные ресурсы в регионе очень ограничены. Большинство территории имеет малопригодную для сельского хозяйства почву или находится в суровых климатических условиях. Недостаток качественных пахотных земель компенсируется большим количеством прекрасных лугов на территориях Новгородской (более 10% территории), Псковской и Вологодской областей, что позволяет эффективно развивать животноводство.

В лесах Новгородской, Псковской, Вологодской областей организуется охота на крупных лесных животных – лося, оленя, медведя и кабана. В наиболее северных районах – на севере Архангельской и Мурманской областей, а также в Ненецком АО – встречаются арктические виды животных – северные олени, гренландские тюлени и белые медведи. В Ненецком автономном округе 75% экономически полезных земель используются как пастбища для северных оленей.

1.5. Основные отрасли экономики Северо-Западного региона

Северо-Западный регион России отличается высокой степенью развития всех отраслей экономики. Его особенностью является большая, чем в восточных и южных регионах страны, доля высокотехнологичных отраслей. В XIX веке регион был лидером в промышленном развитии страны, не утрачивает он лидирующих позиций и по сей день. Несмотря на северное географическое положение, в регионе достаточно неплохо развито современное сельское хозяйство. Доля региона в промышленном производстве России – около 12%, в сельском хозяйстве – более 6%. Промышленность, как правило, работает на местном сырье.

Крупнейшим экономическим центром региона, одним из экономических лидеров России является город Санкт-Петербург. Объем экономики города составил более 2,13 триллиона рублей, при этом только 24% этого объема приходится на промышленность (гораздо большее значение имеют торговля и финансовая сфера).

Основные отрасли промышленности в регионе: машиностроение (прежде всего, высокотехнологичное), топливно-энергетический комплекс (включая добычу нефти и газа в северо-восточной его части), лесная промышленность, черная и цветная металлургия, производство строительных материалов, пищевая промышленность (немалую роль играет переработка рыбы).

В Ленинградской области производят автомобили известных мировых брендов

Машиностроение – ведущая отрасль промышленности региона. Она включает в себя приборо- и станкостроение, производство оборудования для сельского хозяйства («Кировский завод» в Санкт-Петербурге»). Особое место занимают две важные отрасли – судостроение (первое место в России) и автомобилестроение. В регионе, главным образом, в Санкт-Петербурге и Ленинградской области, находятся сборочные заводы таких крупных автомобильных марок как BMW, Ford, Nissan, Toyota, Hyundai и множества других (Санкт-Петербург по этой причине иногда называют «российским Детройтом», сравнивая с американским городом Детройт, центром автомобилестроения в США). В Ленинградской области развито

ЧАСТЬ 3
СЕВЕРО-ЗАПАДНЫЙ РЕГИОН РОССИИ

приборостроение, энергетическое машиностроение, а также транспортное машиностроение (производство вагонов в Санкт-Петербурге и Тихвине). В Санкт-Петербурге находятся важные предприятия энергетического машиностроения, из которых наиболее известен завод «Электросила», а также штаб-квартира крупнейшей корпорации «Силовые машины» – лидера энергетического машиностроения в России.

Судостроение развито в Санкт-Петербурге, Калининграде, Архангельской и Мурманской областях. В Архангельской области в городе Северодвинске находится знаменитое предприятие «Севмаш», на котором строят суда с двигателями на основе атомной энергии (суда-атомоходы). Основное направление работы «Севмаша» - военное судостроение, но завод строит и гражданские суда, и оборудование для морской нефтедобычи. Большую славу предприятию и всему региону принесли созданные здесь атомные подводные лодки. Судостроение – важнейшая отрасль промышленности Санкт-Петербурга. Здесь строят разные военные корабли и подводные лодки, торговые суда и танкеры, а также ледоколы для северных морей.

На заводе «Севмаш» умеют строить не только крупные военные корабли, но и дорогие яхты для богатых людей

Центром чёрной металлургии в регионе является Вологодская область, где производится 17% проката и 16% стали России. На ее территории находится одно из крупнейших промышленных предприятий Северо-Западного региона – «Северсталь» (город Череповец, второй по величине завод по производству стали в России). Череповецкая сталь экспортируется во многие страны мира. Корпорация «Северсталь» владеет металлургическими заводами и в других частях региона, например, ей принадлежит Ижорский трубный завод в Санкт-Петербурге.

Предприятия военного машиностроения сосредоточены в Санкт-Петербурге, наиболее известным из них является завод «Арсенал». Это предприятие знаменито своей историей: оно было основано еще в 1711 году по приказу Петра Первого. Сейчас «Арсенал» производит космическую технику, прежде всего, военные спутники.

Важной отраслью экономики региона является электроэнергетика. В регионе работают две АЭС – Ленинградская и Кольская, а также ряд гидроэлектростанций.

Добывающая промышленность наиболее развита в богатых ресурсами Республике Коми и Ненецком АО, а также на Кольском полуострове и в Карелии. В Республике Коми работают предприятия крупнейших российских корпораций «Лукойл» и «Газпром». Важнейшим предприятием республики является компания «Воркутауголь».

Многочисленные предприятия горно-обрабатывающей отрасли находятся в Мурманской области. Здесь в городе Апатиты ведется добыча апатитовых руд, в Кандалакше производят алюминий, в Мончегорске – никель, работает и ряд других горных комбинатов. В Калининградской области традиционно важным направлением добывающей промышленности является добыча янтаря, однако в последние годы наметилось новое перспективное направление – добыча нефти на шельфе Балтийского моря (этой добычей занимается крупная российская корпорация «Лукойл»).

Лесопромышленный комплекс наиболее развит в Республике Карелия, в Республике Коми и в Архангельской области. В Карелии на лесную промышленность приходится до 30% промышленного производства республики, на ее территории работает 10 крупных лесоперерабатывающих предприятий, а также 3 крупных комбината по производству бумаги (24% от общероссийского производства бумаги, 35% производства газетной бумаги). В Республике Коми на долю этой отрасли приходится 62% продукции. В Сыктывкаре находится один из крупнейших в России бумажных комбинатов. Только в Сыктывкаре ежегодно производится почти 400 тысяч тонн бумаги. Из местных лесных ресурсов на одном из заводов республики собирают готовые деревянные домики. Заметное место (до 12-13%) в производстве бумаги в России занимают предприятия Ленинградской области.

Предприятия химической промышленности сосредоточены в Ленинградской области (производство минеральных удобрений и бытовой химии). Однако химическая промышленность не является ведущей отраслью региона.

В сельском хозяйстве особое место занимает рыболовство. Регион находится на втором месте (после Дальнего Востока) по добыче рыбы. В Санкт-Петербурге, Калининграде и Мурманске находятся крупные предприятия по переработке рыбы. Развита добыча рыбы и в Белом море.

В регионе хорошо развито животноводство, особенно производство молочных продуктов и сливочного масла (в Новгородской и Вологодской областях). В Псковской области 70%, а в Новгородской – 90% сельскохозяйственных предприятий занимаются производством молока и молочных продуктов. В Ленинградской области успешно развивается птицеводство (до 6% от общероссийского объема производства в этой отрасли и более 56% домашней птицы в Северо-Западном регионе).

Самое известное сливочное масло в России делают в Вологде

На территории Ленинградской области при относительно небольшом объеме сельскохозяйственного производства успешно работают (на привозном сырье) крупные предприятия по переработке сельскохозяйственной продукции. Область производит до 40% российского чая, более 15%

сигарет. Санкт-Петербург является крупнейшим центром российского пивоварения — пять пивоваренных заводов города производят почти 20% всего пива в России. В городе находится штаб-квартира крупнейшей российской пивоваренной компании «Балтика».

1.6. Транспортные системы Северо-Западного региона

Северо-Западный регион отличается высокой степенью развития транспортных систем. Транспортные пути в регионе связаны не только с другими регионами России, но и с дорогами европейских стран. На юге и на западе региона транспортная сеть наиболее густая и технически современная, но на севере региона транспортная инфраструктура развита гораздо хуже. На северо-востоке региона (Республика Коми и Ненецкий АО) транспортная сеть развита очень слабо.

Железнодорожный транспорт играет в регионе важнейшую роль (75% грузовых перевозок и 40% пассажирских). В Санкт-Петербурге работает пять вокзалов (Балтийский, Витебский, Ладожский, Московский, Финляндский). Первая железная дорога в России появилась именно здесь, под Санкт-Петербургом, в 1838 году, а в 1851 году была построена линия от Санкт-Петербурга до Москвы. Основные железнодорожные магистрали сходятся в Санкт-Петербурге, важнейшей является дорога Санкт-Петербург – Тверь – Москва (первая железная дорога со скоростными поездами), а также дороги из Северной столицы в Псков, в Вологду и далее в Ярославль, в Петрозаводск и далее на север в Мурманск, в Вологду и далее в Архангельск. Несколько железнодорожных линий из Санкт-Петербурга (и одна из Петрозаводска) ведут в Финляндию. Железнодорожная линия от Ярославля через Вологду до Архангельска является важным маршрутом, связывающим регион с Поволжьем, а также связывающим южные и северные территории региона. Эта же дорога даёт удобный выход к Белому морю и на Кольский полуостров. Железнодорожные магистрали региона отличаются высоким качеством и соответствием европейским стандартам.

Так выглядела первая железная дорога в России

Всего в регионе находится 1121 станция, работает девять отделений железных дорог, наиболее развитой и протяженной является Октябрьская железная дорога, которая протянулась с севера на юг от Мурманска до Москвы (свыше 2 тыс. км, 655 станций).Она проходит по территории 11 субъектов федерации, а также частично по территории Эстонии, Латвии и Белоруссии. В 2009 году по линии Октябрьской железной дороги «Санкт-Петербург – Москва» начал движение первый скоростной поезд в России – «Сапсан»; время пути между двумя столицами – около четырех часов. В 2010 году второй скоростной поезд «Аллегро» начал движение из Санкт-Петербурга в Финляндию.

Регион обладает и развитой системой автомобильных дорог (общая их протяженность – более 146 тысяч км.). Однако эта система неравномерно покрывает территорию Северо-Западного региона. За Полярным кругом и на северо-востоке автомобильных дорог почти нет (плотность автомобильных дорог там составляет всего 1 км.на 100 квадратных километров территории). Через регион проходит 8 важных автомагистралей, соединяющих дороги России и Финляндии. Важнейшей автодорожной магистралью является трасса вдоль северо-западной границы России – Санкт-Петербург – Петрозаводск – Мурманск, дающая выход к портам Баренцева и Белого моря. Не менее важным маршрутом является трасса Ярославль – Вологда – Архангельск (около 1050 км.)

Важность автомобильного сообщения между Москвой и Санкт-Петербургом привела к быстрому развитию в регионе современных автомобильных дорог. Старая трасса М-10 уже не справляется с огромным потоком машин, поэтому между столицами решили построить первую в России скоростную платную автомобильную трассу М-11 со скоростью движения 150 километров в час.

Через регион проходят магистральные трубопроводы от нефтяных заводов Западной Сибири к Санкт-Петербургу и другим морским портам. 52% общей системы трубопроводов занимают газопроводы, 32% - нефтепроводы.

Воздушный транспорт также получил в Северо-Западном регионе значительное развитие, авиалиниями соединяются все крупные города региона. Всего в регионе 338 аэропортов, но только 16 может принимать крупные самолёты. Наиболее значимыми аэропортами является знаменитый аэропорт «Пулково» (Санкт-Петербург), «Храброво» (Калининград), «Талаги» (Архангельск), аэропорты Мурманска, Сыктывкара, Петрозаводска. Аэропорт Пулково, который находится в 20 километрах от центра Санкт-Петербурга, является третьим аэропортом России по числу пассажирских перевозок (более 12 миллионов в год), он является базовым для авиакомпании «Россия». Калининградский аэропорт (количество пассажиров – около 1,5 миллиона человек в год) связывает самый западный регион России не только с Москвой и Санкт-Петербургом, но и с Краснодаром, Белгородом, Мурманском и Череповцом. Все аэропорты Северо-Запада осуществляют туристические рейсы в популярные курортные города Египта, Турции и Испании.

Регион отличается и развитой системой морского транспорта. На Северо-Западе есть порты четырех морей: Балтийского (крупнейшие – это Санкт-Петербург и Калининград),

Белого (Архангельск), Баренцева (Мурманск) и Карского. Санкт-Петербург имеет целую портовую систему, которая объединяет причалы торгового, лесного, нефтяного, рыбного и речного порта, а также судостроительных заводов (только морской торговый порт имеет 200 причалов). Порт пропускает грузы нефтепродуктов, металлов, леса, угля, руды, химикатов. В 2010 году грузооборот порта составил более 26,3 миллионов тонн. Этот же показатель

В Санкт-Петербурге расположено сразу несколько крупных современных портов

в порту Калининград составил 7,5 млн. тонн (в основном, металлы), в порту Архангельск – 5,6 млн. тонн. Архангельский порт в устье Северной Двины, старейший порт региона, является важнейшим центром для перевозок грузов в северном и северо-восточном направлениях – по Белому, Баренцеву и Карскому морям.

Мурманский порт обслуживает западную часть важнейшей транспортной артерии по Северному Ледовитому океану – Северный морской путь. Мощные атомные ледоколы пробивают льды для прохода грузовых судов по северным морям России из Европы до Дальнего Востока. Этот путь пока еще только осваивается, но в будущем может стать очень перспективным. Путь от Мурманска до Японии через Атлантический и Индийский океан составляет более 12500 морских миль, а через Северный морской путь – 5700.

Уникальным в северном направлении является морской путь «Арктический мост» между Россией и Канадой по Северному Ледовитому океану. Маршрут проходит из Мурманска в северный канадский порт Черчилл (центр зернового экспорта канадской пшеницы в Европу). Перспективы этого маршрута очень велики, он мог бы стать настоящим морским мостом между Европой и Америкой, но его освоение началось недавно – первые грузы из Мурманска пришли в Черчилл только в 2007 году.

Мощные ледоколы прокладывают дорогу судам по Северному морскому пути

Кроме того, развит и речной транспорт по 12 судоходным озерам и 19 судоходным рекам, включая такие реки как Северная Двина, Нева, Волхов, Печора, Свирь. Огромное стратегическое значение для единой системы речного транспорта России имеет Беломорско-Балтийский канал (от Онежского озера до Белого моря), строительство которого велось в 1930-е годы, однако полностью возможности этого канала стали использоваться только после 1964 года, когда был открыт водный путь между Волгой и Балтийским морем. В последние годы канал почти не используется для перевозки грузов, однако по нему ходит туристический теплоход «Русь Великая».

Глава 2 Экономическое сотрудничество Северо-Западного региона с КНР

俄罗斯西北区与中国的经济合作

西北区的地理位置决定了其对外经济活动要面向西欧，这一思想在彼得大帝时代就已定型。该区域虽与中国远隔万里，然而距离并没有阻碍双方发展良好的合作。许多中国企业被吸引到彼得堡来进行工程建筑，这座北方首都的国防企业完成着中国海军的订单。彼得堡对中国游客极具吸引力。上海是彼得堡的友好城市。诺夫哥罗德州、普斯科夫州政府以圣彼得堡为榜样，分别与中国淄博和西安市人民政府缔结了战略伙伴协议。

北极航线的发展机遇也可能成为中国造船和石油化工企业代表的战略利益所在；未来这条运输走廊将能够连接俄罗斯西北与中国东北地区。

中国与俄罗斯西北区之间的贸易关系是建立在中国进口（机械和设备）比俄罗斯出口（石油产品和矿物肥料）更有优势的基础之上的。科米共和国则向中国出口木材和纸张。

Важнейшим направлением внешнеэкономической деятельности для всего Северо-Запада России, бесспорно, является европейское направление, а важнейшими экономическими партнёрами – страны Западной и Северной Европы, например, Германия и Финляндия. Но это не значит, что регион не развивает сотрудничество и с азиатскими партнёрами. Географическая удалённость Северо-Западного региона России от Китая не является препятствием для широкого торгово-экономического и гуманитарного сотрудничества.

Так, например, КНР является одним из важнейших торговых партнёров Санкт-Петербурга. По итогам 2012 года торговый оборот превысил более 7 миллиардов долларов США. Быстрыми темпами развивается и партнерство в строительстве: китайские компании строят в Северной столице торговые комплексы, жилые массивы и промышленные предприятия. Судостроительные и ракетостроительные предприятия Санкт-Петербурга выполняют военные заказы для военно-морских сил КНР. Санкт-Петербург по праву называется «культурной столицей России», поэтому немалое внимание уделяется и связям

ЧАСТЬ 3
СЕВЕРО-ЗАПАДНЫЙ РЕГИОН РОССИИ

в сфере культуры и культурного туризма. Успешно складываются отношения с городом-побратимом Шанхаем, тесные отношения сложились и с китайскими провинциями Цзилинь, Хэйлунцзян, Хэбэй, Хэнань, Цзянсу и Сычуань.

Опыт эффективного сотрудничества Санкт-Петербурга с Китаем, несмотря на значительную географическую удалённость, является прекрасным примером для других частей Северо-Западного региона России. Ленинградская область в 2013 году имела торговый оборот с Китаем на уровне выше 0,5 миллиарда долларов США: это всего чуть более 2,5% от общего внешнеторгового оборота области, однако это достаточно внушительная цифра по сравнению, например, с другими странами Азии. При этом Китай занимает третье место среди импортёров в Ленинградскую область. Импорт резко преобладает над экспортом, из Китая ввозятся

Генеральный консул КНР в Санкт-Петербурге Цзи Яньчи внёс огромный личный вклад в укрепление партнерских связей с российским бизнесом в регионе

машины и электрооборудование. Экспорт состоит из нефтепродуктов. Ленинградская область динамично развивается, поэтому вызывает огромный интерес и в плане совместной организации бизнеса. Китайские предприниматели активно занимаются инвестициями в строительство и развитие транспортной инфраструктуры региона, проекты транспортировки и переработки газа, производства нефтепродуктов.

Хотя остальные субъекты Северо-Западного региона имеют более скромные показатели объема торгового оборота с Китаем, каждый из них находит свои перспективные направления в сотрудничестве с этой страной. Так, например, власти Псковской области в 2009 году подписали соглашение о долгосрочном сотрудничестве с Народным правительством города Сиань. Соглашение включает планы по расширению экономического, туристического и научно-технического сотрудничества. Псковская область – аграрный регион, но это не является препятствием для активного партнёрства в сфере сельского хозяйства и экологического туризма. Область стала единственным субъектом РФ, который принял участие в Международной выставке садово-паркового искусства в городе Сиань. Кроме того, власти области регулярно проводят в Сиане инвестиционные семинары. Новгородская область имеет торговый оборот с КНР в районе 220 миллионов долларов США (99% экспорта составляют минеральные удобрения). В области действует несколько китайских предприятий; кроме того, китайские партнёры заинтересованы в инвестициях в сферу транспорта и логистики области. По примеру Псковской области, власти Новгородской области усиливают сотрудничество на региональном уровне – они подписали стратегический договор с властями города Цзыбо (провинция Шаньдун).

Республика Коми также является крупным импортёром китайской продукции. Сюда ввозятся пластмассы, изделия из металлов, промышленное оборудование и машины. Республика поставляет в КНР свои основные ресурсы – лес и бумагу. Центр Коми – город Сыктывкар – завязал партнёрские отношение с центром провинции Шаньси городом Тайюанем еще в 1994 году. Аналогичная ситуация и в Вологодской области: оттуда в Китай вывозится сырье – медь и древесина, а ввозятся металлы, оборудование и химические продукты.

Свои перспективы в сотрудничестве с КНР имеют такие северные регионы, как Республика Карелия и Мурманская область. В ноябре 2013 года представители Карелии вошли в число первой группы субъектов РФ, которые смогли рассказать о себе в Посольстве КНР в Москве. Главным направлением сотрудничества в перспективе станет разработка китайскими компаниями полезных ископаемых в юго-восточной части Карелии. Власти Мурманской области предлагают китайским партнёрам совместные проекты в судостроении и развитии морского транспорта: главными партнёрами являются крупные портовые города Северо-Восточного Китая. Возможным направлением сотрудничества является строительство на китайских судоверфях (например, в городе Далянь) тяжелых танкеров для перевозки российской нефти из Мурманска, а также использование Северного морского пути для доставки грузов из Европы в Китай.

Глава 3 Научные и образовательные ресурсы Северо-Западного региона России

俄罗斯西北区的科学与教育资源

俄罗斯西北区的科学与教育资源规模宏大且多种多样。圣彼得堡是俄罗斯最大的科学和教育中心之一，圣彼得堡有350多个科学中心，其中包括在地球物理学、化学、天文学（俄罗斯科学院普尔科沃总天文台所在地）领域最大的研究所。这里还有100多所高校，其中就有弗拉基米尔•普京和德米特里•梅德韦杰夫的母校——圣彼得堡国立大学。与莫斯科一样，圣彼得堡也是创新和军事教育中心。该区其他城市的教育潜力明显不如圣彼得堡，在这些地方主要是圣彼得堡一些大学的分校，大型的教育中心是阿尔汉格尔斯克——罗蒙诺索夫北方（北极）联邦大学坐落其中。

位于彼得扎沃茨克市的俄罗斯科学院卡累利阿分院和位于瑟克特夫卡尔市的俄罗斯科学院科米分院，正联合一些科研院所研究俄罗斯北部地区的矿物、生物和生态资源，北极研究也引起了他们的科研兴趣。

Северо-Западный регион является одним из ведущих регионов России по наличию научно-образовательных ресурсов. Важнейшим научным и образовательным центром региона является Санкт-Петербург, в котором сосредоточены крупнейшие вузы и научные центры Северо-Запада.

ЧАСТЬ 3
СЕВЕРО-ЗАПАДНЫЙ РЕГИОН РОССИИ

Считается, что Санкт-Петербург включает более 10% научного потенциала России. В городе находится более 350 научных организаций, 70 из них являются структурами РАН. В городе работает более 170 тысяч научных сотрудников. В городе действует научный центр РАН, крупная геофизическая обсерватория, несколько крупных химических научных центров, большое количество научных медицинских центров, включая Институт физиологии им. И.П. Павлова РАН; на южной окраине города располагается «Главная (Пулковская) астрономическая обсерватория Российской академии наук».

В Санкт-Петербурге более 100 высших учебных заведений, более 55% - государственные. Среди вузов города особое место занимает Санкт-Петербургский университет – один из старейших и наиболее престижных вузов России, крупный научно-образовательный комплекс, который объединяет более 30 тысяч студентов и 6000 преподавателей. Санкт-Петербургский государственный университет (СПбГУ), как и МГУ, имеет особый государственный статус и самостоятельно определяет стандарты своей работы. Важнейшими направлениями работы СПбГУ являются специальности «Нанотехнологии», «Здоровье человека»,

Юридический факультет СПбГУ гордится своими выпускниками

«Экология», «Информационные системы», «Управленческие и социальные технологии». Партнерами СПбГУ являются более 230 зарубежных вузов из 60 стран мира, обширные связи установлены с вузами КНР. Наибольшую известность в последние годы университету приносят его самые знаменитые выпускники – В.В. Путин и Д.А. Медведев.

Помимо СПбГУ в городе наиболее известны Санкт-Петербургский государственный архитектурно-строительный университет, Санкт-Петербургский государственный технологический институт, Санкт-Петербургский государственный горный университет, Российский государственный педагогический университет им. А.И. Герцена. Всероссийскую славу имеют военные вузы Санкт-Петербурга: Балтийский государственный технический университет («Военмех»), Военный инженерно-технический университет, Военный инженерно-космический университет, Военно-медицинская академия.

Всероссийское значение имеют не только вузы Санкт-Петербурга, но и некоторые средние учебные заведения, например, Академия русского балета им. А. Я. Вагановой,Санкт-Петербургский музыкальный колледж имени М.П. Мусоргского, военные училища и кадетские корпуса.

Вузы Санкт-Петербурга обеспечивают услугами высшего образования не только Северную столицу, но и большинство соседних субъектов федерации. Так, например,

Академия русского балета им. А.Я. Вагановой – одна из лучших балетных школ в мире

в Новгородской области, помимо Новгородского государственного университета имени Ярослава Мудрого, большинство вузов являются филиалами различных университетов Санкт-Петербурга.

Образовательный потенциал других субъектов Северо-Западного региона значительно уступает Северной столице, поэтому почти во всех этих субъектах работают филиалы крупных петербургских вузов. Однако каждый субъект имеет собственные уникальные научно-образовательные ресурсы, которые развиваются даже несмотря на малую населенность северных территорий. Например, в Республике Карелия, где население составляет чуть больше 600 тысяч человек, работает 16 заведений высшего и среднего специального образования, в том числе два университета; Петрозаводский государственный университет обучает более 11 тысяч студентов. Основу научного потенциала региона составляет Карельское отделение РАН в Петрозаводске (занимается вопросами биологии и экологии, лесных и водных ресурсов Севера, а также геологией). Республика Коми (население около 850 тысяч человек) имеет более 20 действующих вузов почти во всех городах, большая часть из них – филиалы крупных вузов Москвы, Санкт-Петербурга, Нижнего Новгорода. Важную роль играют специальности лесного и горного дела, связанные с природными богатствами республики. Важнейшими научно-образовательными центрами является Сыктывкарский государственный университет и Коми научный центр РАН (направления исследований во многом совпадают с Карельским научным центром). Даже в совсем небольшом заполярном Нарьян-Маре (центр Ненецкого АО) есть филиалы двух архангельских университетов. В Мурманской области, несмотря на крайнее северное географическое положение, действует 27 вузов, в том числе 15 государственных. На 750 тысяч населения области приходится более 25 тысяч студентов местных вузов. Особенностью

Северный (Арктический) федеральный университет в Архангельске

развития высшего образования в перечисленных субъектах федерации является большая распространенность заочной формы обучения (до 70%), а также тенденция к снижению количества студентов.

Значительными научно-образовательными ресурсами обладает Архангельская область: в области есть уникальная областная научная библиотека с фондом около 2,4 миллионов книг, работает Архангельский научный центр РАН. Крупнейшие вузы области объединены в Северный (Арктический) федеральный университет им. М.В. Ломоносова. Этот вуз может похвастаться не только большим числом учащихся (более 25 тысяч), но и огромными возможностями инновационных научных комплексов, входящих в его состав. Эти комплексы имеют выраженную северную специфику и занимаются исследованиями нефтегазовых и лесных ресурсов региона, проблемами космического мониторинга Арктики, переработки местных биологических ресурсов. Ученые и учащиеся университета часто выезжают в отдалённые северные районы для изучения природных ресурсов, животных и растений, а также местной истории и культуры.

В аграрных районах Северо-Запада есть богатые профильные образовательные ресурсы. В Вологодской области помимо двух классических университетов в Вологде и Череповце действует уникальный сельскохозяйственный вуз – Вологодская государственная молочнохозяйственная академия, основанная еще в 1911 году; в Псковской области сельскохозяйственная академия находится в городе Великие Луки.

Глава 4 Природные и культурные достопримечательности Северо-Западного региона России

俄罗斯西北区的名胜古迹

圣彼得堡的文化历史古迹举世闻名，但西北区还拥有更大的旅游发展潜力，无论其自然景观（摩尔曼斯克州的北极光和雪景、风光旖旎的卡累利阿湖以及位于诺夫哥罗德州和沃洛格达州的生态旅游中心），还是其作为俄罗斯文明起源中心之一的俄罗斯北方历史与文化古迹均还有十足的发展空间。

一系列重要的历史遗产中，尤其要指出的是普斯科夫克里姆林宫、古城伊兹博尔斯克、诺夫哥罗德州的古俄罗斯建筑遗迹，以及加里宁格勒州的中世纪德国城堡。俄罗斯北部的许多地方还保留着一些关于俄罗斯杰出文化人物的记忆：阿尔汉格尔斯克州的罗蒙诺索夫博物馆、诺夫哥罗德州的苏沃洛夫遗址保护区、普斯科夫州的"米哈伊洛夫斯科耶"庄园（普希金纪念馆）。沃洛格达州的小城——大乌斯秋格作为"圣诞老人的故乡"每年吸引着成千上万的游客到此参观。

拉多加湖一带既有独特的历史旅游资源，也有丰富的自然旅游资源，其中有列宁格勒大围困遗址和古老的瓦拉姆修道院。冬季极限旅行爱好者会去希比内山，生态旅行爱好者则会去卡累利阿共和国欣赏湖泊和群岛。

Достопримечательности Северо-Западного региона не только богаты и многочисленны, но еще и очень разнообразны по своему характеру, происхождению, содержанию. Древние постройки Пскова в этом регионе соседствуют с памятниками времен Российской империи, чудесные виды карельских озёр – с бескрайними лугами Вологодской области, места зарождения русской культуры – Новгород и Ладога - с памятниками немецкой культуры Калининграда. Своеобразную суровую красоту имеет и северная природа: снега и холода отнюдь не делают ее менее привлекательной. В настоящем параграфе мы не рассматриваем достопримечательности Санкт-Петербурга ввиду их широкой известности во всём мире.

Псковский Кремль

Псковский Кремль – одно из наиболее известных исторических сооружений не только в регионе, но и во всей Европе. Несмотря на скромную архитектуру и небольшое количество построек по сравнению с Московским Кремлем, Псковский Кремль гораздо древнее – некоторые его каменные постройки появились во времена княгини Ольги, а деревянные постройки появились еще в VIII веке. Стены древнего Кремля на высоком берегу реки поднимаются на 6-8 метров – в древние времена они защищали богатый торговый город Псков от врагов. Говорят, что Кремль пережил 120 войн и ни разу враги не смогли преодолеть его высоких стен. После Великой Отечественной войны от этого памятника древнерусской архитектуры почти ничего не осталось, восстановительные работы продолжаются до сих пор.

Город Изборск

Слово «Изборск» плохо знакомо иностранцам и жителям других регионов России, однако этот древний русский город около Пскова (известный еще с IX века) представляет собой огромный комплекс древнерусской культуры: здесь можно увидеть русскую землю такой, какой она была еще в самом начале своей истории, в эпоху Рюрика. В городе действует историко-архитектурный музей-заповедник «Изборск», который включает в себя древнюю крепость, музей русских крепостей и этнографический музей. Кроме того, Изборск считается одним из самых живописных мест Псковской области: здешние красоты не один раз становились местом для съемок художественных фильмов о русской истории. В самом Изборске и его окрестностях сохранились церкви, построенные еще в XV-XVI веках. Неподалёку находится музей русского мёда.

Пушкинские горы

Псковская область известна не только древнерусскими памятниками, но и связью с биографией А.С. Пушкина. На ее территории в поселке Пушкинские горы находится огромный историко-литературный заповедник А.С. Пушкина «Михайловское». В состав заповедника входит несколько деревень, исторических объектов, а также старинный Святогорский монастырь, где великий поэт похоронен. В состав музея-заповедника входит село Михайловское, в котором Пушкин провёл два года ссылки, а затем часто бывал, чтобы отдохнуть от городской жизни.

Великий Устюг – родина Деда Мороза

Усадьба Пушкина в Михайловском

Великий Устюг – небольшой городок в Вологодской области – известен с XII века, в нём сохранились 28 древних церквей, но до 1999 года туризм здесь фактически не развивался. Однако сейчас он является крупнейшим центром семейного туризма в регионе и одним из самых знаменитых туристических объектов в России – наряду с Золотым Кольцом и дворцами Санкт-Петербурга.

В 1999 году туристические компании Москвы открыли в Великом Устюге необычный проект «Родина Деда Мороза». Со всей страны – из Москвы, Санкт-Петербурга, Казани – в Вологодскую область потянулись туристические поезда и автобусы. Только за первые три года работы проекта количество туристов в городе выросло в 16 раз, продажи товаров – в 15 раз. Дети со всей России писали миллионы писем Деду Морозу на его «новый» адрес – в Великий Устюг, там находится центр для приёма писем. А дом любимого всеми детьми героя находится, как и требует традиция, в живописном сосновом лесу, в 12 километрах от города. Сам Дед Мороз много ездит по всей России и в своём доме бывает нечасто – но там можно погулять, осмотреть разные комнаты (в одной из них висит фотография Деда Мороза с В.В. Путиным) и послушать сказочные рассказы экскурсоводов. А на Новый Год Дед Мороз принимает детей лично. Вокруг дома раскинулся развлекательный центр для детей, построенный по мотивам русских сказок, центр народного искусства, где детям рассказывают о традиционной русской культуре, и лесной зоопарк. Деда Мороза можно посетить даже летом – вологодский лес красив и привлекателен в любое время года.

Герой русской культуры – Дед Мороз

Достопримечательности Великого Новгорода: Новгородский кремль и Софийский собор

Новгородский кремль – древняя крепость на берегу реки Волхов, известная с 1044 года, памятник культуры всероссийского значения, входит в список Всемирного наследия ЮНЕСКО. Новгородский кремль по высоте и прочности стен превосходит Псковский кремль, его стены местами имеют высоту 15 метров. Стены Новгородского кремля изображены на купюре в 5 рублей. Наиболее известным строением кремля является Софийский собор – один из величайших памятников древнерусской архитектуры, самая древняя церковь, построенная славянами. Собор был построен в середине XI века и до сих пор является символом города; кроме того, он изображён на другой стороне купюры в 5 рублей.

Удивительный Софийский собор в Новгороде

Музей-заповедник А. В. Суворова

Великий русский полководец А.В. Суворов является одним из национальных героев России. В его родовом имении в селе Кончанское Новгородской области в 1942 году создан музей-заповедник. В настоящее время заповедник, который является единственным бытовым музеем Суворова, объединяет зимний дом полководца, деревянную церковь и некоторые другие строения. В небольшом парке сохранились древние дубы, которые Суворов лично посадил в 1798 году. Суворов был богатым и знатным человеком, но был известен крайней скромностью быта. Заповедник находится в живописных местах Валдайской возвышенности, далеко от крупных городов.

Ладожское озеро

Ладожское озеро – самое крупное озеро Европы на территории Ленинградской области и Карелии. Озеро протянулось с севера на юг более чем на 210 километров. Озеро даёт начало знаменитой реке Неве. Это название связано с древним финским словом «Нево», то есть «море» - так древние финны называли Ладожское озеро.

Озеро очень богато рыбой, всего в нём обитает 53 вида рыб, в том числе знаменитый ладожский лосось весом

Монумент «Разорванное кольцо»

до 10 кг. Однако Ладожское озеро знаменито не своей рыбалкой, а двумя важными достопримечательностями. В северной части озера находятся Валаамские острова, на крупнейшем из которых находится знаменитый Валаамский монастырь, основанный в X-XI веках. Острова с 1960-х годов привлекают тысячи туристов, в последнее время их число достигает до 100 тысяч в год. В 1989 году началось масштабное возрождение монастыря, восстановлены старинные храмы и знаменитость монастыря - колокол «Андрей Первозванный» весом более 15 тонн.

Второй важной достопримечательностью является музей «Дорога жизни». Во время Великой Отечественной войны по льду озера проходила единственная дорога из окружённого Ленинграда. На всём протяжении дороги установлены мемориальные знаки и памятники, в том числе наиболее известный из них – мемориал «Разорванное кольцо».

Хибины

Горы Хибины на Кольском полуострове – невысокие, не более 1200 метров, но освоены они были только в 1920-е годы. Советские геологи нашли здесь ценные полезные ископаемые, поэтому в XX веке в древние дикие горы с красивыми саамскими названиями (высшую точку гор называют Юдычвумчорр) пришёл прогресс, здесь появились современные города. Зимой Хибины превращаются в оживлённое место – в город Кировск и его окрестности съезжаются любители горнолыжного спорта, а также все, кто интересуется культурой древнего народа – саамов. Туристов ждёт настоящая Снежная деревня, в которой все строения построены из льда и снега. Летом в Хибинах малолюдно, приезжают только альпинисты.

Островок Тонисоар

Маленький островок с внутренним озером Тонисоар в Карелии даже островом назвать трудно – на него можно пройти пешком во время отлива. Раньше на острове находилась рыболовная база, а потом появилась ферма по разведению морепродуктов. В 2007 году на этом острове в Белом море принимают экологических туристов, которых привлекает удивительная карельская природа - прекрасные сосновые леса, чистый воздух, свежие море лесные ягоды и морепродукты, а также живописные виды на внутреннее озеро, которое, как определили учёные МГУ, гораздо более солёное, чем окружающее Тонисоар море.

Паанаярви

Паанаярви – единственный российский парк, который входит в систему из 11 парков под патронажем Всемирного фонда дикой природы; эта система объединяет наиболее неосвоенные центры экологического туризма Европы. Государственный национальный парк «Паанаярви» с одноимённым озером находятся в Карелии и является охраняемой территорией государственного значения, однако с 2002 года парк принимает туристов, а также многочисленных школьников, с которыми проводятся занятия по экологии. В парке можно пожить в лесном домике и даже порыбачить. Суровая природа Карелии, конечно, не позволяет Паанаярви сравниться с Сочи – парк посещает около 5000 туристов в год. На территории парка есть памятники культуры древних саамов, а также живописные водопады.

Замки Калининградской области

На территории Калининградской области сохранилось несколько уникальных средневековых замков. Наиболее известен из них замок Инстербург, основанный в 1336 году, во времена владычества немецких рыцарских орденов. Инстербург – замок, со всех сторон окруженный водой. Но сейчас это не только привлекательное для туристов место, но и научный центр: в замке действует историческая лаборатория (она занимается восстановлением замка и сбором информации о его роли для Тевтонского ордена) и центр изучения средневековой культуры Восточной Пруссии, а также исторический музей и художественная галерея.

Замок Инстербург

Знаменит также замок Нойхаузен (в городе Гурьевск Калининградской области), построенный в конце XIV века; этот замок многократно перестраивался и расширялся, поэтому имеет внушительные размеры. Некоторые другие замки, например, древний замок Шаакен (основанный около 1270 года), пережили сотни лет и мировые войны, но за последние годы пришли в негодность и не могут быть использованы для привлечения туристов без серьезного восстановления.

Достопримечательности Калининграда: зоопарк и государственная художественная галерея

Город Калининград со старинными немецкими зданиями в историческом центре выглядит по сравнению с другими городами Северо-Западного региона совершенно необычно. Наиболее известными достопримечательностями города являются зоопарк и художественная галерея. Калининградский зоопарк был основан еще в 1896 году и сразу стал популярным местом отдыха горожан. Зоопарк пережил две мировые войны, в 1945 году был почти полностью разрушен. Сейчас в зоопарке более 2000 животных 300 видов, из них более 50 – редких. Зоопарк ведет активное сотрудничество не только с российскими, но и с западноевропейскими центрами охраны. Самым известным жителем зоопарка является говорящий ворон.

Государственная художественная галерея Калининграда имеет более чем 10 тысяч произведений всех жанров изобразительного искусства. Главное богатство галереи – работы российских и зарубежных художников второй половины XX века, однако имеются и экспонаты классической европейской живописи XVII века. Галерея знаменита работами калининградских художников и коллекцией искусства Восточной Пруссии. Музей играет огромную роль в объединении художников России, прибалтийских и западноевропейских стран.

Глава 5 Экологическая обстановка в Северо-Западном регионе России

俄罗斯西北区的生态环境

西北区的大部分区域，特别是它的东北部，生态环境非常好。遗憾的是，圣彼得堡、列宁格勒州有较严重的环境问题：空气质量、水质量和土壤质量较差，而造成污染的主要源头则是大量的工业企业、交通运输和能源工程。芬兰湾水域污染严重，圣彼得堡水污染的程度在俄罗斯排第二位，加里宁格勒州也存在饮用水的质量问题。该区有一些军事和核能设施，如何保存这些设施残留的危险副产品是个尖锐的问题。上述问题不仅让地方当局而且让北欧和西欧邻国的生态组织感到不安。

非常遗憾的是，科米共和国和涅涅茨自治区丰富的森林资源和自然资源，并未在可持续发展战略的框架内得以利用：不合理砍伐森林、大量石油产品流入水和土壤之中的现象仍很普遍。

普斯科夫州是该区域生态环境最好的地区之一，以其清洁的空气、针叶林、乡村旅游业工程而闻名，其发展经验乃是主动借鉴了邻国爱沙尼亚和拉脱维亚的模式。

Экологическая ситуация в Северо-Западном регионе России довольно сложная. Регион имеет развитую промышленность, но, к сожалению, недостаточно развитые системы охраны окружающей среды. Вода Финского залива загрязняется сточными водами из Санкт-Петербурга, состояние почв ухудшается из-за твёрдых отходов, качество воздуха снижается из-за влияния транспорта и промышленных объектов.

Наиболее вредными для воздуха являются выбросы промышленных предприятий наиболее экономически развитых субъектов региона – Санкт-Петербурга, Ленинградской и Калининградской, а также (в несколько меньшей степени) Новгородской и Псковской областей. Наиболее страдает воздух региона от энергетических, машиностроительных, бумажных и химических предприятий. Однако основным источником (более 70%) загрязнения воздуха являются выхлопные газы автомобилей.

Близость к иностранным соседям также отрицательно сказывается на экологической обстановке в регионе. Из-за большой влажности воздуха и направления ветров с запада на восток вредные вещества в воздухе переносятся с территории соседних государств. Так, например, из-за границы в воздух Новгородской области приходит в 160 раз больше оксида азота, чем выбрасывают предприятия внутри области. «Поставщиками» вредных веществ являются развитые европейские страны – Польша, Германия, Финляндия, Швеция, в меньшей степени – Белоруссия и Эстония.

По состоянию воздуха наиболее неблагополучными являются Вологодская область, в которой крупные промышленные предприятия уже много лет загрязняют воздух, а также Калининградская область, в которой почти 60% населения проживает в условиях загрязненного воздуха. В обеих областях есть проблемы и с состоянием питьевой воды.

Серьезные экологические проблемы связаны с плохим состоянием поверхности Балтийского моря, особенно в акватории Финского залива. Очистные сооружения прибрежных городов работают плохо (доля стока, который прошел полную очистку, составляет меньше 1%; даже в таком развитом городе, как Санкт-Петербург, очищается только 70% сточных вод), поэтому вредные вещества попадают в море. Санкт-Петербург по объемам загрязнения поверхностных вод занимает второе место в стране. Калининград является

В Вологодской области эту цистерну с топливом нашли в одном из озёр

единственным крупным городом на берегу Балтийского моря, в котором нет современных очистных сооружений. В восточной части Финского залива экологи нашли большие скопления не только нефтепродуктов, свинца и ртути, но и опасных радиоактивных веществ. Страдает не только экология Финского залива, но и состояние воды в Неве и других водоемах. Водоемы региона загрязняются по-разному. В Ленинградской и Калининградской области основные проблемы связаны с городской канализацией, в Псковской области и в Карелии – с сельским хозяйством, а в Республике Коми – с отходами при добыче полезных ископаемых.

В Калининградской области очень остро стоит проблема утилизации опасных промышленных отходов. Специальных мест для их хранения и переработки в области нет, поэтому отходы хранятся на обычных свалках, а опасные вещества загрязняют почву и воду. Такая же проблема существует и в Ленинградской области (опасные отходы там хранятся совсем недалеко от Санкт-Петербурга).

Санкт-Петербург в 2013 году признан одним из самых загрязнённых городов России: хуже ситуация только в таких городах, как Норильск и Москва. Основным источником загрязнения воздуха (более 85%) являются автомобили, которых в Санкт-Петербурге намного больше, чем в других городах страны. Экологи утверждают, что 96% жителей города живет в условиях высокого и очень высокого загрязнения воздуха такими веществами как оксид азота, фенол и оксид углерода. Плохо обстоят дела и с загрязнением воды. На городских пляжах Петербурга опасно не только купаться, но и просто находиться. Ежегодно в огромном городе образуется более 1,7 млн. тонн твёрдых отходов, однако современной системы их утилизации в Петербурге нет. Только в 2010 году по городу начали ездить «Экомобили» - передвижные пункты сбора опасных отходов. Проблемой является и шумовое загрязнение – один миллион петербуржцев проживает в условиях шумового загрязнения, основным источником которого является автомобильный и железнодорожный транспорт. Санкт-Петербург, по некоторым данным, занимает пятое место среди самых шумных городов мира, особенно загрязнены его центральные районы, однако шумовое загрязнение в Северной столице гораздо менее выражено, чем в Москве.

Большие надежды на улучшение состояния воздуха жители региона связывают с возможностями развития «зеленой» (экологически чистой) энергетики. Города Северо-Западного региона не могут жить без отопления, однако тепло они получают от устаревших угольных станций. Частично эту проблему удается решить с помощью АЭС. Еще в эпоху СССР на Белом море запланировали построить Мезенскую приливную станцию (в Архангельской области), которая без вреда для окружающей среды может дать больше энергии, чем все АЭС региона. К сожалению, из-за недостатка средств работа по этой станции пока не ведется.

Северо-Западный регион отличается большим количеством особо охраняемых природных территорий. К сожалению, в 1990-е годы и в начале 2000-х годов на многих из них природоохранные мероприятия не велись или велись недостаточно (например, не была полностью запрещена экономическая деятельность). Необходимость сохранения хрупкой северной природы входит здесь в противоречие с богатыми возможностями добычи полезных ископаемых (например, на

Архитектура Санкт-Петербурга – дворы-колодцы – мешает движению воздуха

Кольском полуострове) или с планами по строительству промышленных объектов.

Большие экологические проблемы накопились и в лесном хозяйстве региона. Огромные лесные запасы, казалось бы, должны стабилизировать местную экологию. К сожалению, леса региона стремительно уничтожаются в результате нерациональной вырубки, а также очень страдают от лесных пожаров. Пригородные леса превращаются в свалки отходов. Большой урон лесам приносит строительство дачных поселков и промышленных объектов на охраняемых территориях.

Крайне остро стоит проблема загрязнения местных водоемов и почв нефтепродуктами. Нефть попадает в окружающую среду из-за того, что местные нефтепроводы были проложены очень давно и находятся в плохом состоянии. Каждый год реки выносят в Белое и Баренцево моря около 20 тысяч тонн нефтепродуктов. На огромных территориях Республики Коми и Ненецкого АО содержание нефти в почве превышает норму в несколько тысяч раз.

Северо-Западный регион обладает большим количеством АЭС, кроме того, в его портах находится немалое количество судов с атомными реакторами. По общему числу атомных реакторов регион занимает первое место не только в России, но и в мире. Несмотря на то, что власти делают всё возможное для обеспечения радиационной безопасности, данная проблема очень волнует экологов (хотя и не является наиболее острой для региона).

Экологические проблемы региона привлекают внимание не только российских, но и европейских экологов. Европейские соседи постоянно указывают на необходимость решения проблем с качеством воды в Балтийском море. Не менее важным вопросом является сохранение экологии Ладожского и Онежского озер («Великих озер Европы», 1% мировых запасов пресной воды, комплексов ценнейших биологических и туристических ресурсов).

К счастью, в регионе есть и экологически благополучные территории, например, Псковская область, власти которой гордятся чистым воздухом и почвами, а также тем фактом, что уже много лет экология Псковщины не ухудшается. В области идёт активная работа по восстановлению хвойных лесов. Территория области богата историческими и культурными памятниками, однако культурно-познавательный туризм в России пользуется небольшим спросом. Большие надежды власти аграрной Псковской области возлагают на сельский и экологический туризм. Опыт сельского туризма активно заимствуется в соседних Эстонии и Латвии: там это основной источник дохода для сельских районов. Хотя для России это еще новая сфера бизнеса, в Псковской области работает уже более 30 объектов сельского и экологического туризма на основе небольших гостиниц. Как правило, в гостинице имеется традиционная баня и возможность порыбачить и поучаствовать в

Псковская область имеет прекрасные ресурсы для развития экологического туризма

сельскохозяйственных работах, например, в пчеловодстве.

Русский Север из всех регионов России имеет наилучшие возможности для развития экологического туризма – уникальные природные ландшафты, в том числе и уникальные экосистемы (например, болота Кольского полуострова), густые леса, многочисленные реки и озёра, хорошо развитую транспортную сеть, близость к государствам Западной Европы. К сожалению, экологический туризм в регионе развивается намного медленнее, чем даже в удалённых восточных регионах России.

ЧАСТЬ 4

ЮЖНЫЙ РЕГИОН РОССИИ

Глава 1 Экономико-географическая характеристика Южного региона России

俄罗斯南部区的经济地理特征

俄罗斯南部区位于俄罗斯欧洲部分的南部，从西部的黑海到东南的里海。

俄罗斯南部区的面积相对较小，但人口密度大（2000多万人），是全国民族种类最多的地区。该地区主要包括俄罗斯顿河州和库班州的草原地区、卡尔梅克共和国以及高加索山区的七个少数民族共和国，其俄罗斯族不到30%。根据地理位置，俄罗斯南部的组成有时包括伏尔加格勒州和阿斯特拉罕州，然而，在经济和文化方面，将下伏尔加地区归入伏尔加沿岸区更好。

该地区可以通往亚速、里海和黑海。其唯一的大城市是罗斯托夫。而人口超过五十万的城市还有克拉斯诺达尔、索契和马哈奇卡拉。2014年索契冬季奥运会后，这座城市成为俄罗斯最具发展潜力的文化娱乐和体育中心之一。

早在公元11世纪，古罗斯人就已经踏上了黑海沿岸的这片土地，只是当时他们还不能拥有这片土地，直到伊凡雷帝时期才开始系统地发展黑海沿岸和北高加索地区。最早在这里定居的是哥萨克人，经过一系列残酷的战争之后，俄罗斯帝国于19世纪60年代将北高加索全部地区纳入了自己的版图。20世纪初之前，俄罗斯南部都一直维持着落后的农业经济，直到苏联时期高加索地区的工业发展才弥补了这种滞后。苏联解体后，北高加索地区出现了一系列的经济和政治危机，这些危机的出现滋生了分立主义和极端主义力量，破坏了山区少数民族地区的稳定性，同时也桎梏了发展。

高加索地区矿产丰富，特别是稀有金属，其储量尚未探明。高加索还有丰富的石油和煤矿资源。罗斯托夫州有著名的顿涅茨煤田区。俄罗斯南部有着国内较好的土壤资源，还有宝贵的财富——有益健康的矿泉水。在索契还种植着大量的柠檬和茶叶。

在南部地区，重工业和高新技术工业只有在罗斯托夫州比较发达。农业及其相关的工业领域（农业机器制造、化工和食品工业）对俄罗斯南部的经济发挥着重要的作用。该地区是俄罗斯玉米、水稻、葵花子、烟草、甜菜、水果和蔬菜的种植中心。顿河、库班河流域发展了酿酒业。旅游业是克拉斯诺达尔边疆区的主要收入来源。

俄罗斯南部地区最大的交通枢纽是顿河畔罗斯托夫，这也是该地区的铁路、公路以及航空枢纽。俄罗斯南部主要的海关出口，是俄罗斯最大的港口——新罗西斯克，大部分的石油出口都是经过这个港口。

1.1. Общая характеристика региона

В Южный регион России входят территории от Азовского и Чёрного моря на западе и границы с Украиной на северо-западе до Каспийского моря на юго-востоке и границы с Грузией, Абхазией, Южной Осетией и Азербайджаном на юге. С точки зрения географии, Юг России можно разделить на две части – он состоит из Северного Кавказа (который включает Предкавказье, то есть территории, лежащие к северу и северо-востоку от Кавказских гор) и полуострова Крым, который вошёл в состав Российской Федерации в 2014 году.

Многонациональный Северный Кавказ – единственное место в России, где русское население является меньшинством.

Теплый климат Юга России делает его идеальным местом для отдыха

На этой сравнительно небольшой территории (Юг России по площади уступает и Поволжью, и всем восточным регионам России) находится достаточно большое количество субъектов федерации, большое количество национальных республик. Этому региону свойственны и большая численность населения (свыше 20 млн. человек) и самое большое в России национальное разнообразие. В связи с этим разнообразием и некоторыми политическими причинами на этой небольшой территории создавалось сразу три федеральных округа – Южный (с 2000 года), Северо-Кавказский (с 2010 года) и Крымский (с 2014 года, в 2016 году вошёл в состав Южного). В состав Южного федерального округа входят Краснодарский край и Ростовская область – южные территории России с преимущественно русским населением, национальные республики Калмыкия и Адыгея. В его состав также включены Волгоградская и Астраханская области, которые экономически и культурно весьма далеки от региона Дона и Кубани, поэтому рассматриваются в настоящем пособии в составе Поволжья России. На территории полуострова Крым находится многонациональная Республика Крым и город Севастополь с преимущественно русским населением. В состав гораздо меньшего по площади Северо-Кавказского федерального округа входят Ставропольский край с преимущественно русским населением и шесть национальных республик, населенных горными народами Кавказа, – Чечня, Ингушетия, Карачаево-Черкессия, Кабардино-Балкария и Дагестан. Именно с точки зрения населения, разница между этими двумя частями Юга России огромна: в Южном федеральном округе доля русского населения – более 83%, а в составе Северо-Кавказского – всего 30% и продолжает уменьшаться. Северный Кавказ в

Многонациональный Северный Кавказ – единственное место в России, где русское население является меньшинством

этом отношении является уникальной территорией России. Таким образом, в состав Юга России входит 13 субъектов федерации.

Самым крупным городом региона и единственным городом с населением свыше 1 млн.

человек является центр Южного федерального округа - Ростов-на-Дону. Второе и третье место занимают города Краснодарского края – Краснодар и Сочи. На Северном Кавказе крупнейшим городом является Махачкала – более 550 тысяч человек. Население всего полуострова Крым составляет менее 2 миллионов человек, крупных городов здесь нет, самые большие города полуострова – Севастополь и Симферополь – имеют численность населения около 400 тысяч человек.

Юг России имеет выход к трём морям – Каспийскому, Азовскому и Чёрному. Крупнейшей рекой региона является Дон, который за медленное течение называют «тихим». Эта река занимает второе место по длине среди рек европейской части России. Начало своё Дон берёт в Центральном регионе России, но наибольшее значение он имеет именно для степей Юга. В том месте, где Дон впадает в Азовское море, стоит город Таганрог. В Азовское море впадает и другая важная река региона – Кубань, которая течёт по Ставропольскому и Краснодарскому краю с высоких гор Кавказа. Самой крупной рекой Северного Кавказа является Терек, который впадает в Каспийское море.

Зимние Олимпийские игры в Сочи стали мощным толчком развития всего Юга России

Северную часть региона занимают донецкие, калмыцкие и кубанские степи. Южную часть региона занимают горные территории Северного Кавказа. Горы определяют здесь всё: и климат, и экономику, и культуру, и своеобразие культуры и образа жизни местных народов. Даже в XXI веке, несмотря на успешное проведение Олимпийских игр в Сочи, горные территории Кавказа остаются достаточно закрытыми для международных контактов. Полуостров Крым, напротив, рассматривается российскими властями как место активного развития международного экономического сотрудничества.

1.2. История экономического освоения Юга России

Территории, которые сейчас входят в Южный регион России, были местом появления первых древних поселений людей: в Крыму и на Северном Кавказе человек появился очень давно - около 700 тысяч лет назад. Первым постоянным населением на землях Дона и Северного Кавказа были древние кочевые народы – скифы и сарматы, затем их потомки – аланы. В XIII-XIV веках эти земли были под властью монголо-татар. Примерно с XVI века к территориям региона начинают проявлять интерес крупные государства. Особое значение имело Предкавказье – территория от Кавказских гор до Каспийского моря, по которой проходил удобный торговый путь от Каспийского до Чёрного моря. Эти земли также являются своеобразным мостом, которые соединяют Южную Европу и Переднюю Азию. За Предкавказье исторически соперничали Иран и Турция, однако в XVI веке в этот спор вмешалась и Россия.

Впрочем, территория нынешнего Юга России начала осваиваться русскими еще в эпоху Киевской Руси, когда на территории Таманского полуострова (нынешний Краснодарский край) киевские князья захватили город Тмутаракань. Национальный состав Тмутаракани был очень неоднородным – русские жили там вместе с аланами, адыгейцами, кабардинцами и греками. В то же время киевским князьям подчинялась и восточная часть Крыма. Однако закрепиться на этих территориях русские не смогли и с XII века надолго ушли с берегов Чёрного моря.

Новый этап освоения Северного Кавказа русскими начинается в эпоху Ивана Грозного, когда Русское царство присоединяет территории на нижнем Тереке (сейчас это северные районы Республики Дагестан), где поселились терские казаки. Эти казаки находились в очень тесных контактах с местными народами и переняли у них военные традиции. Некоторые местные народы (например, кабардинцы и адыгейцы) пожелали подчиняться московскому царю еще в середине XVI века. В XVII веке к Русскому царству присоединились дагестанцы, в конце XVIII века – чеченцы и ингуши. К сожалению, не все территории Северного Кавказа спешили со входом в состав российского государства. Основной религией горных народов Кавказа был ислам, поэтому православным русским казакам и переселенцам пришлось столкнуться с враждой со стороны этих народов.

Пётр I понимал важность южных территорий, поэтому начал здесь активные военные действия. В 1735 году русские построили крепость Кизляр, которая стала опорным пунктом для дальнейшего завоевания Северного Кавказа. Екатерина II начала еще более активное наступление на юг. В 1783 году Российская империя присоединила к себе Крым, тогда

В 1783 году Крым стал частью Российской империи, а Севастополь – главной базой Черноморского флота

ЧАСТЬ 4
ЮЖНЫЙ РЕГИОН РОССИИ

же был заложен и главный военный порт полуострова – Севастополь. Вместе с Крымом Российская империя получила и кубанские степи, однако эти новые территории надо было защитить от воинственных соседей с Кавказских гор. В этот момент формируются новые поселения казаков на Дону и Кубани. Переселение крестьян на южные земли шло неравномерно: тысячи крестьян приходили на плодородные земли Кубани в поисках свободы, однако более масштабному переселению мешала постоянная военная опасность и частые эпидемии. Русские в Предкавказье и на Кавказе постоянно контактировали с местными народами, организовывали торговые связи, а в местных городах население всегда было смешанным. Хотя русские переселенцы привозили с собой на южные земли свои традиции и обычаи, постепенно они стали отличаться образом жизни от русских в центральной части страны. Южные поселенцы были более независимыми и инициативными по характеру, они успешно осваивали новые формы хозяйства (например, производство вина).

На Северном Кавказе до XIX века жили многочисленные народы, объединенные в небольшие княжества. Эти народы даже между собой имели очень ограниченные контакты, говорили на разных языках, а сам Северный Кавказ нельзя было считать единым культурным или экономическим регионом. Объединение народов Кавказа начало происходить в XIX веке, во время Кавказской войны с Российской империей (1818-1864). Во время войны на земли Предкавказья переселяются крестьяне из центральной части России и Украины, русскими поселенцами строятся города Нальчик, Грозный, Махачкала, Майкоп и другие. Эта война и последовавшее

С Кавказской войной тесно связана судьба М.Ю. Лермонтова

за ней мирное освоение территорий Северного Кавказа сыграло важную роль в истории России. С ним связаны имена многих великих деятелей русской культуры XIX века (А.С. Пушкин, А. С. Грибоедов, М. И. Глинка, М. Ю. Лермонтов, Л. Н. Толстой, А. П. Чехов и другие).

Экономически до конца Кавказской войны Юг России оставался отстающим регионом с преобладанием сельского хозяйства. Строительство первой в регионе железной дороги от Ростова до Владикавказа значительно ускорило процесс экономического развития региона. Юг России стал

Плакат времен СССР о радостном принятии советской власти народами Северного Кавказа

превращаться в курортный регион страны, быстро стало расти население. В начале XX века регион стал одним из объектов политики насильственного переселения, которую вёл Петр Столыпин. В годы Гражданской войны Юг России – Дон, Кубань и Северный Кавказ – стал местом наиболее активных боевых действий. Экономика региона была серьезно разрушена. В 1920-1930-е годы здесь начали складываться современные административные единицы – Ростовская область, Ставропольский край, Краснодарский край, Дагестанская, Чечено-Ингушская, Северо-Осетинская и Кабардино-Балкарская автономные республики. В это же время в регионе был создан мощный промышленный комплекс, начали осваиваться природные ресурсы, быстро начала развиваться культура.

Распад Советского Союза привёл к тяжелому кризису на Северном Кавказе: экономические трудности и стремление кавказских народов к самостоятельности привели к активному оттоку русского населения. Этот отток из национальных республик продолжается до сих пор, несмотря на то, что ситуация в регионе в целом стабилизировалась. Однако в 2010-2016 годах усиливается и приток населения в быстро развивающийся Краснодарский край (в основном, из восточных регионов страны).

1.3. Природные ресурсы Юга России

Юг России более известен своими почвенными и водными ресурсами, чем богатством полезных ископаемых, но это не значит, что регион беден минеральными ресурсами. В горных районах Кавказа минеральные богатства еще недостаточно изучены. В Северной Осетии найдены богатые запасы полиметаллических руд, которые содержат цинк, свинец, медь, серу, никель, золото и серебро. В Кабардино-Балкарии добывают вольфрамовые и молибденовые руды. Известны месторождения меди в Дагестане, ртути – в Краснодарском крае, есть запасы никеля.

На Северном Кавказе есть немалые запасы топливно-энергетических ресурсов – нефти, газа и угля. Нефть и газ сосредоточены в районе впадения Кубани в Азовское море, а также в Ставрополье, в Дагестане, Чечне и Ингушетии. Запасы нефти и газа в этих месторождениях уже истощены, поэтому учёные ищут новые месторождения на дне Азовского моря и в прибрежных территориях.

Ростовская область включает в себя восточную часть Донецкого угольного бассейна с его огромными запасами угля высокого качества (местный уголь считается одним из лучших в мире), однако уголь здесь добывать дороже, чем в других регионах России. Общие запасы угля только в Ростовской области составляют свыше 13,5 млн. тонн. Кроме того, в Ростовской области есть 16 газовых месторождений (полезные запасы газа свыше 17 млрд.

кубометров), есть небольшие запасы нефти.

В регионе есть немалые запасы строительного сырья: глины, строительного песка, гипса, мела, мрамора, гранита и т.д. В бассейне реки Лабы велики запасы каменной соли. Большие запасы песков для производства стекла, строительной глины и цементного сырья есть в Ростовской области. В том числе, в Ростовской области есть запасы новых видов минералов, которые можно использовать в химической промышленности и производстве минеральных удобрений.

Водные ресурсы Юга России очень велики. На территории региона протекает около 35 тысяч больших и малых рек, находится более 4500 озёр. Однако водные ресурсы распределены по территории региона неравномерно: его северо-восток и восток (территория Калмыкии) – безводны и засушливы, а побережье Чёрного моря имеет наибольший запас водных ресурсов. Все реки региона чётко делятся на равнинные (например, Дон) и горные (например, Терек). Только на территории Северного Кавказа горные реки имеют огромный гидроэнергетический потенциал.

Однако особое значение в регионе имеют не реки, а подземные воды (около 5% всех подземных вод России находится в предгорьях и горах Кавказа). В подземных водах Кавказа содержится огромное количество ценных веществ, содержание минеральных солей в них больше, чем в любых других регионах России. На Кавказе сосредоточено более 30% запасов минеральных вод России. Один из крупнейших курортов региона – город Кавказские Минеральные Воды – получил название в честь этого важного вида ресурсов. Регион имеет огромные запасы

Минеральная вода «Ессентуки» известна по всей России

термальных вод (73% от общероссийских запасов), но используются они пока недостаточно. Название другого курортного города – Ессентуки – стало известной маркой минеральной воды. Знамениты и другие курорты на минеральных водах: Пятигорск, Кисловодск, Железноводск, Мацеста. Источники подземных вод в этих местах отличаются по составу, но все они очень полезны для здоровья.

Основное природное богатство Юга России – это не полезные ископаемые, а самые плодородные в России почвы. В западной части региона, ближе к берегу Чёрного моря, а также на полуострове Крым, находятся лучшие почвы – чернозёмы. Их используют для выращивания фруктов и винограда. В районе Сочи почвы настолько плодородные, что здесь находится самая северная в мире чайная плантация. Однако в регионе много и неплодородных почв (например, на территории восточной части Ставропольского края и Калмыкии). На этих территориях выращивают овец.

Лесными ресурсами Юг России достаточно беден (без учёта Крыма, всего около 0,5%–1% от общих запасов России). Почти все леса на Северном Кавказе растут высоко в горах и в экономике использоваться не могут (но могут быть использованы в курортных зонах). На Юге России есть запасы ценных видов древесины бука и дуба – только она используется в производстве музыкальных инструментов.

Огромны запасы биологических ресурсов Северного Кавказа – здесь обитают разнообразные виды животных, находятся редкие виды растений, как северного, так и южного происхождения – то есть, уникальных для этого региона. В степях растительность небогатая, но ближе к Черноморскому побережью и в Крыму она поражает своим разнообразием и красотой. Красивы и горные леса Кавказа – до высоты 2500 метров, выше начинаются горные луга с уникальными цветами.

Азовское и Чёрное моря богаты рыбой, а в Краснодарском крае и в Ростовской области активно работают рыбоводные заводы. Чёрное море обладает уникальными рыбными ресурсами, оно очень продуктивно, здесь добывают такие виды рыб, как кефаль, скумбрия, ставрида. Богаты рыбой Дон и Кубань, особенно в нижнем течении. В Азовском море водятся судаки и сазаны.

1.4. Основные отрасли экономики Юга России

Юг России не является промышленным центром страны, но экономическое значение этого региона нельзя недооценивать. Прежде всего, необходимо помнить о том, что регион занимает приграничное положение и имеет развитую систему экономических связей не только с предприятиями других регионов России, но и с зарубежными партнерами. Экономика Юга России имеет тесные связи с экономикой государств Закавказья (Грузии и Азербайджана) и Черноморского бассейна (Турции, Болгарии).

Ключевыми экономическими отраслями являются пищевая промышленность (она связана с развитым местным сельским хозяйством), машиностроение, химическая промышленность и энергетика. Немалую долю в экономике Крыма и Краснодарского края занимает и курортное хозяйство.

Пищевая промышленность Юга России является наиболее разнообразной по сравнению с другими регионами. 40% данной отрасли даёт Краснодарский край; здесь работает более 400 крупных предприятий отрасли и несколько тысяч малых предприятий. В Ростовской области пищевая промышленность также занимает первое место среди всех отраслей промышленности. На территории Ростовской области самые разные пищевые предприятия, которые охватывают почти все виды производства пищевых продуктов, объединяются в крупные экономические группы – агрохолдинги. Эти агрохолдинги производят молочную продукцию, овощные и фруктовые консервы, растительное масло, кондитерские изделия, питьевые воды, алкогольную продукцию. Особое значение

Овощные консервы – важный вид продукции пищевой промышленности Ростовской области

имеют предприятия мясной и молочной отрасли, которые производят колбасы, молоко, йогурт, сгущенное молоко, разные виды сыров. Получили известность такие предприятия виноделия, как «Абрау-Дюрсо», «Кавказ», Кизлярский коньячный завод и Цимлянский завод, на котором производят знаменитое шампанское. На Юге России есть предприятия табачной, чайной, рыбной промышленности и многие другие.

В сфере тяжелой промышленности на Юге России развито машиностроение. В регионе есть и ресурсы металла, и квалифицированные трудовые ресурсы. Наиболее развито сельскохозяйственное машиностроение, например, производят зерноуборочные и рисоуборочные комбайны. Этими комбайнами знаменит ростовский завод «Ростсельмаш» -

Зерноуборочная машина с завода «Ростсельмаш»

одно из самых известных машиностроительных предприятий России, построенное еще в 1920-1930-е годы. Известен и Краснодарский завод сельскохозяйственного машиностроения. В городе Новочеркасск (Ростовская область) выпускают железнодорожные электровозы.

Сельскохозяйственное машиностроение очень важно для Юга России, однако в регионе есть предприятия и других направлений машиностроения, например, энергетического машиностроения и авиастроения. В регионе производят оборудование для атомных и тепловых станций. Крупным машиностроительным центром является город Таганрог (Ростовская область), большое значение также имеют города Волгодонск и Шахты (Ростовская область). В Ростове-на-Дону на предприятии «Роствертол» собирают вертолёты Ми-24, Ми-35 и другие, в том числе, военные вертолеты нового поколения Ми-28Н и тяжелые грузовые вертолёты Ми-26Т. В 1990-е годы в Ростовской области появились собственные предприятия автомобилестроения, однако эта отрасль не является ведущей.

В Ростовской области производят горное оборудование, а в Краснодарском крае – оборудование для лесной промышленности, в Чечне и Ингушетии – оборудование для нефтяной промышленности. Машиностроительные предприятия есть и в Кабардино-Балкарии. Кроме этого, в регионе производят оборудование для пищевой промышленности и бытовую технику.

Топливно-энергетическая отрасль в регионе также является одной из основных, это традиционная отрасль региона. После войны на Кавказе власти России прилагают большие усилия по восстановлению местных нефтегазовых предприятий, прежде всего, в Республике Чечня. Наибольший объем электроэнергетики производится в Ростовской области (где работает Ростовская АЭС), Ставропольском и Краснодарском краях. Кроме того, регион получает большое количество энергии из Поволжья. На Юге России активнее, чем в других регионах, осваивают новые источники электроэнергетики – ветряные и солнечные электростанции, которые позволили бы сохранить местную экологию для развития туризма и курортного хозяйства.

На металлургическом заводе в Таганроге

Химическая промышленность в регионе работает на местном сырье и обслуживает местное сельское хозяйство, производя минеральные удобрения. Кроме того, производятся краски, пластмассы и искусственные материалы. Крупнейшие центры химического

ЧАСТЬ 4
ЮЖНЫЙ РЕГИОН РОССИИ

производства – Ростов-на-Дону и города Ростовской области – Каменск, Волгодонск, также город Невинномысск (Ставропольский край). В последние годы начинают развиваться предприятия нефтехимической промышленности, крупнейшим из которых является «Новошахтинский завод нефтепродуктов» в Ростове-на-Дону (производит дизельное и судовое топливо). В г. Каменске находится одно из самых крупных в России предприятий по производству химических волокон.

Металлургические предприятия размещены в городах Ростовской области - Таганроге, Новочеркасске и Красном Сулине (производство стали, проволоки, труб и оборудования для производства алюминия). Крупнейшим является Таганрогский металлургический завод (основан в 1896 году) – это один из самых известных производителей стальных труб в России. Крупные предприятия цветной металлургии есть во многих национальных республиках Северного Кавказа – Северной Осетии, Карачаево-Черкессии, Кабардино-Балкарии.

Северный Кавказ является одним из ведущих районов страны по производству цемента (города Новороссийск и Черкесск). Работают также предприятия обувной, мебельной и текстильной промышленности.

1.5. Юг России как центр сельскохозяйственного производства страны

Юг России имеет огромное значение как сельскохозяйственный регион страны. Именно здесь благодаря мягкому климату и лучшим в России почвам удаётся успешно развивать все виды сельскохозяйственного производства. Южные территории страны с XX века называют «всероссийской житницей». Небольшой по площади Юг России по общему объёму сельскохозяйственного производства занимает в стране третье место, уступая Центральному региону и Поволжью, однако для самого региона сельское хозяйство является основой всей его экономической системы. Сельскохозяйственное производство и связанное с ним промышленное производство в Южном регионе имеют долю более 55% в его общем экономическом производстве (это рекорд для России). Во многих субъектах федерации Юга России (например, в

Калмыкия – центр животноводства на Юге России

республиках Калмыкия и Адыгея) сельское хозяйство занимает первое место в местной экономике. В настоящее время агропромышленный комплекс региона переживает настоящую эпоху возрождения – его продукция становится всё нужнее и нужнее на рынке России. Огромное значение имеют в этом процессе сельскохозяйственные лидеры региона – Краснодарский край и Ростовская область, а также территория Крымского полуострова с его богатыми сельскохозяйственными ресурсами.

Главными культурами, производимыми в регионе, являются пшеница (на Кубани и в Ставрополье), кукуруза (в горных районах) и рис (в низовьях Терека, Дона и Кубани). Огромное значение имеют подсолнечник (Ростовская область и Краснодарский край) и табак (побережье чёрного моря).

Крупнейшими производителями зерновых культур в регионе являются Краснодарский край, Ставропольский край и Ростовская область – эти три субъекта вместе производят свыше 90% всех зерновых Юга России. Регион занимает первое место в России по производству кукурузы и риса. Крупнейшие комплексы по производству риса созданы в Краснодарском крае в низовьях Кубани (лидер в стране по производству этой культуры), в Ростовской области и Дагестане. По площади посевов зерновых лидером региона является Ростовская область (она же занимает второе место в России по этому показателю). Также есть посевы ячменя, проса, гречихи, гороха, сои.

Производство вина в Ростовской области

Особое место Юг России занимает в производстве фруктов и овощей (до 30% от общего объема производства страны). В Краснодарском крае и Ростовской области выращивают свёклу для производства сахара. По всему региону расположены сады, где выращивают яблоки, груши, сливу, вишню. На юге Ростовской области и на Черноморском побережье выращивают виноград (почти все виноградники России сосредоточены именно в этих местах). Центрами производства винограда являются известные города-курорты Анапа и Геленджик (Краснодарский край). Из черноморского винограда производят вина, в том числе шампанское, а также коньяк. Самое известное из них – шампанское «Абрау-Дюрсо» (Краснодарский край) и «Цимлянское шампанское» (Ростовская область), большим поклонником последнего был А.С. Пушкин. Теплый климат Юга позволяет выращивать такие необычные для холодной России фрукты, как хурма и мандарины. Цитрусовые и чай в России выращивают только на Юге.

Из животноводства наиболее развито разведение крупного рогатого скота и овцеводство (Дагестан, Ростовская область и Ставропольский край). Овцы имеют очень качественную шерсть, по ее производству регион занимает первое место в России. На Кубани и в Калмыкии развито молочно-мясное животноводство, на Нижнем Дону развито свиноводство. Южный федеральный округ производит почти 13% мяса и 10% молока в стране. В Северном Кавказе успешно развивается пчеловодство. Ростовская область имеет всероссийскую славу как центр коневодства.

На Дону эффективно действует необычная для России отрасль сельского хозяйства – производство товарной рыбы (эту рыбу разводят в специальных прудах). Ростовская область является российским лидером в этой сфере.

Успешное развитие сельского хозяйства связано не только с плодородными почвами и с мягким климатом, но и с возможностью использовать большое количество воды. Свыше 60% из всей используемой в регионе воды уходит на нужды сельского хозяйства (это рекорд для России). Огромные урожаи разных культур позволяют широко развивать предприятия по их переработке – например, заводы по производству овощных и плодовых консервов, соков, молочных и мясных продуктов, растительного масла и т.п. Ростовская область является лидером России по производству растительного масла, обеспечивая 60% российского экспорта этого продукта.

Сельское хозяйство Крыма известно, прежде всего, производством винограда и вина, многие марки крымских вин успешно продаются и за рубежом. Но на полуострове развиты все отрасли сельского хозяйства – производство зерновых (кукурузы и риса), подсолнечника и сои (для производства масла), овощей, фруктов (сливы, черешни, персиков, только клубники выращивается более 100 тысяч тонн в

Крымский виноград

год) и даже цветов (здесь производится свыше 50% розового и лавандового масла всех стран СНГ). Для сельского хозяйства используется более половины территории полуострова. Развито и животноводство (особенно овцеводство в горных районах) и рыбоводство.

В степных районах Крыма развито шелководство – редкий для России вид сельского хозяйства.

1.6. Транспортные системы Юга России

Юг России всегда имел особое значение как важная территория, по которой проходили транспортные коридоры из Центрального региона страны к Чёрному и Каспийскому морю. Это значение стало актуально с момента появления первого торгового пути Киевской Руси «из варяг в греки» через полуостров Крым. Выгодное географическое положение, близость к морям и границы с многочисленными соседями – Украиной, Грузией, Азербайджаном, а также морские границы с Турцией, Болгарией, Румынией и Ираном – делают актуальным развитие транспортных систем региона и в XXI веке. Сейчас транспортные системы Южного Дона, Северного Кавказа и Крыма являются важнейшими составными частями единой транспортной системы России.

Еще в конце XX века возникла идея создания современного транспортного региона «Балтика – Центр – Черное море», который бы связал автомобильными, водными и железнодорожными артериями Северо-Западный, Центральный и Южный регионы России. Эту идею поддержали и партнёры России в Западной Европе. Этот транспортный коридор должен иметь протяженность 2000 километров и пройти через 14 субъектов Российской Федерации, в том числе по Ростовской области и Краснодарскому краю.

Основными транспортными узлами Юга России являются Ростов-на-Дону – крупнейший узел речного, автомобильного, железнодорожного и воздушного транспорта, который называют «воротами Кавказа», а также города Краснодар и Новороссийск.

Порт Новороссийск работает и днём, и ночью

Важное транспортное значение имеют города Туапсе (Краснодарский край), Ставрополь и Махачкала (Республика Дагестан).

В регионе в силу географического положения прекрасно развит морской транспорт на побережьях Азовского и Чёрного морей. Главным черноморским грузовым портом на территории Краснодарского края является порт Новороссийск – крупнейший порт России. Его общий грузовой оборот составляет более 120 млн. тонн. Порт расположен на берегу Цемесской бухты – одной из самых удобных в Чёрном море. Новороссийск обеспечивает морские транспортные связи со странами Ближнего Востока, Средиземноморья, Африки и даже Южной Америки. В конце XX века порт Новороссийск экспортировал 60% всей российской нефти (в настоящее время эта цифра несколько ниже, но ведущее экспортное значение порта сохраняется

Федеральная трасса М4 «Дон» - одна из крупнейших автомобильных магистралей России

и будет сохраняться еще долгое время), а также большое количество сухих грузов – металлов, цемента и зерновых. В порту есть комплексы для погрузки контейнеров, зерна, автомобилей и сырой нефти. От Новороссийска действуют паромные переправы в Грузию, Турцию и Болгарию. Развиваются и другие порты, например, Геленджик и Темрюк, а также порт Кавказ (откуда проходит паромная переправа через Керченский пролив до полуострова Крым). Активно ведется реконструкция порта Таганрог на Азовском море. Большие перспективы и у порта Махачкала на берегу Каспийского моря, однако по своему значению и масштабам грузовых перевозок эти порты пока еще значительно уступают черноморским.

Важнейшую роль в грузовых и пассажирских перевозках играет железнодорожный транспорт. Главными магистралями являются направления: «Центр – Ростов-на-Дону – Краснодар – Новороссийск», «Центр – Ростов-на-Дону – Тихорецк – Кисловодск» и «Центр – Тихорецк – Туапсе – Адлер».

Автомобильный транспорт на Юге России развивается более интенсивно и эффективно, чем в восточных регионах страны. Здесь быстрее прошла модернизация дорожного хозяйства, были построены новые дороги и мосты. Наибольшие успехи в дорожном строительстве показаны в Краснодарском крае. Некоторые автомобильные дороги в регионе имеют государственное значение, это, прежде всего, трасса «Дон» - Москва – Воронеж – Ростов-на-Дону – Новороссийск, от Ростова-на-Дону до Махачкалы (и далее до Баку), трасса от Волгограда до Ростова-на-Дону (соединяет Юг России с южной частью Поволжья), трасса от Новороссийска до Сухуми (и далее до Тбилиси и Баку), а также автотрасса «Ростов-на-Дону – Краснодар – Сочи». Трассы "Дон" и "Кавказ" (Москва - Волгоград - Астрахань - Махачкала - Баку) обеспечивают 70% всех транзитных автомобильных перевозок региона, включая перевозки экспортных и импортных грузов в порты Чёрного и Азовского морей. Трасса «Дон» соединяется с трассой М25 от Керченского пролива в Новороссийске.

Особенностью функционирования автомобильного транспорта в регионе является его сезонный характер. Летом, когда в регион приезжают миллионы отдыхающих на личном автотранспорте, нагрузка на автодороги вырастает в 5-6 раз.

Юг России расположен не так далеко от Центрального региона России, как Урал или Сибирь, поэтому развитие авиационного транспорта в этом регионе всегда имело второстепенное значение. На территории региона находится несколько крупных международных аэропортов – в Ростове-на-Дону, Краснодаре, Минеральных водах, Сочи. Есть аэропорты в Анапе, Геленджике (Краснодарский край), Махачкале и Ставрополе.

На Дону и Кубани развивается (но уже не так активно, как в эпоху СССР) речной транспорт. На других реках региона речное судоходство отсутствует. Связь Дона с Волгой через Волго-Донской канал позволяет повысить роль речных грузовых перевозок в экономике региона. Основными речными портами являются Ростов-на-Дону, Цимлянск, Краснодар, Азов, Славянск-на-Кубани, Темрюк.

Наличие нефтяных ресурсов в Краснодарском крае и в Чеченской республике делает необходимым развитие трубопроводного транспорта. Еще большее значение имеет необходимость транспортировки нефти из Азербайджана и Казахстана. Один из нефтепроводов до Азербайджана проходит через Дагестан и Чечню, а также через Ставропольский и Краснодарский края до порта Новороссийск. Черноморские порты Новороссийск и Туапсе также с помощью нефтепроводов получают нефть и газ из богатых месторождений Западной Сибири, Урала и Поволжья. Уникальным проектом трубопроводного транспорта является газопровод «Голубой поток», который от посёлка Изобильное Ставропольского края по дну Чёрного моря проходит в Турцию.

Укрепление дружбы и экономического сотрудничества между Россией и Китаем придаёт особое значение развитию транспорта на Юге России. Так, например, грузы из Западного Китая – из Ланьчжоу и Урумчи – должны попадать на рынки Южной Европы в регион Средиземного моря. Кратчайшим путём туда является маршрут из Синьцзян-Уйгурского автономного района через Казахстан, Урал и Поволжье до черноморских портов Краснодарского края. Российские эксперты подсчитали, что к 2020 году по этому маршруту будет проходить более 40 млн. тонн грузов в год – больше, чем по северным транспортным коридорам России.

В 2014 году, после вхождения Крыма в состав РФ, Россия получила на Чёрном море пять новых портов: это Севастополь, Керчь, Феодосия, Евпатория и Ялта, однако по масштабам перевозок грузов все они уступают порту Новороссийск. Феодосия – крупнейший нефтяной порт Крыма. В Севастополе и Керчи есть два терминала для перевозок зерна. Объём грузооборота портов Крыма на 2013 год: Евпатория (около 1 млн. тонн), Ялта (около 200 тысяч тонн), Феодосия (2,5 млн. тонн), Керчь (2,8 млн. тонн), Севастополь (около 5 млн. тонн). Большая часть этих грузов – транзит. Морские пассажирские перевозки в Крыму до 2014 года были незначительны, однако в последнее время их объёмы постоянно растут. Порт Ялты специализируется на приёме крупных пассажирских судов – в том числе теплоходов длиной до 215 метров; Феодосия после 2014 года принимает пассажирский паром до Новороссийска, в порту Керчь работает паромная переправа через Керченский пролив до порта Кавказ. В настоящее время власти России рассматривают возможности объединение портовых мощностей Крыма с действующей транспортной системой Краснодарского края.

В Крыму достаточно обширная автодорожная сеть (только основные трассы, которые уже получили статус федеральных, составляют около 1,18 тысяч километров). По территории полуострова проходят международные автомобильные коридоры из Украины в Турцию и из Норвегии в Ялту. Тем не менее, дорожная сеть в Крыму находится в плохом состоянии, на ее ремонт и развитие требуется много времени и средств.

На территории полуострова действуют крупный аэропорт в Симферополе и аэропорт «Бельбек» в Севастополе (до 2014 года использовался для чартерных рейсов и бизнес-авиации). Аэропорт в Симферополе в 2013 году принял более 1,2 млн. пассажиров, в основном, международных рейсов. Этот аэропорт имеет огромный потенциал и может в будущем стать одним из лучших аэропортов в России и принимать до 5 млн. пассажиров в год.

Крупнейшим транспортным проектом в Крыму и на Юге России является проект строительства моста через Керченский пролив – Крымского моста. Стоимость проекта оценивается на уровне свыше 220 млрд. рублей; российские власти не жалеют денег, поскольку этот проект станет главным условием экономического развития всего Крыма. Запустить автомобильное движение по Крымскому мосту планируется в 2018 году, железнодорожного движения – в 2019 году.

В 2013-2014 году власти России подготовили несколько проектов по дальнейшему транспортному развитию региона. Например, к Олимпиаде-2014 модернизирована железная дорога между Москвой и Адлером, что позволяет попасть из столицы России в Сочи менее чем за сутки. В период с 2013 по 2018 год запланирована масштабная модернизация аэропортов (в Ростове-на-Дону активно строится новый современный аэропорт «Южный» - новые воздушные ворота Юга России), автомобильных дорог региона и пропускных пунктов на южных границах.

Глава 2 Экономическое сотрудничество Юга России со странами ШОС

俄罗斯南部区与上合组织成员国的经济合作

俄罗斯南部区占据着重要的战略地理位置，为其同外高加索、欧洲南部、东地中海、中东、中亚地区的对外经济活动提供了条件。来自中国的合作伙伴明白黑海和里海对实现"一带一路"项目所具备的战略性重要意义，因此更加积极地向农业、采掘、住房、工业领域投资。借助于中方的投资，该区开始组织现代化机械制造。中国造船厂制造油船，从新罗西斯克港运输石油。

中国如万达等的一些大型跨国公司，借鉴了在北高加索地区建设现代化疗养院的经验。卡尔梅克共和国与内蒙古自治区在人文和经济领域保持着密切的来往。

中亚一些国家也与俄罗斯南部地区有着经济往来。在依托管道输送从哈萨克斯坦西部到黑海沿岸的石油出口中，新罗西斯克具有门户性意义。里海大陆架石油天然气资源丰富，卡尔梅克共和国与哈萨克斯坦共同开发。在该地区与塔吉克斯坦、吉尔吉斯斯坦和乌兹别克斯坦的外贸往来中，出口额远高于进口额。

Юг России благодаря своему географическому положению и развитой системе транспортных коммуникаций занимает стратегически важное место в международном экономическом сотрудничестве. Через южные порты проходит более 70% внешнеторгового оборота России. Специфика внешних экономических связей региона такова, что торговый оборот со странами, не входящими в СНГ, значительно выше, чем с ближайшими соседями. Крупнейшими торговыми партнёрами региона являются Турция, Италия, Китай, Франция, Швейцария, Германия и США.

ЧАСТЬ 4
ЮЖНЫЙ РЕГИОН РОССИИ

Лидерами экспортной торговли в регионе являются Ростовская область и Краснодарский край (в них работают крупные государственные организации поддержки экспорта и импорта). Основными отраслями экспорта являются продукты сельского хозяйства (30% продовольственного экспорта России), прежде всего, зерновые, металлы, продукция химической и нефтехимической промышленности.

Торгово-экономическое сотрудничество с Китаем для Юга России затруднено удалённостью этого региона от развитых юго-восточных провинций КНР, однако общий вектор постоянного расширения китайско-российского экономического сотрудничества приводит к появлению новых совместных проектов и на Юге России. Более того, китайские власти рассматривают экономическую деятельность в районе Чёрного и Азовского моря как стратегически важную, поэтому экономическая деятельность Китая в этом регионе достаточно обширная: китайские партнёры имеют интересы в сферах торговли, добычи полезных ископаемых, сельского хозяйства, жилищного, промышленного и инфраструктурного строительства и многих других сферах. Важнейшими партнёрами Китая в регионе являются Ростовская область и Краснодарский край. Темпы роста торгового оборота КНР и Краснодарского края в 2009-2011 годах, например, превышали 120%.

Южные субъекты федерации сами активно стремятся к расширению сотрудничества с Китаем. Краснодарский край, например, активно участвует в работе Харбинской торгово-экономической ярмарки. Это участие привело к реализации целого ряда конкретных соглашений по созданию на Кубани новых промышленных предприятий с китайскими инвестициями (таких предприятий уже несколько десятков). Кроме того, китайские партнёры содействуют и в переводе кубанского сельского хозяйства на современный уровень, например, с помощью

Компания «Фэйлун» тесно сотрудничает с авиастроительными предприятиями Ростовской области

строительства в Краснодарском крае современных центров хранения зерна. Есть проекты и в сфере машиностроения: например, одно из предприятий города Яньтай (провинция Шаньдун) организует производство по выпуску современных автобусов в городе Тихорецке (Краснодарский край). На Павловском машиностроительном заводе (на севере Краснодарского края) с помощью китайских специалистов организуется производство современных экологически чистых электромобилей: это идеальный вид транспорта для курортов Краснодарского края.

Ростовская область заинтересована в сотрудничестве в сфере машиностроения; это направление активно осваивается на уровне отдельных предприятий. На ростовских заводах для Китая собирают оборудование АЭС и тяжёлые вертолёты. Наиболее ярким примером такого сотрудничества можно назвать совместный проект по выпуску легковых автомобилей Таганрогского автозавода с китайским автомобильным гигантом Chery. Китайские предприниматели высоко оценивают инвестиционный климат в Ростовской области и готовы вкладывать средства в практически любые проекты: от строительства детских садов до производства сахара.

Динамичное развитие Ростовской области и Краснодарского края привело к бурному строительству в этом регионе, особенно активно развернулось инфраструктурное строительство в районе Сочи в преддверии Олимпиады 2014 года. Китайские бизнесмены выступили с многочисленными предложениями вложить деньги в строительство гостиниц, развлекательных центров и морских портовых объектов в быстро меняющемся Сочи. В строительстве этих объектов участвовали такие крупные китайские компании как корпорация тяжелого машиностроения «Саньи». Российские строительные компании в Сочи широко закупают китайские строительные материалы. Инвесторы из КНР приглашаются к проектам современного жилищного строительства во многих городах региона, прежде всего, в Краснодаре.

Крупнейшие торговые ворота России – порт Новороссийск – также не мог остаться без внимания китайских партнёров. В порту работает несколько китайских компаний логистики, а корпорация NoelGroup разрабатывает перспективы морского маршрута «Новороссийск – Шанхай». Кроме того, китайские судостроительные заводы строят для порта Новороссийска крупные нефтяные танкеры.

Наиболее необычным направлением экономического сотрудничества Краснодарского края и КНР является игорный бизнес. В этом направлении власти Краснодарского края активно работают со специалистами Особого административного района Аомынь, с помощью китайских компаний на берегу Азовского моря строятся казино и развлекательные центры. Значительно сотрудничество между субъектами Юга России и китайскими партнёрами и в сфере туризма. Крупнейшая туристическая компания Юга России «Курорты Северного Кавказа» активно сотрудничает с крупными китайскими корпорациями, например, с корпорацией «Ваньда». В планах партнёров – привлечение китайских туристов на горнолыжные курорты Северного Кавказа.

С Республикой Крым и городом Севастополь у Китая также сложились отношения тесного экономического партнёрства. Эти отношения реализуются по трем направлениям. С одной стороны, это двусторонняя торговля. В 2011 году 40% всего импорта Крыма доставлялось из КНР. С другой стороны, это сотрудничество в сфере туризма, прежде всего, в сфере оздоровительного туризма, которое реализуется на региональном уровне; партнёрами Крыма становятся курортные города Китая. Наиболее тесные отношения сложились с провинцией Хайнань,

Калмыкию роднят с Китаем и традиции буддизма

с которой был подписан договор о туристическом сотрудничестве еще в 2011 году. В 2012 году соглашение о долгосрочном сотрудничестве подписали власти Крыма и представители города Цюнхай (провинция Хайнань); подписанное соглашение открывает большие перспективы в совместном развитии ресурсов оздоровительного туризма. Главным партнёром Цюнхая в Крыму стал центр курортов на основе лечебных грязей – город Саки, находящийся в западной части полуострова. Третьим направление стало военно-техническое сотрудничество в сфере военно-морских и военно-воздушных сил. Однако все экономические контакты Китая и Крыма не ограничиваются этими тремя направлениями. Перспективными являются контакты в сфере энергетики (китайские партнёры имеют большие планы по модернизации энергетической системы Крыма), по добыче нефти и газа на шельфе Чёрного моря, а также сотрудничество в сфере сельского хозяйства. Вхождение Крыма в состав Российской Федерации, бесспорно, позволит заметно расширить спектр направлений партнёрства.

Сотрудничество КНР с другими территориями Юга России также находится на подъеме. Менее развитые национальные республики нуждаются в больших инвестициях как для развития транспортной инфраструктуры, так и для возрождения промышленности. Республика Калмыкия, например, активно сотрудничает в этом отношении с деловыми кругами АР Внутренняя Монголия: китайские бизнесмены планируют добывать на земле Калмыкии сырье для строительных материалов, а также вложат значительные средства в модернизацию транспорта республики, например, в реконструкцию аэропорта Элисты.

Сотрудничество субъектов Юга России с республиками Средней Азии обусловлено географической близостью и общими экономическими интересами, например, в плане освоения богатств Каспийского моря. Важнейшим партнёром региона является Казахстан, особое значение имеет сотрудничество с казахскими партнёрами в сфере нефти и газа. Нефтяные месторождения Западного Казахстана соединяются с портом Новороссийск в Краснодарском крае трубопроводом протяженностью 1511 километров. Данный трубопровод нуждается в расширении и модернизации, и этот проект является одним из ключевых в экономическом сотрудничестве России и Казахстана в последние годы. Планируемый объем инвестиций в этот проект превысит 5 миллиардов долларов США.

Огромный опыт казахстанских партнёров в добыче нефти и газа на шельфе Каспийского моря успешно перенимает Республика Калмыкия. Страны создали совместную нефтегазовую компанию для разработки богатств шельфа северной части моря. Единые экономические интересы на Каспии привлекают в республику инвестиции из соседнего Казахстана, особенно в проекты развития транспортной инфраструктуры (новых портов, железнодорожных линий). Эти новые транспортные проекты для не столь экономически развитой Республики Калмыкии имеют стратегическое значение и будут активно использоваться только в будущем, но Казахстану для успешной транспортировки своих грузов к Южной Европе нужен мощный транспортный коридор через Калмыкию.

Сотрудничает с Западным Казахстаном и Республика Дагестан. Дагестанские предприятия поставляют в Казахстан промышленное оборудование, а также военную технику. Контакты не ограничиваются только двусторонней торговлей. Успешно развивается транспортное сотрудничество между портами Махачкала и Актау, между городами налажено паромное сообщение.

Более западные территории Юга России также имеют достаточно развитое торговое сотрудничество со странами Средней Азии. Общие черты этого сотрудничества следующие: во внешнеторговой деятельности регионов Юга России среднеазиатское направление занимает очень скромное место (не более 5% торгового оборота), при этом экспорт из России значительно (иногда – более чем в 10 раз) преобладает над импортом из среднеазиатских республик. Так, например, торговый оборот Краснодарского края с Кыргызстаном оценивается в районе 7-10 миллионов долларов США, при этом основу экспорта составляют продовольственные товары (масло подсолнечное, хлеб), а также продукция бытовой химии. Торговые отношения Краснодарского края с Казахстаном значительно шире и развивается крайне интенсивно: товарооборот оценивается на уровне более 150-200 миллионов долларов США (в 2008 году взаимный оборот по сравнению с

2006 годом вырос в три раза). Основу российского экспорта составляет электроэнергия, транспортные средства (например, железнодорожные вагоны), а также продовольственные товары – масло, сахар, чай, сырье для пищевой промышленности, строительные материалы и бумага. Краснодарский край закупает у казахских партнёров металлы и сталь, минеральные удобрения, а также некоторые продовольственные товары. С Республикой Узбекистан торговый оборот оценивается на уровне 40-50 миллионов долларов США, основу экспорта составляют продовольственные товары (сахар и растительное масло). С наиболее удалённой от Кубани среднеазиатской республикой – Таджикистаном - ситуация очень похожая. Торговый оборот оценивается в районе от 10 до 30 миллионов долларов США. Основу экспорта составляет сахар, импорт также основан на продовольственных товарах.

Глава 3 Научные и образовательные ресурсы Юга России

俄罗斯南部区的科技与教育资源

俄罗斯南部区有着十分发达的科教资源系统，但是在这一方面它显然不如中部和西北部地区。罗斯托夫州有着数量众多的大学（仅次于莫斯科和圣彼得堡，位列于俄罗斯第三位），但是这些学校大部分都是莫斯科高校的分校。位于顿河畔罗斯托夫的南联邦大学和位于斯塔夫罗波尔市的北高加索联邦大学是当地最大的教育中心。

该地区电力、IT技术、汽车制造、运输、农业等领域正在迅速发展。在顿河畔罗斯托夫市有俄罗斯科学院南部科学中心；当地的科学研究所着重于研究当地的一些问题，如山区经济、当地的语言和文化等。

Юг России обладает значительным научным и образовательным потенциалом и развитой сетью образовательных учреждений различных уровней. Регион имеет достаточное количество профессиональных преподавательских кадров, по крайней мере, для обеспечения собственных потребностей в специалистах всех направлений. На Юге России с населением около 20 млн. человек работает 540 вузов (включая филиалы). В регионе в отрасли науки и образования работает почти 30 тысяч преподавателей и научных сотрудников, в том числе почти 3000 докторов наук и более 2500 профессоров. Как и в других регионах России, высшее образование в регионе значительно опережает по темпам развития среднее и средне-специальное образование. Среди субъектов федерации Юга России первое место по развитию систем образования уверенно держит Ростовская область (по количеству вузов – третье место в России после Москвы и Санкт-Петербурга).

Образовательные ресурсы региона сосредоточены в двух крупнейших вузах региона - Южном федеральном университете (ЮФУ, г. Ростов-на-Дону и г. Таганрог) и Северо-Кавказском федеральном университете (СКФУ, г. Ставрополь). Оба вуза являются крупнейшими научно-исследовательскими и образовательными комплексами Юга России.

Южный федеральный университет (ЮФУ) был создан в 2006 году на базе Ростовского государственного университета, Ростовского государственного педуниверситета и еще двух вузов области. ЮФУ занимает высокое место в рейтинге российских вузов, имеет богатые научные традиции, мощную систему филиалов по всему Югу России, современное научное оборудование и талантливые коллективы исследователей и преподавателей. Вуз активно сотрудничает с научными структурами РАН. ЮФУ как университетский комплекс современного типа нацелен на развитие инновационного образования с использованием современных информационных технологий. В регионена университет возлагаютбольшие надежды: ЮФУ к 2020 году планирует войти в число ведущих мировых университетов инновационно-предпринимательского типа.

Южный федеральный университет – крупнейший центр науки и образования Юга России

Приоритетные направления подготовки специалистов в ЮФУ следующие: нанотехнологии и наноматериалы; биотехнологии и экологическая безопасность; информационные и телекоммуникационные технологии; морская, авиационная и космическая техника; дизайн и художественное творчество; модели развития людей в многонациональном обществе. По указанным направлениям будут созданы шесть научно-технологических кластеров по всей территории Юга России, где будут создаваться современные высокие технологии. Для этого на развитие ЮФУ выделяется более 3 млн. рублей в год.

ЮФУ имеет обширные связи с вузами КНР. С Хэнаньским университетом подписан договор о долгосрочном сотрудничестве, вузы имеют долгую историю партнерских отношений. Педагогический университет Внутренней Монголии осуществляет с ЮФУ программу совместной подготовки магистрантов. Кубанский государственный технический университет (г. Краснодар) успешно сотрудничает с Северо-Восточным университетом нефти КНР. Образовательное сотрудничество с китайскими партнерами ведут и узкопрофильные вузы. Так, например, Краснодарский университет МВД РФ имеет тесные связи с Народной академией Вооруженной полиции КНР, оба вуза активно обмениваются делегациями и рассматривают возможности совместной подготовки специалистов в области охраны правопорядка.

Основными направлениями научной работы на Юге России являются электроэнергетика, информационные технологии и телекоммуникации, агропромышленные науки, машиностроение, здравоохранение, строительство и ЖКХ, транспортные системы.

Северо-Кавказский федеральный университет появился в 2012 на базе трех крупных вузов Ставрополя и Пятигорска. Университет имеет филиалы в двух городах Ставропольского края: Пятигорске и Невинномысске. Как и ЮФУ, СКФУ является вузом нового типа, активно развивает международное сотрудничество с более чем 15 странами.

Около 30 вузов работает в Краснодаре, они очень разнообразны: от классического Кубанского государственного университета (этот вуз лишь немного уступает по популярности федеральным университетам) до узкопрофильных вузов в сфере туризма, физкультуры и спорта, сельского хозяйства и Краснодарского университета МВД РФ. Известен и Краснодарский государственный технический университет.

Научные и образовательные ресурсы региона сосредоточены в Ростовской области, Краснодарском и Ставропольском краях. Однако национальные республики Северного Кавказа также имеют достаточно развитую систему образовательных центров. Несмотря на то, что местное население в своей массе нерусское, преподавание ведется на русском языке. В Грозном работают государственный университет, педагогический и технический университеты, в Нальчике – сельскохозяйственная академия, институт бизнеса и Северо-Кавказский государственный институт искусств, в Махачкале – педагогический и технический университет, а также сельскохозяйственная академия. Горно-металлургический институт и несколько других вузов находится в столице Северной Осетии – Владикавказе.

Быстрое развитие ожидает образовательные ресурсы полуострова Крым. В 2014 году Министерство образования и науки РФ создало Крымский федеральный университет, который объединил 7 крупных вузов полуострова и почти 20 научных институтов. Базу Крымского федерального университета составят Таврический национальный университет и еще три вуза Симферополя. Вторым крупным вузом должен стать Севастопольский государственный университет. Самостоятельный статус сохранят Керченский морской технологический университет и Крымский инженерно-педагогический университет, филиалы российских вузов на полуострове создавать не планируется, а филиалы украинских вузов должны быть закрыты. Единственным филиалом российского вуза будет Черноморский филиал МГУ, действующий в Севастополе с 2001 года.

Ростовская область является лидером региона и в развитии науки (более 20 научно-исследовательских институтов, в том числе такие важные, как Южный научный центр РАН и Северо-Кавказский научный центр высшей школы ЮФУ). На учёных Ростовской области приходится более 50% от общего объема научной работы всего Юга России. Кроме того, на территории региона действует несколько научных центров РАН: Владикавказский научный центр, Кабардино-Балкарский научный центр и Дагестанский научный

Студенты Черноморского филиала МГУ в Севастополе

центр РАН, занимающиеся не только исследованиями, важными для экономики горных районов (например, в сфере сельского хозяйства или геологии), но и изучением истории, языков и культуры горных народов.

ЧАСТЬ 4
ЮЖНЫЙ РЕГИОН РОССИИ

Глава 4 Природные и культурные достопримечательности Юга России

俄罗斯南部区的自然人文景观

俄罗斯南部是整个俄罗斯旅游资源最丰富的地区，这里自然景色美丽如画且种类多样：有白雪覆盖的高加索山，山顶上建有很多滑雪疗养院；有秀丽的顿河和库班河；有哥萨克文化中心、黑海和亚速海沿岸风光……

宜人的气候及有利的生态环境促进旅游集群发展，索契、顿河让俄罗斯南部成为国家的"疗养明珠"。

南部最著名的旅游胜地有阿布劳皇家酒窖、黑海沿岸克拉斯诺亚尔斯克边疆区的格连吉克疗养城、顿河沿岸具有独一无二的文化多样性特色的罗斯托夫市……索契在俄罗斯的地位举足轻重。2014年冬季奥林匹克运动会之后，索契不仅成为了俄罗斯最大的滑雪胜地和游客中心，也成为了定期举行商业和文化活动以及为边远地区儿童组织夏季运动会、科学夏令营的地方。

雅尔塔是俄罗斯最美丽的城市之一，这里有"燕窝"城堡以及许许多多的纪念碑，离雅尔塔不远坐落着俄罗斯最大的儿童夏季休闲中心——具有传奇色彩的国际夏令营"阿尔捷克"。此外，英雄城塞瓦斯托波尔的战争历史遗迹也吸引着游客，尤其是俄罗斯黑海舰队博物馆。

Юг России, особенно Краснодарский край, пожалуй, является наиболее богатым регионом России в отношении туристического потенциала. Здесь находится огромное количество самых разных природных достопримечательностей: живописные реки Дон и Кубань, Черное и Азовское моря, горные вершины Кавказа. По количеству культурных достопримечательностей регион уступает только Москве и Санкт-Петербургу. Кроме того, развитию туристического потенциала способствует привлекательный климат и прекрасная экология. Успешное проведение Зимней Олимпиады 2014 года в Сочи и планы по превращению Крыма в курортный центр общеевропейского значения свидетельствуют о том, что Юг России является настоящей жемчужиной среди всех регионов страны.

Абрау Дюрсо

Мягкий климат Юга России позволяет развивать здесь виноделие. Самым известным

Вид на озеро Абрау

центром виноделия в России является маленький посёлок на берегу Чёрного моря – Абрау Дюрсо (Краснодарский край). Вокруг посёлка растёт виноград, из которого делают самое известное в России шампанское – «Абрау Дюрсо». Туристов особенно привлекает музей шампанского, где можно попробовать разные виды этого популярного в России праздничного напитка. Во время экскурсии по музею можно узнать историю развития виноделия на Юге России и посмотреть винные погреба XIX века, из которых шампанское поставлялось на стол российских императоров.

Неподалёку от поселка находится живописное озеро Абрау – самое крупное озеро Краснодарского края (в 14 километрах от порта Новороссийск). Это озеро знаменито тем, что его вода имеет очень приятный зеленый цвет. По озеру можно показаться на лодке, летом здесь всегда много отдыхающих.

Аквапарк "Золотая Бухта" и другие достопримечательности города Геленджик

Геленджик – один из самых популярных курортов на берегу Чёрного моря. В 2004 году здесь был построен самый большой и самый знаменитый аквапарк России – «Золотая бухта». Многие водные аттракционы «Золотой бухты» - единственные в России. На огромной территории парка размещаются 16 кафе, большое искусственное озеро, поле для водного футбола, площадки для пляжного волейбола, рестораны и другие интересные объекты. Аквапарк окружен полосой редких и красивых деревьев.

Еще одной интересной достопримечательностью города является Старый парк. Парк

Аквапарк «Золотая Бухта»

ЧАСТЬ 4
ЮЖНЫЙ РЕГИОН РОССИИ

интересен тем, что в нём сочетаются сооружения в стиле культур Древнего Египта, Древней Греции, эпохи Возрождения, а также классической и современной европейской культуры. Создатель парка является одновременно и его хозяином, он постоянно строит новые здания, стремясь поставить модели всемирно известных достопримечательностей рядом с фигурами русского православия и культуры народов Кавказа.

Геленджик известен и прекрасными пейзажами. В нем находится удивительно красивая Голубая бухта с прекрасными пляжами. На берегу моря много не только туристов, но и учёных-археологов – недавно стало известно, что люди здесь жили гораздо раньше, чем в других частях России. Для любителей активного отдыха в окрестностях Геленджика есть гора Большой Афипс (700 метров), с вершины которой открывается прекрасный вид.

Долина реки Жане

В 15 километрах от города Геленджик расположена долина реки Жане. Раньше на этом месте находилось древнее озеро, которое высохло и превратилось в живописную долину с большим количеством водопадов. Водопады видно уже с автомобильной дороги при подъезде к долине. У нижних водопадов есть бассейны, в которых очень любят купаться туристы. В более высоких водопадах вода всегда очень холодная, но она считается очень полезной. Между водопадами находятся красивые лесные поляны.

Живописные пейзажи Краснодарского края (река Жане)

Но главной достопримечательностью долины являются даже не водопады, а дольмены – древние сооружения из камней, возраст которых больше, чем у знаменитых пирамид Древнего Египта. Каждый дольмен имеет своё название и свою историю, некоторые из них, по мнению местных жителей, даже могут исполнять желания. Долина реки Жане является одним из самых посещаемых мест Краснодарского края – сюда приезжают гости со всей России.

Олимпийский парк и олимпийские объекты Сочи

В 2007 году Международный олимпийский комитет принял решение провести Зимнюю олимпиаду 2014 в Сочи, что навсегда изменило судьбу этого красивого города. На самом юге черноморского побережья России в Имеретинской долине недалеко от Сочи до этого

Олимпийские объекты в Сочи

исторического решения никаких достопримечательностей не было, а сегодня это одно из самых известных мест России, которое принимает миллионы туристов. В 2007 году в Имеретинской долине начали строить Олимпийский парк – одну из двух основных площадок для Игр. Именно здесь на прекрасном стадионе «Фишт» (40 тысяч мест) прошли торжественные церемонии открытия и закрытия Игр. Стадион назвали в честь одной из самых красивых гор Кавказского хребта; в 2018 году на нём пройдут игры Чемпионата мира по футболу 2018. Кроме стадиона были построены самые разные спортивные площадки – комплексы для хоккея, фигурного катания и других зимних видов спорта, музеи и православные храмы. Там же находятся Главная олимпийская деревня, где жили спортсмены-участники Олимпиады. Сейчас все олимпийские объекты стали достопримечательностями города: Олимпийский парк открыт для всех желающих. В парке можно погулять по живописной 6-километровой набережной.

Вторая площадка Олимпийских игр находится в горах, около посёлка Красная Поляна. Самое известное место здесь – горнолыжный курорт «Роза Хутор», построенный к Олимпиаде в 2011 году. На территории курорта всё очень похоже на знаменитые места для катания на лыжах в европейских Альпах. Правда, для начинающих любителей горных лыж «Роза Хутор» не очень подходит – трассы здесь сложные, зато можно проводить международные соревнования. Иногда на курорте катаются Владимир Путин и Дмитрий

Олимпийская деревня в горах Красной Поляны

Медведев – большие любители этого вида спорта. Высоко в горах расположена «Горная олимпийская деревня».

Зимний театр Сочи

Сочи – один из самых интересных и привлекательных туристических центров России – известен не только олимпийскими объектами. Здесь находится самый известный нестоличный театр страны – Зимний театр, который регулярно принимает крупные кинофестивали и фестивали КВН (популярный в России молодежный конкурс юмора). Жители Сочи считают главной достопримечательностью города именно театр, построенный на берегу моря в 1930-е годы, когда маленький приморский город

Главная улица Ялты

быстро превращался в курорт государственного значения. Фасад театра обращён к морю, поэтому люди, выходящие из него, сразу видят прекрасный морской пейзаж. Позади театра находится главная улица Сочи – Курортный проспект. Сейчас прекрасное здание театра – не только архитектурная достопримечательность, но и символ города. После Олимпиады Сочи стал шумным и современным городом с высокими гостиницами; такие места, как Зимний театр, напоминают о тех временах, когда это был небольшой курортный город.

Достопримечательности Ялты

Жемчужиной Крыма, несомненно, является красивый город Ялта, который объединяет огромное количество известных на всю Россию достопримечательностей. Главная улица Ялты – Набережная имени Ленина – является одной из самых красивых улиц России. Здесь, среди огромных деревьев (некоторым из них более 300 лет) расположено много важных мест Ялты – например, концертный зал «Юбилейный», первые ялтинские бани, открытые в 1867 году, ресторан «Золотое руно» в виде древнегреческого корабля, многочисленные памятники.

Совсем недалеко от Ялты расположен главный памятник архитектуры Крыма – дворец «Ласточкино гнездо» на мысе

«Ласточкино гнездо»

Ай-Тодор в 40 метрах прямо над Чёрным морем. «Ласточкино гнездо» является символом Ялты и всего Крыма. Тысячи туристов каждый день смотрят с высокой башни дворца на прекрасные пейзажи южного берега Крыма и красивую Медведь-гору. А неподалеку находится легендарный детский центр «Артек» - символ советской эпохи. В советские времена «Артек» был главным международным детским лагерем страны, здесь отдыхали дети со всего мира. Недалеко от артековских пляжей стоит дача Чехова – великий писатель провёл в Ялте последние годы жизни. Местные пляжи отличаются чистотой, красотой и тем, что туристов на них совсем мало.

Музей Черноморского флота и другие достопримечательности Севастополя

Город-герой Севастополь, который в России с гордостью называют «Городом русских моряков», привлекает огромным количеством исторических памятников. Город находится на берегу живописной Севастопольской бухты, которая делит город на Северную и Южную стороны. Берега бухты имеют свою удивительную историю, на них происходили события Крымской войны, Гражданской войны, Великой Отечественной войны. Севастопольский порт многие российские адмиралы называли «лучшим портом в мире». В порту находится огромный 60-метровый обелиск в честь того, что Севастополь является городом-героем. Около обелиска, построенного в 1977 году, находится мемориал Великой Отечественной войны, но среди памятников можно встретить пушки времён Крымской войны.

Севастопольская бухта

Главной достопримечательностью города является Музей Черноморского флота – один из старейших военно-исторических музеев России (открылся в 1869 году). У входа в музей находится знаменитый «Севастопольский знак» - крест с числом 349 (349 дней продолжалась героическая Оборона Севастополя во время Крымской войны). В музее есть образцы военной техники, модели боевых кораблей, личные вещи героев Крымской войны Корнилова и Нахимова, медицинские инструменты одного из самых великих врачей России – военного хирурга Николая Пирогова и многие другие интересные экспонаты.

Парк «Айвазовское» в Крыму

В 1960-е годы на южном берегу Крыма на крутых склонах небольшой бухты вместо виноградников был построен красивый парк для отдыха трудящихся. Сейчас парк «Айвазовское» является самым красивым парком Крыма. В 2003 году была завершена его масштабная реконструкция, в ходе которой парк постарались сделать «Самым романтическим местом Крыма», объединить многочисленные культурные памятники южного берега (от древнегреческой культуры до современной российской). Эти живописные места в XIX веке посещали многие великие люди России, в том числе А.С. Пушкин и великий художник Иван Айвазовский. В парке вдоль основной лестницы расположился красивый сад цветов и камней, а также множество различных тематических садов – «Весна», «Итальянский», «Мексиканский», «Японский».

Набережная в Ростове-на-Дону

Набережная Дона в Ростове-на-Дону – главная достопримечательность города. В последние годы набережная стала очень красивой. Она знаменита не только романтической атмосферой, но и многочисленными бронзовыми скульптурами, связанными с Доном. Многие из этих скульптур показывают героев бессмертных шедевров Михаила Шолохова. Здесь же можно совершить прогулку по Дону на теплоходе. Набережная является местом проведения всех массовых мероприятий в Ростове-на-Дону–крупнейшем городе Юга России, в котором проживают представители десятков национальностей. В День города представители всех национальностей устраивают на набережной угощение блюдами национальной кухни. Здесь можно попробовать узбекский плов и белорусские драники, греческие маслины и татарские беляши.

Набережная Ростова-на-Дону

Глава 5 Экологическая обстановка в Южном регионе России

俄罗斯南部地区的生态环境状况

从生态环境层面来看，俄罗斯南部地区气候宜人，拥有大面积未开发的山区，是俄罗斯最安宁的地区。这里没有大型重工业中心，农业经济使生态平衡得以维持。

南部地区拥有丰富的水体资源，包括许多三角湾（河口处的小湾口）。在顿河、库班河的三角湾生活着罕见的河流动物群，有巨型品种的鲟鱼，例如白鲟等。在苏联时代建立起重工业的地区，其生态环境状况往往不容乐观，例如罗斯托夫州。由于亚速海水域的工业污染不断加剧，其北部海岸被迫关闭了浴场。在卡尔梅克和斯塔夫罗波尔边疆区，农业用水极度匮乏，经常发生草原和森林火灾。

罗斯托夫和阿斯特拉罕自然保护区、库班河流域、卡拉恰伊－切尔斯克瀑布及北高加索山区，特别是有"俄罗斯的阿尔卑斯"之称的栋巴伊山地滑雪疗养区，这些都是俄罗斯独特的生态旅游中心。

Южный регион России, имеющий наиболее привлекательный климат и огромные туристические ресурсы, является более благополучным в экологическом отношении, чем многие другие регионы России. Однако и в этом регионе имеются серьезные экологические проблемы. Экологические системы на Юге России отличаются хрупкостью – даже в случае небольшого загрязнения на их восстановление требуется очень длительное время.

Природа Юга России прекрасна и разнообразна. Здесь сочетаются самые разные ландшафты – бескрайние донские степи и высокие горы Кавказа, встречаются редкие виды растений и животных. Крупных промышленных комплексов, как на Урале и в Западной Сибири, на Юге России нет. Промышленные предприятия здесь не являются серьезным источником загрязнения воздуха, поэтому основным источником его загрязнения является транспорт. Однако интенсивное сельское хозяйство, особенно на Кубани, также приводит к ухудшению состояния окружающей среды. К счастью, эти изменения почти не коснулись высокогорных территорий региона, где экологическая обстановка остаётся очень благоприятной.

Огромным богатством Юга России являются его водоёмы: более чем 500 рек и шесть водохранилищ, воды Азовского и Чёрного моря. На побережье морей в Краснодарском крае есть уникальный вид водоёмов – лиманы (небольшие заливы при впадении реки в

ЧАСТЬ 4
ЮЖНЫЙ РЕГИОН РОССИИ

море). Лиманы Юга России играют огромную роль в развитии туристических ресурсов и рыбного хозяйства. Как и на юге Поволжья, в Южном регионе России активно разводят ценные виды рыб, особенно важен в этом отношении Краснодарский край. Сохранение экологии водоёмов региона, особенно бассейнов главных рек региона – Дона и Кубани, остаётся большой экологической задачей. В настоящее время в регионе состояние водоёмов ухудшается, количество ценных видов рыб в последние годы резко сокращается (например, уловы осетровых сократились в полтора раза, а улов тарани – в 2,5 раза), а для некоторых видов рыб, например, белуги и севрюги, ситуация стала критической. Это связано с тем, что хрупкие экологические системы Дона и Кубани не выдерживают воздействия человека, особенно отрицательно сказывается проведенная здесь в послевоенный и поздний советский период ускоренная индустриализация, а также рост городов. Отрицательно влияет на количество рыбы и сельское хозяйство: в регионе производится рис, что приводит к загрязнению большого количества воды. Эта грязная вода оказывается в лиманах и водохранилищах и приводит к гибели рыбы.

Особые опасения вызывает ухудшение экологии Чёрного и Азовского морей. Особенно чувствительно к вредному воздействию человека мелководное и небольшое Азовское море (средняя глубина в нём меньше, чем во многих реках России – всего 8 метров). Объем воды в море очень небольшой, происходит быстрый обмен водой с реками бассейна Дона. Однако именно в бассейне Дона в советский период был создан мощный промышленный центр, а также центр сельскохозяйственного производства (к 1990 году на Дону, в непосредственной близости от Азовского моря, производилось более 20% всей сельскохозяйственной продукции России). На Дону и Кубани были построены водохранилища. Всё это привело к большим изменениям в состоянии Азовского моря. Еще в 1960-е годы Азовское море занимало первое место в мире по улову рыбы на каждый квадратный километр площади. Затем из моря стали забирать большое количество воды для сельского хозяйства, а на место взятой воды приходила более солёная вода из Чёрного моря. С другой стороны, из рек в Азовское море стали поступать металлы, остатки удобрений (большое количество удобрений приходит с рисовых полей), нефтепродукты и другие вредные вещества. Сейчас в воды Азовского моря вредные вещества сбрасывают более 1200 промышленных предприятий. Эти процессы привели к большим изменениям в биологии Азовского моря, к разрушению его туристического потенциала. Северное побережье

Экодом – современный экологически чистый дом из дерева – часто встречается на Юге России

Азовского моря сейчас закрыто для купания. На этом побережье расположено более 200 детских лагерей и десятки курортных комплексов, рассчитанных более чем на 300 000 человек.

Во многих частях Северного Кавказа (Адыгея, Северная Осетия, Чеченская республика, Дагестан, а также в Краснодарском и Ставропольском краях) ведется добыча нефти. Добыча нефти началась давно, за долгие годы накопились огромные массы вредных веществ, которые попадают в почвы, реки и моря региона. Самая сложная обстановка в этом отношении сложилась в Дагестане и Чечне – добыча нефти в этих местах ведется очень давно. Из-за многолетних утечек нефти почва вокруг мест добычи пропитана нефтью на глубину до 17 метров! Это приводит к загрязнению подземных вод, накоплению в них аммиака и других вредных веществ. Подземные воды выходят на поверхность и загрязняют реки региона – Кубань и Терек. Но загрязнение нефтепродуктами не является единственной проблемой для местных рек. Из-за бурного развития сельского хозяйства в регионе часто строятся дамбы, что приводит к изменению уровня воды в водоемах. Многие малые реки просто исчезают, а некоторые реки неожиданно разливаются, что приводит к наводнениям.

Сложная экологическая обстановка складывается в одном из центров сельского хозяйства России – Ставропольском крае. В этом субъекте федерации используется 95% территории, не тронутых человеком мест почти не осталось. Край расположен в степях, воды очень мало, подземные воды содержат очень много солей, часто бывают пыльные бури. Всё это делает экологию края очень хрупкой: почвы плодородны, но они легко разрушаются и очень долго восстанавливаются. Чрезвычайно активное развитие сельского хозяйства привело к тому, что огромные площади теряют плодородность, загрязняются удобрениями. Большие масштабы развития животноводства также приводят к загрязнению подземных вод и местных рек. В последнее время часто случаются лесные и степные пожары.

Состояние воздуха во многих городах региона лучше, чем в городах Урала и Сибири, но в крупных промышленных центрах – Ростове-на-Дону, Краснодаре и Ставрополе – воздух также загрязнен, в нём слишком много углекислого газа и фенола. 98% вредных загрязняющих веществ в воздух вносит автомобильный транспорт. В меньшей степени загрязнен воздух небольших городов региона – Новороссийска, Туапсе, – в них также основным источником вредных веществ является транспорт. Причина этому – большее, чем в других регионах, число старых автомобилей.

Крым является экологически благополучной территорией региона. Промышленных предприятий на полуострове немного, основной экологической проблемой являются вредные выбросы автомобилей в крупных городах – Севастополе, Керчи и Симферополе. Летом, когда регион наводняют отдыхающие, экологические проблемы становятся серьезнее. В 2011-2012 годах, когда Крым входил в состав Украины, на территории полуострова скопилось большое количество твёрдых отходов (более 30 млрд. тонн). Современная система утилизации этих отходов создана не была, поэтому по всей территории республики находится более 12 тысяч небольших свалок. К счастью, экологию Крыма стабилизируют местные леса и близость морского побережья: воздух в большинстве частей республики остаётся чистым.

Развитие туристического потенциала Юга России часто входит в противоречие с необходимостью решения экологических проблем. Особенно остро это противоречие проявляется на примере города-курорта Сочи, около 80% территории которого занято охраняемыми территориями: там находятся Сочинский государственный национальный парк, Кавказский государственный природный заповедник и другие экологические объекты. Приморская и горная зоны города Сочи в последние годы быстро развивались в рамках подготовки к Зимней олимпиаде-2014, что вызвало протест со стороны экологов. Одной из проблем стало разрушение мест жизни диких животных в горных районах Сочи. Многие животные, которые встречаются только в горах Кавказа, не могут сосуществовать на одной территории с человеком. Горный леопард,

Горный леопард – редкое животное Кавказских гор и талисман Зимней олимпиады 2014

кавказский медведь и другие виды животных нуждаются в особой охране. Строительство в горах Сочи привело к тому, что количество этих животных стало резко сокращаться.

Уникальная природа и мягкий климат Юга России сделали этот регион одним из самых привлекательных мест России для развития экологического туризма. Центром экотуризма стал Астраханский заповедник, в котором можно увидеть редкие для России растения, например, лотосы и дикие тюльпаны, а также множество птиц. Еще более интересны для экологических туристов природные богатства гор Северного Кавказа, пять вершин которого имеют высоту более 5000 метров. Горный туризм на Северном Кавказе был развит еще в XIX веке. На самых известных горах Кавказа – Эльбрусе и Казбеке – находятся красивые горные луга, быстрые горные реки и уникальные ледниковые озера, вода в которых имеет небесно-голубой цвет. В этих горах находится прекрасный горнолыжный центр Домбай, который часто называют «российскими Альпами». Здесь, на берегах высокогорных рек раскинулись дубовые леса, а с высоких гор открываются прекрасные виды. В районе горы Эльбрус проходят особенно сложные горные тропы, которые привлекают альпинистов. В горах Краснодарского края находятся сотни живописных водопадов. На берегу Черного моря протянулась полоса субтропического климата: здесь находятся животные и растения, которых больше нет нигде в России. Все эти места имеют большое количество труднодоступных уголков и создают прекрасные условия для развития экотуризма.

Водопады Архыза – одно из самых красивых и экологически чистых мест России

На Кубани экологический туризм начал развиваться несколько позже, чем на Кавказе. Сейчас в Ставропольском крае развивается сплав на лодках с рыбалкой среди удивительных пейзажей Кубани. Ближе к Западному Кавказу, в Карачаево-Черкессии, находится еще одна жемчужина экотуризма в России: село Архыз, где находятся десятки водопадов и огромное количество исторических памятников. Когда-то местные крепости защищали караваны, которые шли по Великому Шёлковому пути из Китая в Европу.

Быстро развивается экологический туризм и в степях Ростовской области, куда туристов привлекает не только мягкий климат, но и уникальная местная культура донских казаков. В области расположено 80 государственных заповедников, в которых постоянно проводятся экологические экскурсии для знакомства с местными растениями и животными. Кроме того, здесь регулярно проходит фестиваль экологического туризма. Помогает развитию экологического туризма и Донская государственная публичная библиотека, и областные вузы, и другие общественные организации. Для туристов сложились уникальные маршруты, например – Ростов-на-Дону – Азов с посещением дельты Дона и природного парка «Донской»; Ростов-на-Дону – Орловский с посещением живописной Манычской долины и заповедника «Ростовский», где встречаются дикие лошади. Интересны экологические маршруты по территории музея-заповедника великого советского писателя Михаила Шолохова. По огромной территории заповедника можно пройти пешком, проехать верхом или в лодке, кроме мест, связанных с жизнью писателя, здесь бережно сохраняется природа Верхнего Дона. Самой известной достопримечательностью заповедника является «Вешенский дуб» высотой 25 метров, который не могут обхватить даже 4 взрослых человека. Власти Ростовской области, а также многих других субъектов федерации Юга России, считают экологический туризм важнейшим направлением развития.

ЧАСТЬ 5

ПОВОЛЖСКИЙ РЕГИОН РОССИИ

Глава 1 Экономико-географическая характеристика Поволжья

伏尔加河沿岸地区的经济地理特征

俄罗斯伏尔加河沿岸地区，也称伏尔加河流域地区，沿伏尔加河由北向南延伸。该区在地理上被分为三个部分：伏尔加河上游（包含在俄罗斯中央区内）、伏尔加河中游（从切博克萨雷到萨马拉）、伏尔加河下游（从卡马河口到里海）。"俄罗斯伏尔加河沿岸地区"这个概念通常只包括伏尔加河中游和下游（和伏尔加河沿岸联邦区的范围不完全一致）。以下几个大城市都可获得"伏尔加河沿岸地区的首都"这一非官方称号，它们分别是：下诺夫哥罗德、喀山、萨马拉、伏尔加格勒。

伏尔加河沿岸地区被分为两个经济区：西北伏尔加—维亚特卡区，此区与俄罗斯中央区相连，还有经济上更独立的东南伏尔加河沿岸经济区。伏尔加河沿岸地区内生活的民族多种多样——该区分布着多个共和国（鞑靼斯坦共和国、莫尔多瓦共和国、楚瓦什共和国、马里埃尔共和国），不过该区内超过70%的居民是俄罗斯人。

伏尔加河沿岸地区因其平原地形和大量的河流——伏尔加河及其支流（卡马河、苏拉河、萨马拉河和其他河流）而独具一格。

早在13世纪初，伏尔加河上游地区就已经出现了罗斯国家，而伏尔加河中游和下游地区直到伊凡雷帝执政时期才与俄罗斯世界联系起来。在16世纪，为了俄罗斯的防御工事，伏尔加河的边境地区建造了萨马拉要塞、伏尔加格勒要塞和萨拉托夫要塞。19世纪下半叶之前，伏尔加河沿岸地区的经济条件一般，该地区被认为是偏远的省份。临近20世纪，下诺夫哥罗德、喀山、萨马拉和萨拉托夫成为了巨大的贸易和运输枢纽。苏联时期，伏尔加河沿岸地区加速了工业化进程，在伏尔加河上建立了水力发电站。1950至1960年间，该地区建立了石油化工和汽车制造企业网，使伏尔加河沿岸地区变成了带有巨大工业和农业发展潜力的经济发达地区。

俄罗斯区域概况

伏尔加河沿岸地区矿产丰富，特别是伏尔加河中游地区的石油和天然气储备在俄罗斯被认为是最重要的。俄罗斯国内天然气储备主要分布在萨拉托夫、伏尔加格勒和阿斯特拉罕地区。

该地区经济发展的主要领域是机械制造（汽车、飞机、农业机械、仪器和设备的生产）和石油化工（特别是塑料）。俄罗斯的71%的汽车在该地区生产。鞑靼斯坦共和国的卡玛斯是俄罗斯工业最著名的品牌之一，现代飞机生产中心——乌里扬诺夫斯克被称为"俄罗斯航空首都"，在萨马拉、喀山和下诺夫哥罗德经营着俄罗斯国内为数不多的大型飞机制造企业。该地区的农业十分发达，特别是小麦生产非常著名。伏尔加河下游的温暖气候，有利于在那里种植水稻和西瓜。

伏尔加河沿岸地区处于俄罗斯中间地带，拥有优越的地理位置和发达的河流交通系统。这使得伏尔加河沿岸地区成为了一条重要的交通走廊。在中国的帮助下，这里建成了俄罗斯最长的高铁线"莫斯科—喀山"。作为重要的交通走廊，伏尔加河及其支流流经俄罗斯22个联邦主体，连接了俄罗斯中部和南部以及乌拉尔一带。阿斯特拉罕近旁的奥利亚港口也因此变得更加重要，它是货物运往中亚、伊朗以及印度的必经之地。

伏尔加河不仅是重要的交通走廊还是俄罗斯重要的经济中心和文化象征，同时还拥有丰富的水资源。伏尔加河有大约200条支流、上万个水库，其中包括一些大型水库（例如雷宾斯克水库、萨马拉水库）。这些水库通过专门的管道系统最终流入亚速海和波罗的海。伏尔加河沿岸共有1450个港口。俄罗斯国内超过45%的工业用水都来自伏尔加河，另外，伏尔加河还提供20%的食品加工用鱼。伏尔加河还有丰富的旅游资源。从1950年开始，这里定期举行很多类似"水路旅游"这种的文化活动。

1.1. Общая характеристика региона

Поволжьем в русском языке называют любую территорию, которая находится на реке Волга. С точки зрения географии, Поволжье делят на три части: Верхнее Поволжье (Тверская, Московская, Ярославская, Костромская, Ивановская и Нижегородская области), Среднее Поволжье (от впадения Суры – до Самарской Луки) и Нижнее Поволжье (от впадения Камы до Каспийского моря). Верхнее Поволжье более связано с Центральным регионом России исторически и экономически; Среднее и Нижнее Поволжье исторически и экономически формировались как самостоятельный регион. Граница между Средним и Нижним Поволжьем не является строго определенной, но ей обычно считают Жигулёвскую ГЭС.

В регионоведении термин «Поволжье» обычно используют, когда говорят о Среднем и Нижнем Поволжье. Следует обратить внимание, что политическое понятие «Приволжский федеральный округ» не совпадает с историческим, культурным и экономическим понятием регионоведения «Поволжье». Приволжский федеральный округ включает в себя следующие субъекты федерации: Кировскую, Нижегородскую, Саратовскую, Самарскую, Ульяновскую, Пензенскую, Оренбургскую области, республики Марий Эл, Чувашия, Татарстан, Мордовия, Удмуртия, Башкирия, а также Пермский край. Центром

ЧАСТЬ 5
ПОВОЛЖСКИЙ РЕГИОН РОССИИ

Приволжского федерального округа является Нижний Новгород, однако этот город не является единственным крупнейшим центром (как, скажем, Екатеринбург на Урале или Ростов-на-Дону на Юге); аналогичное значение имеют и Самара, и Казань, и Волгоград, каждый из которых претендует на неофициальное звание «столицы Поволжья».

Поволжье – один из наименее определенных по территории регионов России. Многие его территории часто относят к другим регионам. Так, например, на севере Поволжья Кировская область занимает пограничное положение, имея тесные исторические и экономические связи и с Центральным, и с Северо-Западным регионами. Пермский край и Оренбургская область входят в Приволжский федеральный округ, но,

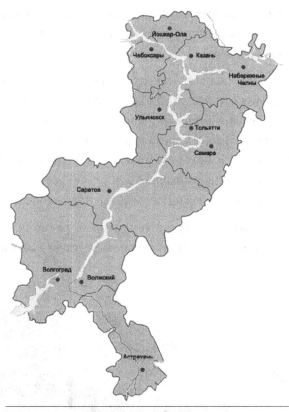

Расположение крупнейших городов Поволжья

вместе с этим, входят в Уральский экономический район. Республики Башкирия и Удмуртия также занимают пограничное положение между Поволжьем и западной частью Урала: в культурном отношении эти национальные республики больше относятся к Поволжью, однако экономически они более тесно связаны с Уралом. Пермский край, Оренбургская область, республики Башкирия и Удмуртия будут рассматриваться в нашем учебнике в главе «Уральский регион». И, наконец, Астраханская область и Республика Калмыкия, включенные в Южный федеральный округ также имеют двойственное положение и могут рассматриваться как в составе Юга России, так и как южные территории Поволжья.

С точки зрения экономики, Поволжье также неоднородно. Традиционно его делят на Волго-Вятский экономический

Татары – один из многих народов Поволжья

117

район (северная и западная части региона), который тесно связан с Центральным и Северо-Западным регионами России и на Поволжский экономический район (южная и восточная части региона).

Численность населения Поволжья – около 20 млн. человек, большинство – жители городов (от 70% до 80%). В связи с тем, что в регион входят национальные республики Поволжья – Татарстан, Марий Эл, Мордовия и Чувашия – в регионе кроме русских живут татары, чуваши, мордва и марийцы (вместе они составляют более 20% населения региона). Крупнейшими городами являются Нижний Новгород, Волгоград, Казань и Самара – их население превышает 1 млн. человек, затем следуют Саратов, Астрахань, Тольятти, Ульяновск, Пенза и Набережные Челны (более 500 тысяч человек).

Высоких гор на территории региона нет. Климат в большей части региона – такой же, как в Центральном регионе России. На севере региона – смешанные леса, на юге – степи (Саратовская и Волгоградская области) и полупустыни (Астраханская область и Республика Калмыкия). Географической и экономической осью региона является река Волга – самая большая река в Европе, большое значение имеют и её притоки – Кама (крупнейший), Сура, Свияга – на Средней Волге, Самара, Большой Иргиз, Ахтуба – на Нижней Волге. Важность Волги отражается и в самоназвании жителей Поволжья – они о себе говорят «Мы – волжане» или «Мы живём на Волге».

Волга – край живописных пейзажей

1.2. История экономического освоения Поволжья

Великая русская река Волга была известна даже древним грекам. Русские княжества ещё в XIII веке проявляли интерес к Верхнему Поволжью; в 1221 году на месте слияния рек Волга и Ока был основан город Новгород (сейчас Нижний Новгород). Но большая часть территории региона – Среднее и Нижнее Поволжье оставались для русских недоступными. На территории Среднего Поволжья ещё в средние века существовали крупные древние государства – Хазарский каганат (до X века) и Волжская Булгария (с X до XIV века). Эта территория затем входила в состав татаро-монгольской империи – Золотой Орды, а потом разделилась на несколько небольших государств, из которых особенно нужно отметить Казанское и Астраханское ханства. Эти государства были захвачены Русским царством и присоединены к территории России в 1552 и 1556 годах соответственно (эти события считаются великими достижениями Ивана Грозного). Так началось активное заселение и экономическое освоение этого региона русскими.

В середине XVI века местное население формировали волжские казаки – крестьяне из центральной России, которые бежали на Волгу в поисках лучшей жизни. Казаки больших городов не строили, однако они принесли в регион традиционно русские методы ведения хозяйства. Развитие волжского казачества закончилось гораздо раньше, чем на юге России.

Чтобы укрепить положение русских на Волге, в конце XVI века в регионе массово начали строить крепости. Так появились города Самара (1586 г.), Царицын (сейчас Волгоград, 1589 год), Саратов (1590 год). Все эти города сначала выполняли функцию обороны границ от народов южных степей (калмыков). Позже появились Симбирск (сейчас Ульяновск, 1648 год), Сызрань (1683 год). Военное значение этих пунктов резко упало в XVII веке, когда граница

Взятие Казани Иваном Грозным (1552 г.)

Московского государства сдвинулась к востоку на Урал, одновременно стало расти их экономическое значение. Самара и Астрахань стали крупнейшими торговыми центрами, поскольку находились на перекрестке торговых путей между Уралом и Средней Азией. В XVII-XVIII веках власти России в Москве активно раздавали богатые волжские земли помещикам и Русской православной церкви, к концу XVII века свободной земли в западной части Среднего Поволжья уже не осталось, поэтому крестьяне, мечтавшие о свободной жизни, стали уходить дальше на запад – на Урал и в Западную Сибирь. В середине XVIII века территория Поволжья стала осваиваться переселенцами из Западной Европы. Так сложилась особая национальная группа – немцы Поволжья. Местное население – татары, чуваши, мордва – не мешали освоению региона. Калмыки отходили на юг, в степи, башкиры – на восток.

К концу XVIII в. были освоены уже почти все части Поволжья за исключением крайних южных и юго-восточных районов. Степи к югу и юго-востоку от Волги Россия долгое время присоединить к себе не могла: Нижнее Поволжье осваивалось намного медленнее, чем Среднее Поволжье. Постоянное русское население региона составляло более 100 тысяч человек. Пестрым был национальный состав: 44% русских, 46% народов Поволжья (татары, чуваши, мордва), 8% калмыков.

После отмены крепостного права на Волгу устремились огромные волны освободившихся крестьян, что стимулировало бурный экономический рост региона. Во второй половине XIX в. сформировались крупные приволжские экономические узлы,

Крупные порты Поволжья привлекали множество бедных крестьян со всей России (фотография Самары XIX века)

которые выполняли торговые и транспортные функции, а затем стали важными промышленными центрами. Города Поволжья при этом экономически развивались примерно одинаковыми темпами, главными центрами региона стали Казань, Самара, Саратов и Царицын, менее крупными центрами – Астрахань, Пенза, Симбирск, Ставрополь, Набережные Челны. К началу XX века Поволжье становится крупнейшим районом производства зерна и муки. Рост торговли и промышленности был связан со строительством железных дорог и развитием волжского речного транспорта, превращением Самары в крупный транспортный узел. Развивалась местная промышленность – пищевая, текстильная, деревообрабатывающая. Сама Волга выполняет функцию «главной улицы России», по которой идут потоки разнообразных грузов: зерна, леса, нефти и т. д.

В советский период экономика Поволжья переживает настоящую революцию: регион из сельскохозяйственного превращается в промышленный. Особенно этот процесс усилился в военные годы, когда в Поволжье были перемещены крупные военные заводы европейской части России. Крупнейшие волжские города — Самара, Казань, Волгоград, Саратов и Ульяновск —становятся важнейшими центрами оборонной промышленности страны. С 1950-х годов в регионе быстро развивалась нефтяная промышленность и нефтехимия. На Волге и Каме построили крупнейшие по тем временам ГЭС: Волгоградскую, Саратовскую, Куйбышевскую (Самарскую), Нижнекамскую. В регионе были созданы крупные промышленные предприятия,

Грузовые автомобили КамАЗ – гордость советской промышленности

наиболее известными из которых являются автомобилестроительные заводы в городах Нижний Новгород (Горьковский автомобильный завод – ГАЗ), Тольятти (Волжский автомобильный завод - ВАЗ) и Набережные Челны (Камский автомобильный завод – КамАЗ).

Экономический кризис постсоветской эпохи Поволжье перенесло с меньшими

потрясениями по сравнению с восточными регионами страны; в современной России Поволжье остается важным сельскохозяйственным и промышленным центром, хотя и уступает по макроэкономическим показателям Центральному региону.

1.3. Минеральные ресурсы Поволжья

Регион богат полезными ископаемыми. Здесь добывают нефть, газ, серу, поваренную соль, сырье для производства строительных материалов.

На территории региона находится западная часть Волго-Уральской нефтяной базы. Нефть в Поволжье была открыта еще в 1930-е годы, но начала разрабатываться только после Великой Отечественной войны. До открытия и освоения нефтяных месторождений в Западной Сибири Поволжью принадлежало первое место в стране по запасам и добыче нефти.

В открытии и освоении нефтяных богатств Поволжья большая роль принадлежит геологии. Выдающийся советский учёный-геолог, академик И.М. Губкин первым предположил, что на востоке Поволжья (и на западе Урала) должна быть нефть. В настоящее время нефть добывают почти по всему Поволжью, на более чем 150 месторождениях. Наиболее богатые из них в Среднем Поволжье — в Республике Татарстан (Ромашкинское, Ново-Елховское, Шугаровское и Бавлинское месторождения) и в левобережной части Самарской области (например, близ города Нефтегорска). Месторождения нефти есть в Саратовской и Волгоградской областях. В регионе нефть и газ сосредоточены в крупных месторождениях, но на большой глубине (до 5 километров). Большая часть нефти содержит различные примеси, поэтому

Монумент в честь 60-летия начала добычи нефти в Татарстане

ее после добычи нужно очищать, чтобы удалить из нее серу и парафин (эти вещества сами становятся ценными экономическими продуктами).

Запасы нефти в Поволжье до недавнего времени обеспечивали сырьем промышленность не толь-ко Поволжья, но и других регионов России. Из Поволжского региона в Европу проложен нефтепровод «Дружба». Однако в последние годы местные запасы нефти истощаются, а в Западной Сибири добыча нефти, напротив, развивается, поэтому значение поволжской нефти несколько снижается.

Центром нефтяных запасов региона является Республика Татарстан, там открываются и новые месторождения. Новые месторождения открываются и на юге региона – в Волгоградской области. Известны крупные месторождения нефти и газа в Калмыкии. Новые месторождения позволяют сохранять значимость региона как источника нефтяных богатств России, однако во всех этих месторождениях добыча нефти будет очень дорогой.

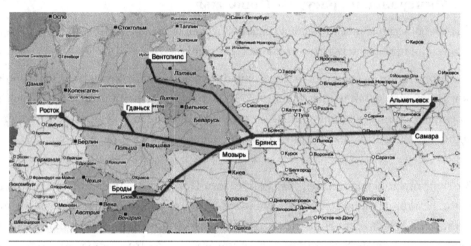

Схема знаменитого нефтепровода «Дружба»: из Поволжья нефть по нему идет в Восточную Европу

Природный газ был открыт в 1930-е годы на территории Саратовской и Волгоградской областей, где было освоено более 80 газовых и газонефтяных месторождений. В 1976 г. было открыто крупнейшее в европейской части России Астраханское газоконденсатное месторождение (содержит 420 млн. тонн газоконденсата, 6% мировых запасов). К сожалению, астраханский газ содержит много других веществ (свыше 40%), что не позволяет вести его активную добычу.

Другие топливные ресурсы региона незначительны. Запасы горючих сланцев велики в Самарской и Саратовской областях, но добывать их невыгодно. В Татарстане есть бурые угли, но пока их не разрабатывают.

Регион располагает большими запасами химического сырья. В Самарской области имеется сера. В Волгоградской и Астраханской областях в озерах Эльтон и Баскунчак — запасы поваренной соли с различными ценными компонентами. Эти виды ресурсов являются основой развития хлорной, содовой, а также других отраслей химической промышленности.

Богат регион минеральными строительными материалами. Особенно велики запасы песка для производства стекла и сырья для производства цемента. Например, особый вид глины – мергель, – из которой производят цемент, в большом количестве добывается около города Вольск Саратовской области (30% добычи по России). Эту глину используют только для производства самых лучших видов цемента. Мел и глины добываются в Саратовской области (город Хвалынск) и в Самарской области – около городов Сызрань и Жигулевск.

ЧАСТЬ 5
ПОВОЛЖСКИЙ РЕГИОН РОССИИ

1.4. Основные отрасли экономики Поволжья

Отраслевая структура экономики Поволжья тесно связана с географическим положением региона. Основными отраслями являются нефтяная и химическая промышленность (16% от общего объема промышленного производства; Поволжье занимает ведущее место в России по производству синтетических материалов и пластмасс), машиностроение (31% от общего объема производства, электроэнергетика (13,4%), пищевая промышленность (более 10%), а также производство строительных материалов. Основу сельского хозяйства составляет выращивание речной рыбы, производство зерновых и овощных культур, а также производство шерсти и мяса.

В отличие от машиностроения Урала, эта отрасль в Поволжье не требует большого количества металла. Это производство автомобилей, тракторов, приборов, моторов, станков и прочих машин как для промышленности и сельского хозяйства, так и для бытового пользования. Металл для поволжских заводов поставляется с соседнего Урала.

Поволжье - крупнейший в стране производитель автомобилей. В регионе изготавливается 71% легковых и 17% грузовых автомобилей России. Крупный автомобильный комплекс КамАЗ (Камский автозавод) с 1976 года производит знаменитые грузовые автомобили. Сейчас КамАЗ выпускает еще и автобусы, миниэлектростанции, а также сельскохозяйственные машины – тракторы и комбайны. Основное производство КамАЗа находится в городе Набережные Челны Республики Татарстан. КамАЗ в 2010 году занимал 9-е место в мире среди производителей грузовых автомобилей, 8-е место – по производству дизельных двигателей. Современный КамАЗ – это огромная корпорация, в которую входит 104 компании, в том числе 5 заводов за границей – в Казахстане, Вьетнаме, Азербайджане, Иране и Пакистане. Корпорация поддерживает связи с более чем 600 предприятиями России и мира. Грузовики и двигатели КамАЗа продаются в 43 странах мира (особенно активно – на Ближнем Востоке и в Африке).

Вторым крупным центром автомобилестроения является Тольятти, где размещается основное производство компании АВТОВАЗ. Заводы компании выпускают легковые автомобили; на производстве работает более 60 тысяч человек. В советские времена заводы Тольятти выпускали самую популярную в стране модель автомобиля – «Жигули», ставшую своеобразным символом эпохи (до сих пор около 57% всех автомобилей России – это автомобили из Тольятти). Автомобили продавались и за рубеж под торговой маркой Lada. Сейчас компания АВТОВАЗ управляется иностранными компаниями Renault и Nissan и выпускает автомобили Lada Kalina (более 200 тысяч в год) – самые

Современная продукция АВТОВАЗа – автомобиль «Лада» и Владимир Путин

известные современные автомобили российского производства.

Еще один крупный центр автомобильного производства – Нижний Новгород, где раньше располагался знаменитый Горьковский автозавод (ГАЗ), производивший автомобили марки «Волга» – самые роскошные машины советской эпохи. Основное производство ГАЗ сейчас – это микроавтобус «Газель», символ маршрутного такси современной России.

Важными центрами машиностроения также являются: Самара (производство станков и сельскохозяйственного оборудования), Саратов (производство станков и промышленного оборудования для нефтяной и газовой отрасли), Волгоград (производство тракторов и судостроение), Казань и Пенза (точное машиностроение), а также город Энгельс Саратовской области.

В Поволжье сосредоточена значительная часть авиационной промышленности страны. В регионе есть все возможности для производства новых гражданских и военных самолётов и даже космических летательных аппаратов. Кроме того, работают соответствующие научные центры и вузы.

В городе Энгельс производят 90% всех российских троллейбусов

Огромные надежды в развитии транспортной авиации возлагаются на полностью российский военно-транспортный самолет – Ил-76МД-90А, который собирается в Ульяновске на заводе «Авиастар-СП» (в составе Объединенной авиастроительной корпорации) - одном из крупнейших авиационных заводов в Европе. Там же выпускают пассажирские самолеты Ту-204, а также гордость российской авиации – самые большие в мире грузовые самолёты Ан-124 «Руслан». Ульяновскую область часто называют «авиационной столицей России» (звание официально присвоено области с 2011 года). Кроме сборки самолетов, здесь производят авиационные приборы, в том числе для самолётов и вертолётов президента и правительства РФ, для крупнейших российских и зарубежных авиакомпаний.

В Самаре действует авиастроительный завод «Авиакор», а также ряд предприятий по производству двигателей, запасных частей и приборов для самолётов. В Самаре производят, ремонтируют и обслуживают военные транспортные самолёты Ан-100 и пассажирские самолёты Ту-154М. Кроме того, в Самаре сосредоточены крупнейшие предприятия космической промышленности. В Нижнем Новгороде работает авиастроительный завод «Сокол» (также в составе Объединенной авиастроительной корпорации). Здесь ремонтируют современные военные самолёты МиГ-31 и МиГ29, а также производят самолёты МиГ-29 на экспорт. В Казани на «Казанском авиационном производственном объединении им. С.П. Горбунова» строят и ремонтируют самолёты серии Ту, в том числе военные самолёты Ту-160. «Казанский вертолётный завод» - мировой лидер по производству средних вертолётов, которые используются в более чем 80 странах мира. Здесь собирают вертолёты МИ-8 и МИ-17, а также лёгкие вертолёты.

Запасы нефти в Поволжском регионе до недавнего времени обеспечивали нефтью промышленность не только Поволжья, но и других регионов России. В настоящее время нефть Поволжья используется в химической промышленности. Нефтеперерабатывающие заводы находятся в Самарской, Саратовской,

Нижегородский завод «Сокол» имеет богатую историю и известен по всей России

Волгоградской областях. Центрами нефтехимии являются новые города Волжский (Волгоградская область), Новокуйбышевск (Самарская область) и Нижнекамск (Татарстан). Нижнекамский нефтехимический комбинат - крупнейший в России производитель каучука, полиэтилена и автомобильных покрышек. Синтетические материалы на основе нефти производятся и в Тольятти, и в Волжском. В городах Волжский и Балаково есть заводы по производству удобрений. Крупным центром химической промышленности является город Казань.

Огромное значение имеет электроэнергетика региона, которая поставляется и в другие части России - например, на Урал и в Центральный регион. В регионе действуют крупные ГЭС: Самарская, Волгоградская, Саратовская и Нижнекамская. В совокупности все ГЭС Поволжья могут вырабатывать более 30 млрд. кВт-часов в год, это в 1,5 раза меньше гидроэнергетического потенциала Волги и ее притоков. В регионе действуют и крупные тепловые электростанции, в том числе крупнейшая ГРЭС в Республике Татарстан, которая работает на газе. В регионе действуют две атомные электростанции - Балаковская и Димитровградская.

Благоприятные природные и климатические условия позволяют Поволжью развиваться как региону с эффективным и современным сельским хозяйством. Поволжские фермеры занимают одно из ведущих мест в стране по производству пшеницы - важнейшей зерновой культуры для России. В Астраханской области выращивают рис. Поволжье занимает первое место в России по производству горчицы.

На сельскохозяйственной выставке в Самаре

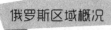

Нижняя Волга окружена плодородными почвами, климат в этой части региона теплый и влажный, что позволяет производить культуры, недоступные для других регионов России: рис, тыквы, арбузы, томаты.

В Поволжье развито и животноводство - разведение крупного рогатого скота, свиней и овец. Важным центром рыбной промышленности является город Астрахань.

1.5. Транспортные системы Поволжья

Поволжье отличается развитой современной транспортной сетью. Этот регион гораздо лучше обеспечен транспортными возможностями, чем все регионы, лежащие к востоку от него.

Первое место по перевозкам грузов принадлежит железнодорожному транспорту. По региону железные дороги протянулись почти на 9 тысяч километров. Важнейшие из них: Москва — Казань — Екатеринбург; Москва — Сызрань — Самара — Челябинск; Ртищево — Саратов — Уральск (связывает Нижнее Поволжье с Центральной Россией, Уралом и Казахстаном); Инза — Ульяновск — Димитровград — Уфа и другие. Многие железнодорожные магистрали были построены в этом регионе в годы Великой Отечественной войны. В это время была построена и меридиональная магистраль параллельно Волге: Свияжск – Ульяновск – Сызрань – Иловля (дорога имеет выходы на

Здание железнодорожного вокзала в Казани

Казань и Волгоград). Эта магистраль используется для перевозки грузов зимой, когда транспортное использование Волги невозможно. Большое значение имеют и магистрали Кизляр – Астрахань, Астрахань - Гурьев и Бугульма – Пронино – Сургут (эта магистраль проходит через все основные нефтяные центры России).

Интересно, что первая в России высокоскоростная железная дорога должна соединить столицу и Поволжье: в строительстве дороги «Москва – Казань» будет участвовать государственная корпорация КНР «Китайские железные дороги». Этот проект очень поможет развитию Поволжья, но первые поезда пойдут не раньше 2021 года.

Пассажирский теплоход на Волге

Важным транспортным коридором является и Волга: с притоками, водохранилищами и системой каналов она охватывает 22 региона России. По Волге перевозят до 30% грузов региона, в том числе, нефть, зерно, лес, уголь, соль, строительные материалы, автомобили и тракторы, овощи, удобрение и другие грузы. Волга связывает Центральную Россию, Поволжье и Урал. Огромное значение для транспортного использования Волги играют каналы: через Волго-Донской канал Поволжье соединяется с Югом России – Кавказом и Чёрным морем; через Волго-Балтийский водный путь Поволжье связывается с Северо-Западом России. Волга несколько раз пересекается железнодорожными магистралями, что позволяет развивать смешанные транспортные перевозки. Большое значение для водного транспорта играет и река Кама. Крупнейшими речными портами являются Астрахань, Волгоград, Самара, Казань и другие.

В Поволжье проходят крупнейшие нефтепроводы, идущие из Западной Сибири, и нефтепроводы, проложенные из Поволжья в европейскую часть Российской Федерации и в Западную Европу (известный нефтепровод «Дружба», нефтепровод Самара – Новороссийск, нефтепроводы на Москву и на Рязань, проходящие через Нижний Новгород; газопроводы Саратов – Москва и Саратов – Нижний Новгород). Территорию Саратовской области пересекает сверхдальний мощный газопровод «Центральная Азия – Центр».

Автомобильный транспорт играет большую роль в транспортных связях внутри региона. Всего в регионе около 24 тысяч км. автомобильных дорог. Большое значение имеют федеральные автомобильные трассы Москва – Пенза – Сызрань – Самара – Уфа (соединяет Москву, Поволжье и Урал), Москва – Тамбов – Волгоград – Астрахань (соединяет Москву с южной частью Поволжья), Волгоград – Морозовская – Лихая – граница Украины, Самара – граница с Казахстаном, Пенза – Тамбов – Астрахань – Элиста -

Ставрополь и другие.

Территорию Поволжья пересекают авиалинии, идущие из Москвы на Урал, в Сибирь, на Дальний Восток и за рубежи России - в Иран, Индию и другие страны. Крупнейшими аэропортами региона являются Самара, Казань и Волгоград.

Астраханская область на берегу Каспийского моря – важный портовый и торговый центр юго-востока России. Отсюда проходит кратчайший путь от России до Ближнего Востока и Индии (через Каспийское море). В 1998 году в 100 км. южнее Астрахани начал работать новый морской порт Оля. Этот порт должен принимать более 5 млн. тонн различных грузов, в том числе контейнерных и автомобильных. Порт Оля открыт для международных морских маршрутов. Через

Грузовые суда в порту Оля

него проходят грузы в Иран, Казахстан, Туркменистан и Индию. Большое значение порт имеет как центр хранения и перевозки каспийской нефти.

Транзитный потенциал Каспийского региона является одним из наиболее привлекательных в мировой системе транспортных коридоров. Еще в конце XX века было принято решение о развитии крупного транспортного коридора Москва – Волгоград – Астрахань; данный коридор должен иметь важное международное значение для транзита грузов из стран Азии в Европу через Каспийское море.

Транспортные системы южной части Поволжья имеют огромные перспективы в плане развития транспортного коридора «Север – Юг» - у границы с Казахстаном эти системы соединяются с международной транспортной артерией, которая проходит по восточному берегу Каспийского моря. По данному коридору грузы из Европы могут перемещаться в Казахстан, Туркменистан, Иран и далее на юг, например, в Индию. По разным оценкам, грузопоток по МТК «Север-Юг» оценивается от 25 до 40 млн. т в год. Таким образом, транспорт юга Поволжья станет важной частью огромного сухопутного моста от Балтики до Индии.

1.6. Река Волга как уникальный ресурсный комплекс Поволжья

Слово «Волга» известно почти каждому, кто хотя бы немного знаком с географией. Волга – это не просто река и даже не просто большая река. Волга – это символ России,

ЧАСТЬ 5
ПОВОЛЖСКИЙ РЕГИОН РОССИИ

экономическая ось европейской части России, водный путь, связанный с пятью морями Европы, уникальный комплекс культурных, транспортных, энергетических, водных, биологических и туристических ресурсов. Её значение для региона сравнивают со значением позвоночника для человека. Волгу романтически называют «ожерельем народов России». По берегам ее издавна живут, кроме русских, марийцы и чуваши, татары и калмыки, и множество других народов. Все они вот уже много веков - жители единого Российского государства. «Каждая страна имеет свою национальную реку. Россия имеет Волгу — самую большую реку в Европе, царицу наших рек», - писал о Волге великий французский писатель Александр Дюма.

О Волге хорошо известен ряд отдельно взятых фактов. Например, всем известно, что это самая длинная река в Европе. Всем известно, что Волга впадает в Каспийское море. В русском языке это предложение является часто используемым примером известного каждому человеку факта. Более подробная географическая характеристика Волги известна не так широко. Река берет начало в Тверской области, протекает по территории 15 субъектов федерации с северо-запада на юго-восток, у города Казань делает поворот на юг, у Волгограда – еще один поворот – на юго-запад, впадает в Каспийское море, распадаясь на множество маленьких рек, в 60 километрах от города Астрахань. Волга соединена с Балтийским морем Волго-Балтийским водным

География Волги

путём, а через Беломорско-Балтийский канал – и с Белым морем. С Чёрным и Азовским морями река Волга соединена через Волго-Донской канал. Речная система Волги включает 151 тысячу водоёмов – это реки, речки, ручьи, временные водоёмы. Сама река принимает 200 притоков, наполняет несколько водохранилищ, в том числе, такие огромные как Рыбинское (площадь 4580 кв.км.), Самарское (площадь 6500 кв.км.), Чебоксарское (2190 кв.км.) и Волгоградское (3117 кв.км.).

Волгу делят на три части: верхняя часть Волги — от истока до места впадения в неё Оки, средняя часть Волги - от впадения Оки (в городе Нижний Новгород) до впадения в Волгу реки Кама (г. Нижнекамск) и нижняя часть Волги - от впадения реки Камы до

Картина И.Е. Репина «Бурлаки на Волге»

Каспийского моря. Волга - типично равнинная река. От истока до устья она спускается всего на 256 метров. Это очень мало по сравнению с другими величайшими реками мира, что дает очень большие удобства для судоходства. Недаром Волгу называют «главной улицей России»: на реке расположены 1450 пристаней и портов.

Волге посвящают поэмы и повести, фильмы и песни. Она присутствует в фольклоре, сказаниях и сказках. Со словом «Волга» связаны целые страницы истории русского народа. Волга всегда была жемчужиной России, источником уникальных ресурсов, однако не всегда она имела такое огромное экономическое значение, как сейчас. Уже к VIII веку река приобрела значение как торговый путь между Востоком и Западом. Из Средней Азии по ней вывозились ткани, металлы, из Руси – меха и мёд. В старые времена на Волгу уходили крестьяне, искавшие свободы, некоторые из них пополняли ряды знаменитых волжских разбойников. Во времена Степана Разина и Емельяна Пугачёва Волга становилась местом пожара крестьянских войн. Рекой народного горя показал великую реку в своем шедевре «Бурлаки на Волге» Илья Репин. Русский поэт Николай Некрасов, посвятивший Волге прекрасные стихи, называл ее «рекой рабства и тоски». В годы Гражданской войны Волга стала местом боевых действий – здесь армии Колчака наступали на Москву, здесь покрыл свое имя вечной славой народный герой Василий Чапаев. Центральным местом событий Гражданской войны стал Волгоград (тогда он назывался Царицын). Для обороны Царицына Ленин предложил создать на Волге первую военную речную флотилию – в нее вошли корабли Балтийского флота. После Гражданской войны советские учёные решили дать великой реке вторую жизнь, они начали разработку экономического возрождения «Большая Волга». По проекту Волга должна была превратиться в широкую водную магистраль, соединиться с северными и южными морями, стать мощной фабрикой электрической энергии. Были построены каналы, плотины, гидроэлектростанции. Волга наполнилась водой, стала важным транспортным коридором с глубиной не менее 3,5 метров.

Картина М.Б. Грекова «Оборона Царицына»

В годы Великой Отечественной войны на Нижней Волге решалась судьба России.

ЧАСТЬ 5
ПОВОЛЖСКИЙ РЕГИОН РОССИИ

Волгоград (тогда он назывался Сталинград) снова стал важнейшим местом событий; его оборону называли «Битвой за Волгу», которая длилась более шести месяцев и перевернула ход событий всей войны. После войны экономическое развитие Волги вышло на новый уровень. Волга не имеет выходов в Мировой океан – эта проблема волновала многих правителей русского государства, о создании канала между Волгой и Доном (то есть, о соединении Волги с Чёрным морем) задумывались и Иван Грозный, и Пётр Первый, но осуществить этот план удалось только после Великой Отечественной войны – в 1952 году. Длина канала – около 101 километра. Водный путь к Балтийскому морю от Волги существовал еще в XIX веке, но в 1964 году он был серьезно улучшен, теперь по нему могли двигаться и большие суда. В 1930-х годах на Волге начали добывать электроэнергию. Из-за этого сейчас Волга больше похожа на цепочку больших озёр. В советские годы был создан знаменитый Волжский каскад – серия из девяти крупных гидроэлектростанций по всей длине великой реки. Сегодня этот

Одна из ГЭС Волжского каскада

каскад - один из крупнейших в мире, он дает 20% гидроэлектроэнергии в России.

Река является источником водоснабжения городов, сёл и крупнейших объектов промышленности и сельского хозяйства региона. Бассейн Волги питает водой до 45% всей промышленности России и более 50% всех объектов сельского хозяйства России. Питают Волгу преимущественно воды от таяния снега и лишь 10% приносят дожди (преимущественно в летний период), за год по Волге стекает огромное количество воды — около 250 кубических километров. Водные запасы Поволжья примерно в 10-15 раз превышают уровень потребления воды для местной экономики.

Транспортными и энергетическими ресурсами экономическое значение Волги совсем не ограничивается. Верхняя Волга используется для транспортировки леса. На реке добывается более 20% всей рыбы для пищевой промышленности России, активно развивается любительское и спортивное рыболовство. По своему разнообразию рыб Волга считается одной из богатейших рек России. В ее водах обитает более 70 видов рыб – от крохотных рыбок длиной в 2 сантиметра до огромных белуг размером до 4 метров; 45 видов используются в пищевой промышленности. Особенно ценные рыбные ресурсы расположены на Нижней Волге и в северной части Каспийского моря: здесь находится до 90% запасов осетра – одной из самых ценных рыб в мире, источника чёрной икры. Волга содержит большие запасы других ценных рыб – сазана, судака, жереха, воблы. Волга закрыта гидроэлектростанциями, что плохо отражается на естественном восстановлении запасов рыбы, однако по всей территории реки работает множество рыбоводных заводов. Поволжье является крупнейшим экономическим центром России по разведению рыбы. На разведении и добыче рыбы специализируется Астраханская область. Всего в дельте Волги 24 рыбоводных завода. Четыре завода области разводят осетра, еще один завод

Астраханский осетр

специализируется на разведении севрюги и белуги (крайне ценных рыб, похожих на осетра). Самыми популярными местами для рыбной ловли на Волге являются Рыбинское и Чебоксарское водохранилища и, конечно же, дельта. Из-за понижения уровня Каспийского моря за последние 130 лет растет и площадь волжской дельты, которая увеличилась за эти годы более чем в 9 раз. Сегодня дельта Волги является самой крупной в Европе (до 500 небольших рек и протоков), она славится богатыми рыбными запасами, уникальным животным и растительным миром, который находится под охраной государства. В 1919 году в дельте Волги был создан один из первых в России заповедников – Астраханский.

Используют Волгу и для путешествий и активного отдыха. Туристическая индустрия на Волге имеет очень долгую историю. Первые туристические пассажирские перевозки начались в 1853 году. Тогда по Волге пошли первые небольшие пароходы; на них даже не было отдельных кают, а большинству пассажиров приходилось совершать поездки под открытым небом. В 1854 году был открыт первый постоянный туристический маршрут по Верхней Волге «Тверь – Рыбинск – Ярославль». Индустрия речных путешествий быстро развивалась: в 1871 году на Волге появились роскошные пароходы с каютами, салонами, водопроводом и даже отоплением, к 1900 году на Волге было уже более 140 пассажирских судов. Тогда же был издан первый туристический путеводитель – на русском, французском и немецком языках, потому что поездки по Волге пользовались популярностью и у иностранцев. В 1913 году пассажирские линии дошли и до Нижней Волги.

Бурное развитие туризма на Волге возродилось в конце 1950-х годов. Туристических маршрутов тогда было еще не очень много, круизы по реке занимали около 20 дней, главным образом, по маршрутам «Москва – Астрахань» и «Москва – Ростов-на-Дону

ЧАСТЬ 5
ПОВОЛЖСКИЙ РЕГИОН РОССИИ

– Москва». В 1960-е годы появился уникальный маршрут «Московская кругосветка»: теплоход шёл из Москвы в Горький (сейчас – Нижний Новгород) по Оке, а обратно шёл по Волге через Тверь. В 1970-е годы количество маршрутов быстро росло, появились скоростные суда, которые работали на коротких маршрутах, путешествие занимало всего 3-6 дней. В 1990-е годы экономический кризис привёл к упадку и туризма на Волге. Сейчас этот вид отдыха постепенно возрождается (число туристов вырастает примерно на 25-30% в год), однако развитию мешает устаревшая инфраструктура. По Волге до сих пор ходят теплоходы, построенные еще в 1980-е годы. Популярной остаётся «Московская кругосветка»: сейчас она занимает 9-11 дней, туристы посещают множество красивых старинных городов - Рязань, Касимов, Муром, Кинешму, Кострому, Ярославль, Углич и Мышкин. В 2008 г. по Волге ходило 28 круизных теплоходов. Из одной только Москвы теплоходы ходят более чем по 20 различным маршрутам.

Волга щедро раздает свои ресурсы, но возобновлять их становится ей все труднее. Из-за воздействия промышленных предприятий и большого расхода воды река становится мельче, в ней становится меньше рыбы. В бассейн Волги сбрасывается более 38% всех грязных вод промышленных объектов России. По данным экспертов, нагрузка на водные ресурсы Волги в восемь раз выше, чем нагрузка на водные ресурсы в среднем по России.

С 2006 года с помощью ЮНЕСКО и компании Coca-Cola осуществляется экологическая просветительская программа «Живая Волга». В рамках программы населению семи крупнейших городов на реке объясняют, что ресурсы Волги необходимо беречь. Благодаря программе появился новый экологический праздник – День Волги (20 мая). Это региональный фестиваль, который отмечает важную роль Волги в снабжении людей водой, едой, энергией, местами отдыха и жизни. Впервые День Волги прошел в 2008 году в Нижнем Новгороде. Затем география праздника расширилась: в 2012 году День Волги отметили в Астрахани, Волгограде, Казани, Нижнем

Схема туристического маршрута по Верхней Волге и Оке «Московская кругосветка»

Новгороде, Самаре, Саратове, Ярославле и других городах. Празднование включает в себя развлекательные мероприятия, уборку берегов реки и научные конференции, в которых за пять лет приняло участие более 300 учёных.

Глава 2. Экономическое сотрудничество Поволжья со странами ШОС

伏尔加河沿岸地区与上合组织成员国的经济合作

　　虽然俄罗斯伏尔加河沿岸地区距离中国东部各省很远，但双方仍然积极发展经贸关系，并开展中欧统一交通走廊的建设工作。2013年"伏尔加河—长江"双向经济论坛启动，期间，俄罗斯伏尔加河沿岸地区与四川、安徽、湖南、江西、湖北各省在高科技、工业生产、农业各领域的合作项目上签署了战略协议。鞑靼斯坦共和国积极开展与中国的合作，在共和国内生产海尔公司产品，并与中国铁路高速公司共同建设"莫斯科—喀山"高速铁路干线。中国大型汽车制造商东风集团和北汽集团已经在西伯利亚进行汽车装配生产，并在乌里扬诺夫斯克和萨拉托夫州旧工业基地企业开设了新的工厂。

　　乌里扬诺夫斯克作为弗拉基米尔•伊里奇•列宁的故乡吸引了大批参加红色旅游项目的中国游客。列宁纪念馆还是中国毛泽东故居的官方合作伙伴。

　　伏尔加河流域中下游在地理上临近于哈萨克斯坦，且伏尔加河最终汇入里海，这为该区域同中亚各国开展合作提供了条件。乌兹别克斯坦和吉尔吉斯斯坦的农业区需要从伏尔加河流域的企业购买农耕设备。鞑靼斯坦和来自哈萨克斯坦的合作伙伴建立了复合型经济合作关系，在鞑靼斯坦境内有超过30家合作型企业，其中有卡玛斯汽车供应商，也有企业为哈萨克斯坦的农业和交通体系提供轻型航空设备。阿斯特拉罕州与哈萨克斯坦合作进行里海沿岸的基础设施建设，在欧亚经济联盟框架内，扩大俄哈在高技术机械制造和石油化工领域的合作。

2.1. Экономическое сотрудничество с КНР

Сотрудничество с КНР в Поволжье, несмотря на некоторую географическую удаленность от Азии, является важным направлением развития международных торгово-экономических связей региона. Поволжье сыграет не последнюю роль в расширении мощных транспортных коридоров из Европы в Китай.

Важнейшей платформой укрепления регионального сотрудничества является международный экономический форум «Волга – Янцзы». Эта площадка была создана по инициативе премьера Госсовета КНР Ли Кэцяна. В апреле 2012 года он посетил Поволжье и высоко оценил местные результаты экономического развития. Ли Кэцян призвал усилить сотрудничество не только на государственном, но и на региональном уровне. В 2013 году первая встреча в формате «Волга – Янцзы» прошла в городе Ухань, а в 2014 году в городе Чунцин была сформирована совместная рабочая группа по реализации совместных инвестиционных проектов и проектов гуманитарного сотрудничества (в сфере науки, образования, туризма и молодежной политики). Данную работу курировали Всекитайский комитет НПКСК, член Госсовета КНР Ян Цзечи, а с российской стороны - полномочный представитель президента РФ в Приволжском федеральном округе Михаил Бабич.

В 2014 году с участием Ян Цзечи в Самаре в формате «Волга - Янцзы» прошла встреча руководителей субъектов федерации Поволжья

Работает экономический форум «Волга – Янцзы»

и ряда регионов КНР, которые были представлены городом Чунцином, провинциями Сычуань, Аньхой, Хунань, Цзянси и Хубэй. Основными результатами форума являются несколько десятков совместных инвестиционных проектов, в частности, строительство технопарков и сельскохозяйственных комплексов (такой комплекс в Республике Чувашия создается совместно с сычуаньской корпорацией «Силинь»), строительство заводов по производству строительных материалов (аньхойские партнёры имеют планы строительства таких заводов в Ульяновской области и Республике Марий Эл), проекты в сферах машиностроения, судостроения и автомобилестроения, совместная работа в лесной промышленности и фармацевтике, разработка высоких технологий.Представители провинций Хубэй и Аньхой стремятся к развитию сельскохозяйственного сотрудничества: они помогают строить в России современные животноводческие комплексы и комплексы сахарной промышленности в Саратовской области и Чувашии. Китайские регионы также приглашают к сотрудничеству и российских инвесторов; речь идёт, как правило, о высокотехнологичных проектах в сферах машиностроения, производства новых материалов и других.

Корпорация Haier успешно сотрудничает с Республикой Татарстан

Многие субъекты Поволжья реализуют совместные проекты с китайскими партнёрами и вне рамок формата «Волга – Янцзы». Так, Химическая инженерная компания Китая участвует в проекте строительства химического производствана территории Республики Татарстан (в этом масштабном проекте производства минеральных удобрений участвуют и японские партнёры). К инвестициям в динамично растущую экономику Татарстана проявляют интерес многие крупные китайские корпорации, например, производитель бытовой техники Haier (объем его инвестиций в строительство завода в Татарстане составил более 50 млн. долларов США). Особую актуальность сотрудничество Татарстана с Китаем приобретает в свете планов правительств России и Китая провести высокоскоростную железнодорожную магистраль между нашими странами через Казань (соответствующее соглашение на высшем уровне было подписано в 2014 году).

Аналогичные связи на уровне отдельных субъектов и компаний Поволжья существуют почти в каждой области и республике этого российского региона. Так, например, отношения стратегического сотрудничества в сфере поставок оборудования и инженерного обслуживания установлены между ООО «Атомстрой» (Нижегородская область) и Инженерной корпорацией атомной энергетики Китая.

Сотрудничество с китайскими партнёрами реализуется и в одной из основных отраслей волжской промышленности – в автомобилестроении. В Республике Татарстан компания GreatWall запустила своё автосборочное производство в особой экономической зоне «Алабуга». Китайская автомобилестроительная корпорация «Дунфэн» планирует вложить 100 млн. долларов США в строительство совместного предприятия по производству автобусов в Саратовской области. Еще один китайский автогигант – BAW – планирует создать совместное предприятие в Ульяновской области. Приволжские автопредприятия с оптимизмом рассматривают все эти проекты, поскольку они видят прекрасный опыт по организации китайского автосборочного производства в Западной Сибири – в Новосибирске и Бийске.

Усилия властей Ульяновска по привлечению китайских туристов хорошо известны в Москве и вызывают высокую оценку российских властей. Ульяновск становится одной из культурных столиц Поволжья, центром патриотического туризма для гостей из Китая. Еще в 2011 году представители Ульяновска подписали соглашение о сотрудничестве между Домом-музеем В.И. Ленина в Ульяновске и Домом-музеем Мао Цзэдуна в Китае. В 2013 году в Ульяновск с официальным визитом прибыла делегация Государственного комитета туризма КНР, а в 2014 году сотрудничество вышло на беспрецедентный уровень – в Ульяновск прибыла делегация во главе с вице-премьером Лю Яньдун, которая обсуждала с вице-премьером российского правительства Ольгой Голодец перспективы гуманитарного сотрудничества и посетила Дом-музей В.И. Ленина. Для привлечения китайских туристов и сферы патриотического туризма власти Ульяновска активно открывают новые магазины тематических сувениров советской эпохи, гостиницы и рестораны, вывели на Волгу туристический теплоход «Мао Цзэдун». В 2014 году запланировано открытие туристического авиамаршрута, который свяжет Ульяновск с Чанша через Пекин и Шанхай (с 2017 года).

Туристическое и гуманитарное сотрудничество стало прекрасным стартом для превращения Ульяновской области в главного партнёра КНР в Поволжье. На базе достигнутых успехов китайские партнёры планируют обширный круг и чисто экономических проектов в области. Мероприятия по привлечению китайских инвестиций активно проводят и другие субъекты Поволжья, например, Ярославская область. Местные власти также пытаются укреплять туристические связи с партнёрами из провинции Цзянси, запустили ряд программ по развитию индивидуального, оздоровительного, торгового и молодежного туризма.

Дом-музей В.И. Ленина в Ульяновске привлекает китайских туристов

2.2. Экономическое сотрудничество со странами Средней Азии

Российское Поволжье имеет давние и весьма тесные экономические связи со странами Средней Азии. Большую роль в этом сотрудничестве играет географическая близость к Казахстану Среднего и Нижнего Поволжья и наличие общей границы.

Наиболее успешным примером межрегионального взаимодействия с партнёрами из Средней Азии является экономическое сотрудничество между Республикой Татарстан и Республикой Казахстан. С Татарстаном и Башкортостаном Казахстан имел тесные экономические контакты еще в советскую эпоху (в большей степени это относится к Башкортостану, который находится в Уральском регионе). Однако Татарстан – более развитый в промышленном отношении регион – имеет с казахскими партнёрами более интенсивные связи. Особое значение имеют машиностроительные и авиастроительные предприятия Татарстана (например, знаменитый КамАЗ) – в их продукции Казахстан нуждается особенно сильно. Определенную роль в сближении Татарстана и Казахстана имеет и близость языков и духовной культуры, а также обширной татарской диаспоры (более 220 тысяч человек) в Казахстане.

Крупнейшие экспортёры России в Казахстан находятся в Уральском регионе, а Татарстан занимает в этом рейтинге пятое место (торговый оборот составляет более 1миллиарда долларов США). Казахстан является вторым по величине рынком для продаж автомобилей марки «КамАЗ». Кроме того, на территории Татарстана действует более 30 совместных предприятий с участием казахских партнёров. Такие предприятия есть и в Казахстане: например, «КамАЗ» открыл там своё сборочное производство грузовых автомобилей. Успешно работают совместные предприятия по строительству вертолётов и легких самолетов. Легкие самолёты для нужд сельского хозяйства особенно нужны Казахстану, поэтому собирают их на востоке страны, а пилотов обучают в Татарстане.

Активно сотрудничают с Казахстаном и другие регионы Поволжья. Саратовская область успешно реализует программы не только торгово-экономического, но и научно-технического и гуманитарного партнёрства. Только в 2013 году из Саратовской области в Казахстан объем экспорта достиг 3,5 миллиардов рублей, это продукция промышленного и транспортного машиностроения, приборостроения и химической промышленности, табачная продукция и строительное стекло. Большое значение в саратовско-казахстанской торговле имеет экспорт строительных материалов: кирпича, цемента, стекла. Резко усиливает сотрудничество с Казахстаном и Астраханская область – взаимные интересы здесь находятся в прикаспийских районах Казахстана. Большая совместная работа ведется в развитии транспортной инфраструктуры, есть планы в отраслях судостроения и приграничной торговли.

Казахстан активно продвигает экономическое сближение с российскими регионами, в том числе, в рамках Евразийского экономического союза, создаёт для российских партнёров выгодные условия сотрудничества, поэтому перспективы такого сотрудничества оцениваются весьма положительно. Особенно важно, что наиболее активно развивается сотрудничество в высокотехнологичных отраслях – машиностроении, нефтехимии, авиастроении.

Республика Чувашия расширяет экономические связи с Узбекистаном. Объем взаимного торгового оборота между ними пока невелик, но темпы его роста в последние годы превышали 100%. Узбекские сельскохозяйственные предприятия крайне заинтересованы в покупках сельхозтехники, прежде всего, тракторов. Большой интерес есть и к продукции химической промышленности и к экспорту металлов. «Волжская текстильная компания» активно закупает ткани Узбекистана. Как и в случае с другими среднеазиатскими партнёрами, экономические связи подкрепляются контактами в гуманитарной сфере.

Республика Кыргызстан планирует расширять экономическое сотрудничество с Татарстаном. Стороны обмениваются бизнес-делегациями и проводят совместные экономические форумы. Киргизские власти привлекают инвесторов из Республики Татарстан. Эти инвесторы заинтересовались текстильной промышленностью Кыргызстана (в Татарстане эта отрасль развита слабее, чем тяжелая промышленность), а также выгодными налоговыми и таможенными условиями.

Татарстан и Астраханская область укрепляют экономические связи и с Туркменистаном. Эта страна не входит в ШОС, но в последние годы интерес к сотрудничеству в бассейне Каспийского моря с соседними регионами России в ней резко возрастает. Это касается судостроительной и судоремонтной промышленности, в производстве в России оборудования для добычи нефти со дна Каспийского моря, сотрудничества в сфере рыбного хозяйства. Регулярно идёт обсуждение новых экономических планов и с Республикой Татарстан в сферах нефтехимии и машиностроения. Усилие данных связей по времени совпало с ростом интереса Туркменистана к сотрудничеству с ШОС.

ЧАСТЬ 5
ПОВОЛЖСКИЙ РЕГИОН РОССИИ

Глава 3 Научные и образовательные ресурсы Поволжья

伏尔加河沿岸地区的科技与教育资源

伏尔加河流域的一些共和国与一些州较为幸运，它们极大地发展了苏联时期为建造国防工业综合体在该地区成立的科学教育中心。得益于此，这些共和国和州成为俄罗斯创新发展模式的领头人，如萨马拉州、下诺夫哥罗德州以及鞑靼斯坦共和国在这一方面就取得了巨大的成就。萨马拉州的国防企业与科研中心联合成立的科学生产联合公司，生产运营极具成效。最著名的就是萨马拉州"进步"科学生产联合公司，该公司为俄罗斯航天火箭事业提供技术支持。在2000年代中期，萨马拉州建立了现代科技园区——它对于俄罗斯高科技企业集群是全新的，对于整个伏尔加河流域是开放的。在下诺夫哥罗德州有核能源科学生产联合公司，它与当地的科技园区"萨洛夫系统"进行合作。

这一地区科教活动的中心是喀山联邦大学，以及该区域内大城市里的七大高校，其中包括萨马拉国立航空航天大学、下诺夫哥罗德国立大学等，他们也是俄罗斯较好的几所学校之一。

Научный и образовательный потенциал Поволжья огромен. В последние годы именно этот регион России сделал наибольший шаг вперед в инновационном развитии. Свыше 12% предприятий Поволжья регулярно создают и внедряют инновации, их доля в Поволжье выше, чем в любом другом регионе России; они выпускают продукции на сумму свыше 400 млрд. рублей в год. Этот огромный успех по достоинству оценил президент РФ В.В. Путин: «Поволжье - это регион, где люди любят и умеют работать, где ставят перед собой самую высокую планку, а затем уверенно берут эту высоту». Новый этап научно-образовательного развития в регионе стал возможен на основе тех ресурсов, которые были заложены здесь в советскую эпоху, когда почти во всех областях и республиках Поволжья создавались научно-технические центры и вузы. Сейчас эти научные и образовательные центры становятся крупными современными комплексами «создания новых знаний». Лидерами инновационного развития региона являются Самарская область (входит в первую десятку регионов России по темпам инновационного развития) и Нижегородская область, но и другие субъекты федерации в Поволжье от них не отстают.

Такие большие успехи появились не на пустом месте. В 1950–1960-е годы в Поволжье стали быстро появляться и развиваться оборонные предприятия. И до сих пор многие научные центры Поволжья создают уникальные технологии для Вооруженных сил РФ. Как правило, они работают в составе НПО – научно-производственных объединений, в которые включаются и военные заводы. Примером такого объединения является НПО «Марс» (Ульяновская область) - одно из самых известных и крупных в России; оно производит современные системы управления для военной техники. «Марс» успешно сотрудничает с Ульяновским государственным техническим университетом и гражданскими заводами; эту же модель сотрудничества осваивают и другие НПО. В современных условиях многие НПО должны создавать не только военную продукцию, но и технологические продукты для мирных целей. Так, например, самарское НПО «ЦСКБ-Прогресс», которое занимается созданием современных космических аппаратов, недавно представило новую модель лёгкого самолёта для туризма или личного использования.

Имеет свою специфику и географическое расположение научных ресурсов этого региона. Многие научные центры Поволжья, в отличие от восточных регионов страны, не сосредоточены в одном или нескольких крупных городах. Многие крупные центры международного уровня находятся в малых городах. Так, например, в городе Димитровград Ульяновской области находится Научно-исследовательский институт атомных реакторов.

Ядро научного и образовательного потенциала региона составляют Приволжский федеральный университет и семь национальных исследовательских университетов в Нижнем Новгороде, Самаре, Саратове, Саранске и Казани.

Лучшие показатели научно-технологического развития в регионе имеет Самарская область. Основу ее экономики составляют высокотехнологичные производства – автомобилестроение, авиационно-космический комплекс, предприятия современной химии и металлургии. Для обеспечения этой экономической мощи требуются значительные научно-образовательные ресурсы. В Самарской области создается около 10% инновационной продукции всей России, а также около 2% всех самых современных российских технологий, а по доле инновационной продукции область опережает среднероссийские показатели в 4-5 раз. В области действуют 57 научных организаций, действует Самарский научный центр Российской академии наук (включает 7 научных институтов РАН), 16 государственных вузов (в том числе, 10 университетов) и десятки филиалов крупнейших вузов России. Ведущим вузом является Самарский государственный аэрокосмический университет имени академика С.П. Королева (имеет статус «Национального исследовательского университета», кроме того, хорошо известны

Казанский (Приволжский) федеральный университет

Самарский государственный медицинский университет, Самарский государственный технический университет, Тольяттинский государственный университет, Самарский государственный университет путей сообщения, Самарский филиал Физического института имени П.Н. Лебедева РАН и другие.

Научно-производственные объединения Самарской области работают в трех основных кластерах (группах отраслей): авиационно-космический кластер, химический кластер и кластер нанотехнологий. Знаменитое на всю Россию НПО «ЦСКБ-Прогресс» разрабатывает современные космические аппараты в сотрудничестве с Самарским государственным аэрокосмическим университетом, а НПО химического кластера – с Самарским государственным техническим университетом. Успешными разработками в сфере нанотехнологий (например, в электронике, лазерной физике, авиакосмической отрасли) занимаются Самарский государственный аэрокосмический университет и Тольяттинский государственный университет. Кластерная модель развития современной инновационной экономики, созданная в Самарской области, распространяется и на другие регионы России; большую роль в этом играет Межрегиональный экономический форум «Самарская инициатива: кластерная политика – основа инновационного развития национальной экономики». Форум проводится ежегодно с участием представителей органов

В научно-производственном объединении «ЦСКБ-Прогресс» строят космические корабли

власти, бизнеса и научных организаций. Кроме того, в Самарской области создаются современные особые экономические зоны – это производственный парк «Тольятти» и технопарк «Жигулёвская долина». Эти проекты не только успешно реализуются, но и являются образцами для других субъектов федерации. Ещё в 2006 году было принято решение об открытии технопарков в Нижегородской области, Татарстане, Мордовии. Сейчас в них уже созданы тысячи новых рабочих мест. Специализация этих технопарков –уникальные материалы, медицина, биотехнологии, энергосбережение, информатика, телекоммуникации и нефтехимия.

Большие успехи в научно-техническом развитии показывает и Ульяновская область. В Ульяновске работает крупный центр исследования авиационных материалов и авиационного приборостроения. Только на территории одной Ульяновской области действует более 70 малых и средних инновационных предприятий, выпускающих наукоемкую продукцию. Эти предприятия решают важнейшую задачу модернизации экономики не только Поволжья, но и всей России, задачу увеличения числа научно-технологических новинок и производство продукции с использованием этих новинок. Инновационные предприятия объединяются в технопарки, например «Ульяновский областной технопарк» (объединяет научные, производственные и учебные центры), но большинство из них работают на базе вузов (Ульяновского государственного университета, Ульяновского государственного технического университета, Ульяновской государственной сельскохозяйственной академии).

Еще одним мощным центром научно-образовательного развития региона является Нижегородская область, в первую очередь, Нижний Новгород. Город включает 21 вуз, два из которых имеют статус «Национального исследовательского университета». Кроме того, в городе работают 107 научно-исследовательских институтов. Нижний Новгород всемирно известен как центр радиофизики, электроники и радиотехники. Основными центрами исследований в этой отрасли являются структуры Нижегородского государственного университета им. Н.И. Лобачевского и Нижегородского государственного технического университета им. Р.Е. Алексеева, а также Научно-исследовательский радиофизический институт и несколько крупных НПО. Большое значение имеют работающие в городе предприятия государственной корпорации «Росатом». В городе проводятся исследования и в других сферах современной физики и химии, в области нанотехнологий и высоких технологий в медицине. Огромные научный потенциал Нижегородской области используют местные представительства таких крупных корпораций, как Intel, Huawei и многие российские корпорации высоких технологий, например, Яндекс и Mail.ru.

В Нижегородской области также работает современный технопарк «Система-Саров». Он появился в 2006 году для реализации инновационных разработок в сфере атомной энергетики при сотрудничестве с государственной корпорацией «Росатом». Сейчас технопарк включает в себя десятки российских и зарубежных компаний, которые работают в сферах энергосбережения, космических технологий, медицинских и информационных технологий. На базе технопарка работает Молодежный инновационный центр для выпускников вузов, ведется большая работа по поддержке инновационной деятельности всей молодежи России с помощью платформы Молодежного форума «Селигер».

В Поволжье успешно реализуются и программы международного образовательного

Технопарк «Система-Саров»

сотрудничества. Астраханский государственный университет, например, входит в число базовых вузов РФ в составе Университета ШОС по направлению подготовки «IT-технологии». Астраханский госуниверситет еще в 2010 году запустил с партнёрами из Казахстана первую программу совместной подготовки магистров в рамках УШОС.

Глава 4 Природные и культурные достопримечательности Поволжья

伏尔加河沿岸地区的自然人文景观

伏尔加河流域是世界上最美丽的地方之一。萨马拉区域的日古利山自然保护区和伏尔加河河口有着独一无二的生态系统和众多罕见的动植物，世界著名的马马耶夫纪念碑耸立在伏尔加格勒市。鞑靼斯坦、楚瓦什、摩尔多瓦、马里斯基的民族文化也十分有趣，该区域几大城市——下诺夫哥罗德、喀山、萨马拉、伏尔加格勒及阿斯特拉罕也有很多景点。

2013年喀山世界大学生运动会后，每年有百万游客到这里参观：历史古迹喀山大教堂毗邻鞑靼文化中心。古老的俄罗斯城市下诺夫哥罗德的吸引力毫不逊色，太空探索历史爱好者对萨拉托夫州的加加林航天场及加加林博物馆十分感兴趣，该地区其他有趣的名胜还有：摩尔多瓦的毡房博物馆、切巴克萨拉市母亲守护神纪念碑、莱蒙托夫文物保护区博物馆"塔尔哈内"。

Поволжье обладает огромным туристическим потенциалом, который еще не раскрыт до конца. Волга и красивые места, через которые она протекает, сами по себе являются уникальными достопримечательностями. Культурные богатства региона также многообразны; большой интерес представляют достопримечательности, связанные с культурой народов Поволжья, а также исторические памятники крупнейших городов региона – Нижнего Новгорода, Казани, Астрахани.

Село Урусово

Село Урусово в Мордовии известно с XVI века. Жители Урусова относятся к мордовской народности эрзя, но село знаменито не этим фактом, а традиционным промыслом: с XIX века многие крестьянские семьи здесь начали делать валенки. Урусовские валенки известны не только в Поволжье, но и по всей России.

В селе живёт 400 семей, почти в каждой семье умеют делать валенки. Традиционно их делают поздней осенью и зимой, когда работы в полях уже закончены. Производство валенок требует большой физической силы и выносливости, занимаются этим делом только мужчины. Сейчас валенки, которые

Музей валенка

когда-то считались признаком традиционности и русской отсталости, снова входят в моду как идеальная теплая и удобная экологичная обувь. Сегодня урусовские валенки заказывают не только известные люди России, но и жители Северной Европы (например, король Норвегии Харальд V).

Именно благодаря валенкам село стало туристическим объектом. Здесь открыт Музей валенка (таких музеев в России всего три). Здесь же туристы могут познакомиться со старинными обычаями мордовского народа.

Казанский Кремль и Казанский Эрмитаж

Главный город Республики Татарстан – Казань – является одним из наиболее интересных мест в России, в нём огромное количество культурных и исторических достопримечательностей. После проведения Всемирной Универсиады 2013 года город преобразился, сейчас он является настоящим туристическим центром России (третьим городом России по числу туристов после Москвы и Санкт-Петербурга).

Главная достопримечательность города – историко-культурный комплекс «Казанский Кремль», включенный в список культурного наследия ЮНЕСКО. Деревянная крепость была построена намного раньше многих русских крепостей – в начале XI века, а каменный Кремль был построен уже в середине XVI века по приказу Ивана Грозного, его строительство вели лучшие архитекторы России. За стенами древнего кремля находится красивейшая мечеть Кул Шариф, разрушенная во время взятия Казани Иваном Грозным и отстроенная к 1000-летию Казани в 2005 году, и знаменитая падающая башня Сююмбике, а также постройки различных исторических периодов – от X до XIX веков. Сегодня на территории Казанского Кремля живёт и работает глава Республики Татарстан (его резиденция находится в бывшем дворце русского губернатора, автором которого является великий русский архитектор XIX века Константин Тон).

Уникальность Казанского Кремля в том, что в нём сочетаются татарский и русский архитектурный стили, а рядом с мечетью Кул Шариф находится православный Благовещенский собор XVI века. Больше всего туристов привлекает башня Сююмбике, с которой связана интересная легенда о любви Ивана Грозного к красивой татарской царице Сююмбике. Легенда гласит, что после взятия Казани русский царь пожелал

Вид на Казанский Кремль

взять в жёны гордую красавицу, а та попросила его построить для неё высокую башню. Когда башня была построена, Сююмбике спрыгнула с неё и погибла, потому что не желала становиться женой нелюбимого русского царя. Существует и множество других легенд, объясняющих историю и название башни. Кроме того, на территории Кремля работает несколько музеев: Музей Государственности татарского народа и Республики Татарстан, центр «Эрмитаж-Казань», Музей исламской культуры и Музей естественной истории Татарстана.

«Эрмитаж-Казань» - первый из российских филиалов главного музея Санкт-Петербурга. Он открылся в столице Татарстана в 2005 году в старинном здании на территории Кремля. Филиал активно занимается просветительской деятельностью: он оборудован компьютерными классами, видеозалом, лекционными и конференц-залами. Сотрудники петербургского Эрмитажа читают здесь лекции. Информационные залы имеют постоянный выход на сайт Государственного Эрмитажа. Кроме выставок всемирного и классического русского искусства в центре «Эрмитаж-Казань» проходят выставки современного татарского и исламского искусства.

Музей социалистического быта в Казани

Единого крупного музея, посвящённого только советской эпохе истории России, пока не существует и, возможно, никогда не будет. Память о советских временах жива в каждой российской семье, но быт людей за последние годы сильно изменился, поэтому коллекция памятников быта прошлой эпохи вызывает огромный интерес жителей России и иностранцев.

Музей социалистического быта существует в Казани с 2011 года. Здесь собраны предметы 1970-80-х годов, которые можно взять в руки – особо ценных экспонатов в музее нет, но с каждой вещью связана своя история или свои эмоции. Например, старые игрушки у многих пробуждают воспоминания о детстве. Набор экспонатов в музее самый разнообразный – от хозяйственных сумок (одноразовых пакетов в СССР не было) до

Экспонаты Музея социалистического быта в Казани

моделей автомата Калашникова, который в СССР изучали на уроках начальной военной подготовки, от агитационных плакатов советского времени до этикеток продуктов питания. В музее всегда много школьников и студентов, которые с удовольствием фотографируют на современные смартфоны большие телефонные аппараты 1970-х годов. Создателем и директором музея стал известный казанский фотограф, который положил в его основу собственную домашнюю коллекцию советских бытовых предметов. В музее есть Зал русского рока (уникального стиля рок-музыки с русской спецификой, существовавшей в 1980-1990-е годы). Рядом с этим залом есть целый зал, посвященный джинсам (в СССР они были большой редкостью, все стремились получить этот ценный вид одежды).

Национальный парк "Самарская Лука" и Жигулёвский заповедник

Огромный национальный парк «Самарская Лука» (площадь свыше 127 тысяч гектаров) находится между четырьмя крутыми поворотами Волги вокруг Жигулёвских гор в районе города Сызрань – его границу видно даже из космоса. Парк появился в 1984 году. Главная его достопримечательность – это сами Жигулёвские горы, которые являются самым живописным местом Самарской области (многие считают, что и всего Поволжья). Эти горы очень популярны среди альпинистов и любителей горных походов. С каждой горы открывается прекрасный вид на просторы Куйбышевского водохранилища, похожего на море.

Жигулёвские горы

Это место овеяно историческими легендами. По одной из них, в Жигулёвских горах бывал сам император Пётр Великий. По другой, Самарская Лука была местом, откуда Степан Разин начинал свои знаменитые походы; здесь, в густых лесах, он закопал огромный клад. На территории национального парка можно увидеть более 1300 видов растений, в том числе редкие и уникальные для Поволжья, а также множество видов животных. В 1927 году часть Самарской Луки превратилась в Жигулёвский заповедник (несмотря на то, что на его территории найдены запасы высококачественной нефти). Здесь, на горе Стрельная круглый год работает смотровая площадка, откуда прекрасно видна Волга. Посещение туристов разрешено только на этой горе; все остальные территории Жигулёвского заповедника для них закрыты.

Гагаринское поле и Саратовский народный музей Ю.А. Гагарина

До 12 апреля 1961 года Гагаринское поле было обычным колхозным полем между двумя деревнями около Саратова. Когда на это поле приземлился Юрий Гагарин, оно стало мемориальным комплексом. На поле установлен мемориальный обелиск – уменьшенная копия знаменитого обелиска у Музея космонавтики в Москве и огромный памятник Юрию Гагарину. К пятидесятилетию полета, в 2011 году, рядом появились двенадцать стел с портретами знаменитых космонавтов и две

Монумент на Гагаринском поле

- с барельефами «отца русской космонавтики» Константина Циолковского и создателя космических кораблей Сергея Королёва. Каждый год в День Космонавтики на поле проходят торжественные мероприятия.

В Саратове еще при жизни легендарного советского космонавта Юрия Гагарина появился первый музей, открытый в его честь. Скромный волжский город Саратов стал домом для этого музея, потому что он тесно связан с жизнью самого Гагарина. В молодости космонавт учился здесь, совершил свой первый полёт на самолете, и недалеко от Саратова Гагарин приземлился после возвращения из космоса. Музей открылся в январе 1965 как своеобразный подарок Гагарину. Сейчас музей занимает большое двухэтажное здание, первый зал полностью посвящен Ю.А. Гагарину, второй — космонавтике. В первом зале можно увидеть документы, письма и фотографии Гагарина.

Ю.А. Гагарин в Саратове (1965 год)

Достопримечательности Нижнего Новгорода: Нижегородский Кремль и Русский музей фотографии

Прекрасный Нижегородский Кремль на склоне гор у места слияния Волги и Оки отличается огромными размерами и является «родственником» самого знаменитого в России Московского Кремля – их создавал один и тот же автор – итальянский архитектор Пьетро Франческо. В Кремле 13 башен европейского стиля, Архангельский собор XVII века, дворец губернатора, Художественный музей и памятник советской архитектуры – Дом Советов. Из многочисленных памятников внимание привлекает новый памятник Минину и Пожарскому около Архангельского собора - уменьшенная копия знаменитого памятника Ивана Мартоса на Красной площади. Автором копии стал знаменитый российский скульптор Зураб Церетели.. Обелиск стоит в кремле неподалеку от Архангельского собора. В Кремле встречаются различные эпохи русской истории: установлен еще

Нижегородский Кремль

и одиночный памятник Минину, памятник великому советскому герою – лётчику Чкалову, памятник князю Юрию Всеволодовичу – основателю города, памятник святым Кириллу и Мефодию и выставка советской военной техники.

Нижегородские любители фотографии основали в своем родном городе Русский музей фотографии в 1992 году, а в 2000 он получил статус государственного, сейчас это один из лучших музеев фотографии в России. В нём собрана огромная коллекция старинных фотоснимков и фототехники XIX века и современных шедевров фотоискусства. В музее постоянно проходят фестивали, выставки и конкурсы, работает фотошкола. Музей находится в бывшей студии нижегородского художника Андрея Карелина, которого считают «отцом русской художественной фотографии». В его студию в провинциальный Нижний Новгород приезжали богатые люди со всей России и даже иностранцы – все мечтали сделать фотопортрет у известного мастера. Здесь же находится коллекция огромного количества исторических фотографий Нижнего Новгорода конца XIX века – тогда этот богатый торговый город называли «карманом России». На снимках в музее можно увидеть и портреты самого известного жителя Нижнего Новгорода – великого русского писателя Максима Горького.

Музей М.Ю. Лермонтова в Тарханах

Удивительное место недалеко от города Пензы – Тарханы. Здесь половину своей короткой жизни провел великий русский поэт Михаил Лермонтов. Он родился в Москве, но в шестимесячном возрасте его перевезли в Тарханы. Сейчас в музее находится тело поэта, убитого на Кавказе.

Музей М.Ю. Лермонтова в Тарханах

Главная достопримечательность музея – старинный дом, который принадлежал бабушке великого писателя (она и воспитала Лермонтова). Многие строения этого места вмещают в себя музеи – музей открыт даже в ветряной мельнице. В доме, где жили слуги Лермонтова, сохранились вещи крестьянского быта начала XIX века. В Тарханах сохранились и книги, которые в детстве читал будущий поэт, картины, которые он написал, его одежда и мебель.

Музей окружают удивительно красивые пейзажи: фруктовые сады и парки, холмы и пруды. Особенно красиво здесь в конце весны во время цветения сирени, которой в Тарханах очень много. А осенью в садах созревают и падают яблоки, которые называют «лермонтовскими».

Музей письменности и букварей народов мира

Музей письменности и букварей народов мира – единственный музей такого рода во всем мире. Он расположен в самом центре Волгограда. Здесь находятся буквари почти всех письменностей мира. Главной достопримечательностью музея является «Лестница грамотеев». На первой ступеньке этой лестницы находится самое простое умение – умение написать и прочитать свое имя, на последней

ступеньке – умение работать с информацией в Интернете. Лестница позволяет проверить знание родного языка.

Большой интерес у гостей музея вызывают сложные и необычные для русских образцы письменности: арабское письмо, китайские иероглифы и т.п. Особое внимание уделяется истории русского письма, можно увидеть старинные русские буквари и книги.

Музей письменности в Волгограде

Долина лотосов в Астрахани в дельте Волги и озеро Тинаки

Астраханская область отличается разнообразием природных и культурных достопримечательностей: самым интересным считают Долину лотосов. Лотосы имеют священный смысл в азиатской культуре, но для русской культуры это просто красивые и немного экзотические цветы. Для русской природы они нетипичны, их происхождение на Волге неизвестно, есть мнение, что эти цветы принесли сюда из Калмыкии монахи-буддисты. Долина находится в том месте, где Волга перед впадением в Каспийское море распадается на несколько сотен маленьких рек. Наилучшее время для посещения астраханской Долины лотосов - с конца июля до начала сентября и обязательно в первой половине дня, когда цветок лотоса полностью раскрывается. Красота лотосов привлекает в Долину множество зарубежных туристов. Российские посетители Долины утверждают, что лотосы улучшают их здоровье, дают жизненные силы. Лотосы в Астрахани – не единственные красивые цветы, природа здесь очень интересна. В 30 километрах от Астрахани находится известное солёное озеро Тинаки, вода которого отличается

Памятник Матери-Покровительнице в Чебоксарах

полезными свойствами. Полезной считается и грязь из этого небольшого озера, которое имеет необычный розоватый цвет. Здесь находится несколько санаториев, причем больных лечат водой и грязью прямо на берегу. Популярны берега озера и среди туристов.

Памятник Матери-Покровительнице в Чебоксарах

Символом Чувашии считается монумент "Мать-Покровительница" в исторической части города Чебоксары. В комплекс на холме с западной стороны Чебоксарского залива реки Волги входит огромная скульптура из гранита, меди и мрамора, а также "поющие фонтаны". Скульптура изображает женщину в национальной чувашской одежде, на ней есть надпись на русском и чувашском языках: «Пусть дети мои живут в мире и любви». Создали 46-метровый памятник в 2003 году местные чувашские скульпторы по заказу бывшего президента Чувашии, известного российского руководителя Николая Фёдорова.

Глава 5 Экологическая обстановка в Поволжском регионе России

伏尔加河流域的生态环境

伏尔加河流域的生态环境较乌拉尔和西伯利亚地区的生态环境更为理想。一些城市的空气污染等级很高，例如伏尔加格勒、萨马拉、萨拉托夫等大城市，以及陶里亚蒂、卡马河畔切尔内、下卡姆斯克等建立在工业体系周围的城市。这些地方的污染源是工业设施，尤其是石油化工企业、发电站、和交通工具。

伏尔加河及其支流地区的生态状况各不相同。萨马拉地区的水是相当干净的，而萨拉托夫地区的水却不符合标准，因此一些小河流的生态问题比伏尔加主干道更多。由于遭受有毒的蓝绿色藻类侵袭，一些大型的伏尔加水库也在慢慢被污染。而在里海草原地区，清洁饮用水问题十分严重。近几年，荒漠化问题也在此地出现了。

伏尔加河流域生态旅游发展空间很大，但到目前为止的开发工作收效甚微。日古力山、萨拉托夫地区南部的森林、切博克萨雷等有沙滩的水库、鞑靼斯坦的下卡马河、下诺夫哥罗德地区的瓦图拉河流域也具有一定的发展潜力。而在阿斯特拉罕的伏尔加河下游地区，休闲渔业发展前景乐观。此外，生态居民区在西欧十分受欢迎，楚瓦什共和国借鉴了这一经验，在远离嘈杂城区的生态清洁区域建立起了小型居住区。

По степени загрязнения экология Поволжья не уступает Центральной России, но в целом ситуация в этом регионе гораздо более благоприятная, чем на Урале и в Сибири.

Наиболее загрязненными являются крупные города – Казань, Самара, Ульяновск, Тольятти, Набережные Челны, Нижнекамск. В регионе находятся 11 из 46 самых загрязненных городов России. Наибольшее количество вредных веществ выбрасывают в воздух заводы и фабрики Самары, Саратова, Волгограда, Сызрани и Тольятти. Особенно острой экологическая ситуация стала в Волгограде – промышленном центре региона.

Основным источником загрязнения атмосферы региона являются крупные промышленные предприятия теплоэнергетики, машиностроительной и нефтехимической промышленности. Нефтехимические и газохимические предприятия заметно загрязняют атмосферу Астраханской и Самарской областей. В Ульяновской области главными загрязнителями являются тепловые станции. Как и во многих других регионах России, причина этой проблемы скрывается в устаревших очистных сооружениях на промышленных объектах. Учёные-экологи сообщают, что их эффективность в Поволжье не превышает 55% (средний показатель по России – выше 77%), значит, почти половина вредных выбросов всё-таки попадает в атмосферу. В Республике Татарстан качество работы очистных сооружений оценивается в 42%, в Пензенской области – менее 40%.

Промышленное загрязнение воздуха

Загрязнение атмосферы выбросами транспорта в Поволжье также весьма велико. В Самарской и Волгоградской областях доля транспорта в загрязнении атмосферы составляет около 40%, в Саратовской и Ульяновской областях – до 70%.

Вызывает вопросы и экологическое состояние Волги и её притоков. Хорошее состояние воды в реках отмечается только в Самарской области. В других регионах, особенно в крупных городах, реки загрязнены неочищенными сточными водами. Особенно остро эта проблема стоит в Саратовской области, там в некоторых городах (например, в Вольске) нет современной канализации.

Проблемы есть и с состоянием воды в Куйбышевском и Саратовском водохранилищах, качество воды там оценивается как «умеренно загрязненное». Причиной накопления в этих водоёмах вредных веществ является плохое качество очистки стока промышленных объектов города Тольятти. В Волге вода самоочищается, но в многочисленных водохранилищах этот процесс идёт очень медленно. В 70% образцов рыбы, пойманной в Саратовском водохранилище, экологи нашли следы ртути. В местах нефтедобычи загрязняются подземные воды. Каждый год воды Волги доставляют в Каспийское море 32 тысячи тонн нитратов, 591 тысячу тонн песка и грязи, 29 тысяч тонн нефтепродуктов, 7 тысяч тонн мыльной пены, 313 тысяч тонн фенолов. В наиболее критическом состоянии из-за сточных промышленных вод находятся малые реки Волжского бассейна.

Еще одна волжская проблема – сине-зеленые водоросли, которые летом, обычно в июле, разрастаются

Сброс грязных вод в водохранилище

вдоль берегов. Они покрывают до 20-30% водохранилищ и стали настоящим бедствием для Волги. Эти растения выделяют до 300 видов органических веществ, большая часть из которых ядовита. В бассейне Волги находится более 2400 затонувших судов, в том числе нефтеналивных, пассажирских и грузовых судов, в одной только Астрахани их более 800. Эти суда представляют реальную опасность для экологии Волги и ее притоков: остатки топлива из них постепенно вымываются течением в реку. Кроме того, на Волге неоднократно отмечались случаи аварий с разливом нефтепродуктов. Улучшение качества воды в Волге – одна из острых проблем экологии всей России, а не только Поволжья.

Особенно остро положение с чистой питьевой водой стоит в южных частях региона – в Астраханской области и Республике Калмыкия. Качество питьевой воды в этих местах очень низкое; к естественному дефициту воды добавляются технические проблемы, например, недостаточное развитие станций по очистке воды. В этих же регионах ухудшается состояние почв – они становятся более солёными или превращаются в пустыни. Примерно треть почв Калмыкии нельзя использовать из-за слишком высокого содержания соли. Традиционно в Калмыкии разводили и пасли овец, однако в последние годы животных стало слишком много: животные съедают всю траву и превращают пастбища в пустыни. Загрязняются и превращаются в пустыни почвы и в других регионах Нижнего Поволжья, например, в Волгоградской области. Источниками загрязнения здесь служат, главным образом, промышленные отходы и удобрения.

В Саратовской области хранится более одного миллиона тонн военных отравляющих веществ. Хранилища, в которых эти вещества находятся, были построены много лет назад; экологи опасаются, что яды могут попасть в окружающую среду.

Для решения экологических проблем на территории региона приняты важные документы, стратегические программы. В регионе работают современные экологические компании, которые занимаются вывозом и переработкой твёрдых отходов.

В Поволжье существуют все условия для успешного экологического и оздоровительного туризма, но эти ресурсы лишь недавно начали осваиваться. Важнейшим ресурсом экологического туризма является естественная красота пейзажей Среднего Поволжья. Правый берег Волги занимает очень живописная Приволжская возвышенность, которая подходит прямо к реке. По правому берегу расположены высокие утёсы (до 100 метров), рельеф здесь очень разнообразен, иногда встречаются даже пещеры и природные столбы. Под утёсами проходит полоса песчаных пляжей. Особенно красивы места в районе Жигулёвских гор (на территории национального парка «Самарская Лука»). На правом берегу Волги, например, на юге Саратовской области, много живописных лесов, главным образом, дубовых и липовых. Огромные лесные пространства положительно сказываются на качестве воздуха. Совсем другой пейзаж имеет левый берег – он низменный, заполненный болотами и небольшими озёрами. Это разнообразие ландшафтов оставляет у туристов очень яркое впечатление.

Большое значение для экологического и оздоровительного туризма имеют Чебоксарское, Куйбышевское, Саратовское и Нижнекамское водохранилища на Волге и Каме. Роскошные песчаные пляжи и длительность купального сезона до 100 дней (для России в целом это очень длительное время) позволяют развивать спортивный туризм, прогулки на яхтах и лодках.

Власти Самарской области считают экологический туризм важнейшим направлением туризма в Поволжье и даже во всей России, кроме самых крупных городов. В Самарской области главным центром экотуризма стал национальный парк «Самарская Лука», который объединяет уникальную природу, климатические, биологические, геологические и историко-культурные ресурсы. Для экотуризма используется вся территория Жигулёвских гор, где находятся Жигулёвский

Домик для экологического туризма в «Самарской Луке»

заповедник и 2 национальных парка. Второй центр экологического туризма в регионе – это Республика Татарстан (заповедник «Волжско-Камский» и национальный парк «Нижняя Кама»). Третьим центром можно считать Нижегородскую область, где туристов привлекают живописные озёра и берега реки Ветлуги.

Одним из наиболее привлекательных видов экологического туризма в Поволжье

ЧАСТЬ 5
ПОВОЛЖСКИЙ РЕГИОН РОССИИ

можно по праву считать рыбалку на Нижней Волге, особенно в Астрахани. Рыбы в этих местах очень много (государство разрешает здесь только любительскую и спортивную рыбалку), существует множество специальных туристических баз для рыбалки, работают рыбоводные заводы. На некоторых из них используют только традиционные методы разведения рыбы, например, рыбу кормят только натуральными продуктами. Многие любители природы, тем не менее, не желают есть прекрасную волжскую рыбу, чтобы сохранить экологию региона: для них предлагается уникальный и безопасный вид экологического туризма – фоторыбалка. Для этого туристам предлагают специальные костюмы и камеры, которые могут снимать рыбу под водой. У гостей Астрахани есть удивительная возможность – своими глазами увидеть и даже сфотографировать то, что происходит в самой большой реке Европы.

В Республике Чувашия в 2008 году решили пойти на интересный эксперимент и создать «Ясное» - одно из первых в России экопоселений (это особые малые населенные пункты, которые создаются далеко от больших городов для семей, желающих переехать из грязных и шумных городов в экологически чистые места; подобные поселения очень популярны в Западной Европе). В поселении построены экологически безопасные дома, экологически чистые источники воды и энергии, основным видом деятельности его жителей является сельское хозяйство по традиционным технологиям (без использования современных технологий). Авторы проекта объединили идеи экологии и возрождения традиционной культуры русского и чувашского народов, открыли в поселении центр развития детей. Экопоселение регулярно принимает туристов из России и из Европы.

ЧАСТЬ 6

УРАЛЬСКИЙ РЕГИОН РОССИИ

Глава 1 Экономико-географическая характеристика Уральского региона России

俄罗斯乌拉尔地区的经济地理特征

俄罗斯乌拉尔地区沿着乌拉尔山脉自北向南延伸，北起北冰洋，南至哈萨克斯坦，西部（欧洲部分）俗称为"内乌拉尔"，东部（亚洲部分）俗称为"外乌拉尔"。然而，该地区的科学地理划分应为南乌拉尔地区（包括奥伦堡州、库尔干州、车里雅宾斯克州以及巴什科尔托斯坦共和国南部）、中乌拉尔地区（包括斯维尔德洛夫斯克州、巴什科尔托斯坦共和国东部以及彼尔姆边疆区南部）、北乌拉尔地区（包括斯维尔德洛夫斯克州北部、彼尔姆边疆区北部）。

矿产丰富的乌拉尔山脉是乌拉尔地区的地理和经济轴线。该地区人口总数超过2000万，75%居住在城市，其中35%居住在四大城市——叶卡捷琳堡、车里雅宾斯克、彼尔姆、乌法。

自古以来在乌拉尔便生活着许多民族，有巴什基尔人、乌德穆尔特人、涅涅茨人、汉特人、曼西人和科米人。15世纪初乌拉尔西北地区建立起俄罗斯的第一批城市，巴什基尔早在伊凡雷帝时期就已被吞并，但直到17世纪末，当彼得大帝开采当地矿石并在乌拉尔修建冶金工厂时，才对该地区进行了积极的经济开发。叶卡捷琳堡始建于1723年，如今已成为该地区的商务和文化中心。乌拉尔山的资源有金属和宝石，它们也是俄罗斯的骄傲，然而这里的发展却明显落后于本国欧洲地区的发展。乌拉尔于19世纪30年代成为了"俄罗斯真正的工业中心"，苏联工业化时期在马格尼托戈尔斯克创建了最大的冶金生产中心，它充分供给了叶卡捷琳堡、车里雅宾斯克、下塔吉尔的重型机器制造企业所需的金属资源。在卫国战争时期，许多军用工厂从苏联的欧洲地区迁移到乌拉尔地区，由此乌拉尔地区成为了俄罗斯最重要的工业中心，并且直到今天仍具有重要意义。

乌拉尔地区被勘测到藏有近千种矿产，其中乌拉尔宝石世界闻名。现如今，被开采出来的金

ЧАСТЬ 6
УРАЛЬСКИЙ РЕГИОН РОССИИ

属，特别是铁和铜已经被严重消耗。巴什科尔托斯坦共和国蕴藏着大量的石油，奥伦堡州天然气资源充足。北乌拉尔地区的沃尔库塔市附近是欧洲煤炭资源最丰富的地区。

斯维尔德洛夫斯克州和彼尔姆州富有充足的森林资源，其中包括许多珍贵的木材种类。乌拉尔地区有许多大型河流，主要位于卡马河流域，其中包括丘索瓦亚河、别拉亚河、伊谢季河、乌法河、图拉河等等，但是该区域南部的库尔干州、奥伦堡州的草原地区却严重缺水。

该区域主要的传统经济部门是矿产资源开发、黑色和有色冶金工业（炼铜、镍、铝）、重工业和运输机器制造业、化学工业（石油化学工业和生产矿物肥料）。彼尔姆州和斯维尔德洛夫斯克州有大量的木材加工企业。奥伦堡州和库尔干州的畜牧业和食品加工业高度发达。

该区内主要的交通运输方式是铁路运输。建设中的"乌拉尔公路"（莫斯科—圣彼得堡）全长2000公里左右，未来可能成为欧亚之间重要的货运交通走廊。

1.1. Общая характеристика региона

Уралом называют регион России, который протянулся между Восточно-Европейской и Западно-Сибирской равнинами вдоль Уральских гор. Южная часть Урала находится на территории Казахстана, северная – выходит к Северному Ледовитому океану. Протяженность Уральских гор и возвышенных равнин с севера на юг составляет более 2500 км.

Территория, которая находится к западу от Урала, называется Предуралье. Исторически и экономически эта территория крайне тесно связана с Уралом. Аналогичная ситуация и с территорией к востоку от Урала – Зауральем. В Уральский регион включаются и эти территории, которые объединяют Республику Башкортостан и Республику Удмуртия, Свердловскую, Челябинскую, Курганскую, Оренбургскую области и Пермский край. Географически к Уральскому региону иногда относят и восточные районы Республики Коми и Архангельской области, однако мы рассматриваем их как части Северо-Западного региона России.

Уральский регион на территории России можно разделить на: Южный Урал (Оренбургская, Челябинская, Курганская

Расположение крупнейших городов Южного и Среднего Урала

157

области, часть Республики Башкортостан), Средний Урал (Свердловская область, часть Республики Башкортостан и часть Пермского края) и Северный Урал (часть Пермского края и западные районы Ханты-Мансийского автономного округа).

Уральские горы – невысокие, средняя высота – 500-700 метров (наиболее высокие из них – от 1200 до 1800 метров – находятся на самом севере региона). Горы богаты различными полезными ископаемыми, что и сделало Урал важным регионом России. На Урале и в Приуралье много рек: Печора, Тобол, Исеть, Тура, Кама (и ее притоки – Чусовая и Белая), река Урал. Климат Урала типично горный, неравномерный по всей территории региона; интересно, что климат в западной и в восточной частях региона резко отличается – Уральские горы являются своеобразной стеной, которая отделяет мягкий климат Европейской части России от сурового климата Западной Сибири.

Численность населения региона составляет немногим более 20 млн. человек (из них почти 10 млн. экономически активного населения). В настоящее время в регионе насчитывается 140 городов, в которых проживает около 75% населения. Четыре города имеют население свыше миллиона человек: Екатеринбург, Челябинск, Уфа, Пермь, вокруг них сосредоточились крупнейшие городские центры, которые занимают около 10% территории Урала и включают в себя 34% его населения. В Свердловской и Челябинской областях в городах живут 87 и 83% населения. Плотность населения достаточно высока – до 25 человек на 1 квадратный километр (в Челябинской области и Удмуртии – до 40 человек, а в наименее заселенной Курганской области – 15,6 человек). Даже в Курганской области показатели плотности населения выше средних по стране.

Екатеринбург – крупнейший город Уральского региона России – четвертый по величине город России

Численность населения региона меняется нестабильно: регион принимает немалое количество мигрантов, но смертность остается очень высокой, в том числе, это связано и с экологическими проблемами региона: в промышленных центрах продолжительность жизни ниже, чем в сельских центрах.

Урал – во всех отношениях сложная, пограничная территория, которая сочетает в себе черты и европейских и азиатских регионов России. Жители западной и южной части Урала, как правило, ассоциируют себя с центральными регионами страны, а жители восточной и северной частей Урала считают себя «уральцами», жителями отдалённого от центра

ЧАСТЬ 6
УРАЛЬСКИЙ РЕГИОН РОССИИ

России, имеющего свою специфику региона.

1.2. История экономического освоения Урала

Территория, именуемая в наши дни Уралом, известна ещё по работам древнегреческого историка Геродота. Первые люди пришли к Уральским горам около 300 тысяч лет назад с территории Кавказа и Средней Азии, двигаясь вдоль крупных рек - Камы и Урала. К началу второго тысячелетия нашей эры на территории региона сформировалось несколько коренных народностей: ненцы на севере, ханты и манси вдоль реки Обь, башкиры на юге, по течению Уфы, и некоторые другие - удмурты, коми-пермяки, татары.

Коми – один из коренных народов Урала

Еще в XI веке новгородцы проложили водный путь на Урал и имели контакты с этими народами. Новгородцев привлекали местные пушные богатства. Плавания русских по северным морям за Урал (до устья Оби) на деревянных кораблях относятся к выдающимся достижениям эпохи великих географических открытий (XV-XVII вв.).

Киевская Русь и возникшие после ее распада княжества поддерживали тесные торговые отношения с народами Урала. Народы Северного Предуралья (территория нынешней республики Коми) платили дань Новгороду. В XII — начале XIII века между русскими княжествами даже началось соперничество за Урал. Однако активное освоение Урала русскими развернулось только в конце XV века, когда в состав России окончательно вошла территория в верховьях Камы (сейчас там находится Пермский край). Первые города русских на Урале появились почти за век до этого: Анфалов городок (1409 год), Усолье Камское (ныне Соликамск — 1430 год). Освоение Перми проходило при сопротивлении сибирских татар, для защиты от которых строили традиционные русские крепости – кремли. Первый кремль на Урале был построен в 1535 году в городе Чердынь. В 1550-е годы к России была присоединена Башкирия. Первым городом здесь стала крепость Уфа, основанная в 1574 году; ныне это столица республики Башкортостан).

Как и при освоении многих других территорий, значительную роль в деле присоединения Урала к России сыграли купцы и православные священники. Среди купцов наиболее известна семья Строгановых (XVI век), которым во владение была отдана довольно большая территория вдоль Камы. Они поддерживали торговые связи со многими народами Зауралья, их деятельность способствовала развитию промышленности и культуры. С именем Строгановых связано ещё одно важное событие в истории Урала — поход Ермака (1582-1585 годы), который стал началом освоения зауральских земель

Верхотурье – один из первых русских городов на Урале

Сибири.

После похода Ермака Урал стал активно заселяться и осваиваться особенно активно. Начали строиться первые города на Среднем Урале. Там в 1598 году был основан город Верхотурье — «ворота в Сибирь».

Быстрому заселению Урала во второй половине XVII в. помогла церковная реформа: приверженцы "старой веры" старались уехать из европейской части России и поселиться в местах труднодоступных, например, на Урале с его дремучими лесами, горами и многочисленными реками, озерами.

Первоначально освоение Урала носило сельскохозяйственный характер: животноводство, охота и рыбная ловля. В 1697 году Петр I получил новость о том, что в Уральских горах открыты запасы железной руды. Тогда началось строительство двух первых государственных металлургических заводов на Урале. Для строительства уральских заводов привлекались тульские и иностранные мастера. В 1702 г. Петр I передал тульскому оружейнику Демидову Невьянский металлургический завод и освободил его от налогов (Петру I, который вёл войну со шведами, очень нужен был металл для оружия). Семья Демидовых, используя выгодные условия для развития, построила еще несколько заводов и стала одной из самых богатых в России.

Развитие промышленности на Урале было бы невозможным без образования делового центра.

Никита Демидов – создатель русской оружейной промышленности на Урале

ЧАСТЬ 6
УРАЛЬСКИЙ РЕГИОН РОССИИ

В 1723 г. был заложен г. Екатеринбург. В Екатеринбург из Тобольска были переведены органы управления всей промышленностью Урала (а самих крупных заводов в городе не было). Затем возникли и другие крупные города – Оренбург (1735) и Челябинск (1736).

Дважды за свою историю Урал становился одним из важнейших экономических районов страны. В первый раз это произошло в период сотрудничества Петра I и семьи Демидовых. Тогда Урал стал важнейшей металлургической базой страны, сохраняя этот статус на протяжении многих лет. Власти Российской Империи и в XIX продолжали осваивать горные богатства Урала, приглашали туда на работу инженеров из Швеции, Англии, Франции и Германии. Промышленное развитие Урала держалось не только на металлургии, но и на добыче уникальных сокровищ — золота, платины, драгоценных и полудрагоценных камней. Золото на Урале нашли ещё в 1745 году. Платина была открыта в первой четверти следующего века. Пик находок драгоценных камней пришёлся на XIX век, когда на Урале были найдены алмазы и изумруды. А самый известный уральский камень — малахит — добывался ещё в XVIII веке.

Уральские самоцветы – драгоценные камни из Уральских гор – не только богатство, но и символ региона

Развитие промышленности на Урале шло очень медленно из-за проблем с транспортном. Здесь, в отличие от Западной Сибири, водный транспорт не мог обеспечить связь с западными районами страны. В 1878 г. вошла в строй первая железная дорога Урала - от Перми до Екатеринбурга через Нижний Тагил. В 1885 г. железную дорогу проложили дальше на восток, до Тюмени. Соединение Урала с общероссийской сетью произошло в конце XIX в., когда была проложена ветка Екатеринбург — Челябинск.

Развитие сети железных дорог на Урале стимулировало развитие экономики региона, начала развиваться средняя и малая промышленность, деревообрабатывающая, химическая, пищевая, текстильная. Появились первые машиностроительные предприятия. Получил огромное распространение и народный промысел резьбы по камню. Изделия уральских мастеров пользовались большим спросом и в России, и за рубежом, особенно ценились изделия из малахита и лазурита, так называемая "русская мозаика". Многие работы, выполненные в этой технике уральскими мастерами, находятся в Эрмитаже, в других музеях нашей страны и за рубежом. Урал славился также своими мастерами художественного литья из чугуна: здесь делали красивые решетки, плиты, статуэтки. В Пермской области Урала широкое развитие получило в те годы искусство резьбы по дереву.

На Южном Урале, в г. Златоусте работали металлурги-оружейники, которые выпускали сталь особенно высокого качества. Эта сталь очень ценилась за границей. Урал всегда считался кузницей русского оружия.

Владельцы горных и металлургических заводов помогали созданию на Урале системы учебных заведений. В Перми, Уфе, Екатеринбурге, Оренбурге открывались школы и училища, особенно горные и технические училища: владельцы заводов нуждались в специалистах.

Первая мировая и Гражданская война на некоторое время остановили быстрое промышленное развитие Урала, однако уже в годы первых советских пятилеток на Урале началось строительство крупных современных предприятий – металлургических и машиностроительных.

В Магнитогорске, у подножия горы Магнитной, был построен металлургический комбинат и сам город на реке Урал. В Каменске-Уральском были трубный и алюминиевый заводы. С 1930-х годов началась разработка железных руд, огнеупорных глин, золота вблизи города Краснотурьинска. В эти же годы в г. Нижний Тагил были построены два завода-гиганта — Новотагильский металлургический завод и Уральский вагонзавод. В самом Екатеринбурге (тогда г. Свердловск) в те же годы был построен гигант тяжелого машиностроения "Уралмаш" (на Урале его называют «заводом всех заводов» за огромные размеры).

Центр металлургии Урала – Магнитогорский металлургический комбинат

В годы войны, особенно в 1941—1943 гг. на Урал было эвакуировано из западных районов страны более 200 предприятий. Именно тогда Урал во второй раз в истории страны стал ее важнейшим экономическим регионом. Урал снабжал советскую армию всей необходимой техникой и оружием. После войны военно-промышленные предприятия Урала сохранили своё большое значение.

В советскую эпоху на Урале произошли колоссальные культурные преобразования, здесь появилась широкая сеть крупных вузов (Уральский государственный университет, различные институты), консерватория, театры. На Урал в годы Великой Отечественной войны были эвакуированы 25 театров, среди которых МХАТ, Малый театр, Московский театр сатиры и другие. В 1943 г. была открыта Свердловская киностудия — первая на Урале.

ЧАСТЬ 6
УРАЛЬСКИЙ РЕГИОН РОССИИ

В послевоенные годы стали активно разрабатываться месторождения нефти в Башкортостане, Пермской и Оренбургской областях. Район Башкирии называли тогда вторым нефтяным Баку. Были открыты также месторождения газа в Оренбургской области; Урал превратился в один из ведущих районов химической и нефтехимической промышленности.

В конце XX века темпы экономического роста Урала стали резко падать, начался отток населения в другие регионы страны. К 2010-2016 годам экономическаяситуация на Урале начала улучшаться, это было хорошо заметно гостям саммитов ШОС и БРИКС, прошедших в 2015 году в Уфе. Сегодня Урал по-прежнему является одним из важнейших экономических районов страны, удерживая ведущие места по важным промышленным показателям.

1.3. Минеральные ресурсы Уральского региона России

Богатейшие минерально-сырьевые ресурсы составляют основу экономической мощи Урала. Здесь обнаружено около 1000 видов минералов, свыше 12 тыс. месторождений полезных ископаемых. На Урале имеются почти все виды минеральных ресурсов, необходимых для развития промышленности.

В западных предгорьях Уральских гор содержатся нерудные ископаемые (калийные соли, магнезиты, известняки и мраморы, огнеупорные глины, пески, угли, бокситы), бурые железняки. В Предуралье (ближняя территория к западу от Уральских гор) есть запасы нефти, которые вместе с месторождениями Поволжья образуют Волго-Уральский нефтяной район, южнее Оренбурга располагается газоконденсатное месторождение. В восточных предгорьях и Зауралье (ближняя территория к востоку от Уральских гор) большие запасы металлических руд: хромистый и бурый железняк, медные и марганцевые руды. Во многих местах находятся месторождения известных всему миру уральских самоцветов.

Главное богатство Урала - руды черных и цветных металлов. Крупнейшие месторождения ценных титано-магнетитовых руд (Качканарское и Гусевогородское) имеют геологические запасы свыше 12 млрд. т. Качканарское месторождение содержит 2/3 рудных запасов Урала, при этом железа в этих рудах лишь около 17%, но они содержат такие ценные компоненты, как ванадий и титан. Кроме того, эти руды доступны для открытой добычи, в них мало вредных примесей (фосфор, сера). Руды Алапаевского, Бакальского и Каменск-Уральского месторождений содержат марганец, хром, титан, ванадий, кобальт, имеющие важное практическое значение.

В связи с тем, что добыча железных руд на Урале продолжается уже много лет, ряд месторождений Урала в значительной степени исчерпан, и добыча в них резко падает. Так, Магнитогорское месторождение, находящееся в юго-восточной части Уральских гор, вблизи Магнитогорска, уже не покрывает потребности Магнитогорского металлургического комбината. Недостающую железную руду привозят из Западной Сибири, а также импортируют из восточной части Казахстана.

На Урале издавна известны медные руды, по запасам которых регион уступает лишь Казахстану. Многие медные месторождения крайне истощены, поэтому часто дорабатывают старые рудники. Медные руды Урала наряду с медью содержат цинк, серу, железо, золото, серебро, редкие металлы. Группа месторождений медных руд находится в Свердловской области.Месторождения никеля сосредоточены на востоке Оренбургской области и на юге Башкортостана. На Северном Урале имеются бокситы высокого качества. Богат Урал и благородными металлами — золотом, платиной, серебром.

Руда с содержанием калийных солей

Значительны запасы серного сырья, содержащегося в медных рудах (до 50% серы), в никелевых рудах, в Оренбургском газоконденсатном месторождении. Верхнекамское месторождение калийных солей (Пермский край)- самое крупное в мире,освоение его ресурсов стало толчком к развитию химической промышленности Урала.

Нефтяные ресурсы Урала сосредоточены в Республике Башкортостан, которая занимает 3-е место в РФ по добыче нефти (после Тюменской области и Татарстана) и 1-е место по её переработке (доля нефтепродуктов в объеме экспорта республики - 44%).

Всего в республике открыто более 180 нефтяных и газовых месторождений, из которых 150 месторождений до сих пор находятся в разработке. Общие извлекаемые запасы нефти оцениваются в 2 млрд.т., из которых 1,6 млрд. т уже извлечены. Распределение запасов нефти по территории республики очень неравномерное. Всего 15 самых крупных месторождений содержат в своих недрах более 80% общих запасов нефти и обеспечивают до 90% добычи. 7 крупнейших месторождений имеют запасы свыше 100 млн. т. каждое: Туймазинское, Серафимовское, Шкаповское, Кушкульское, Манчаровское, Арланское, Четырмановское. Почти все самые крупные месторождения были открыты в 50-е годы XX века. Однако нефтяные запасы Башкирии относят к числу истощённых. Выработано уже порядка 84% всех разведанных запасов нефти, почти все месторождения находятся в поздней (или завершающей) стадии разработки.

Запасы угля на Среднем и Южном Урале небольшие. Они сосредоточены в Челябинском и Южно-Уральском бассейнах, в ряде месторождений Свердловской области, а также в Башкортостане. Местный уголь - низкого качества, влажный, с большим количеством серы. В северо-западной части региона, на западном склоне полярной части Уральских гор находятся угольные запасы Печорского угольного бассейна (большая часть бассейна находится в Северо-Западном регионе России). Уголь залегает глубоко, добывать его приходится дорогим подземным способом (с глубины в 300 метров – это глубже, чем в Кузбассе). Объём добычи угля – около 12,6 млн. тонн в год, этот уголь идёт на предприятия Северо-Западного региона. Крупнейшей добывающей компания является «Воркутауголь», крупнейшая компания Северного Урала. Запасы угля вокруг Воркуты – самые большие в Европе (около 4 млрд. тонн). Несмотря на то, что по добыче угля Урал занимает не последнее место в Российской Федерации, местными углями покрывается примерно всего лишь половина потребностей района.

Добыча угля в районе Воркуты

На Урале имеются большие запасы огнеупорных глин, кварцитов, магнезитов, флюсового сырья, кварцевых песков, разнообразных строительных материалов (цементные мергели, гипс, асбест, асфальтит, графит, мрамор). Славится Урал драгоценными и полудрагоценными, а также поделочными камнями: аквамаринами, александритами, гранатами, изумрудами, сапфирами, рубинами, топазами, малахитом, дымчатым хрусталем, лазуритами, яшмой. По запасам алмазов Урал занимает второе место в стране после Республики Саха (Якутия). Наиболее крупное месторождение алмазов - Вишерское (на территории Пермского края).

1.4. Водные и биологические ресурсы Уральского региона России

Лесные ресурсы региона достаточно велики. По доле лесов на территории региона Урал (свыше 43%, всего около 30 млн. гектаров) уступает только Сибири, Дальнему Востоку и Северо-Западу России. В регионе преобладают хвойные леса (более 14 млн. гектаров). Основная часть (70%) лесных ресурсов расположена в северной части Урала – в Свердловской области и Пермском крае. Запасы леса на юге, напротив, крайне малы, например, лесистость Пермского края – свыше 70%, а Оренбургской области – не более 5%. На западном склоне Уральского хребта преобладают еловые и елово-пихтовые леса, на восточном – сосновые. Общие запасы древесины оцениваются более чем в 4 млрд. кубометров, в том числе таких ценных деревьев, как пихта, лиственница, ель и сосна. Большая протяженность Урала с юга на север приводит к тому, что разные виды деревьев распределены неравномерно. Так, например, сибирская ель растет по всему региону, а сибирский кедр – только

Леса северной части Среднего Урала

Кедровые шишки – дар тайги Северного Урала

к северу от Нижнего Тагила. На западном склоне в южной части Уральских гор растут теплолюбивые деревья: дуб, граб, бук. В лесах много ягод, грибов, а на севере собирают и кедровые орехи. Леса Северного Урала богаты пушниной. На самом севере региона, в уральской тундре, водится ценный пушной зверь – песец. Животный мир Среднего и Южного Урала гораздо богаче и разнообразнее, чем в тундре. В тайге живут лось, росомаха, соболь, белка, бурундук, колонок, летяга, бурый медведь, северный олень, горностай, ласка. К сожалению, из-за добычи меха численность пушных лесных зверей – белки, соболя, куницы - резко сократилась в последние годы.

На Уральском хребте, разделяющем водные бассейны Волги и Оби, зарождаются многие крупные притоки этих рек: к западу стекают Вишера, Чусовая, Белая, Уфа; к востоку — Северная Сосьва, Тура, Исеть. На севере берёт начало Печора, текущая в Ледовитый океан, а на юге — река Урал, протекающая через Казахстан и впадающая в Каспийское море. Урал местные жители называют «хранителем речных истоков». Общее число рек составляет 69,4 тысяч. Из них к бассейну р. Камы относится 53,4 тысяч, к бассейну р. Тобол – 10,86 тысяч. Суммарная протяженность рек равна 262 556 км. На севере региона (в Пермском крае) запасы водных ресурсов больше, чем на юге. На юге, в Оренбургской и Курганской областях, напротив, ощущается некоторый дефицит водных ресурсов: в Курганской области, например, обеспеченность водой в 25 раз меньше, чем в Пермском крае.

На Урале много озёр, но распределены они неравномерно. В горной полосе и на юго-западе региона озёр почти нет. Для юго-восточной части региона (на границе с южной частью Западной Сибири) озёрные пейзажи очень типичны: озёра здесь небольшие, но их много. Много озёр и в тайге северного Зауралья. Есть и пресные озёра, и солоноватые, и даже горько-солёные. Среди восточных предгорий Урала выделяются так называемые «горные» озёра, они очень красивы, вода чистая и прозрачная, а глубины их не превышают 8 метров. К таким озёрам принадлежит группа озер на юге Свердловской области. Рыба в реках и озёрах Урала водится вкусная и часто ценная. Встречаются хариус, сиг, налим, язь, таймень, сёмга, щука, окунь, плотва, карась, линь, карп, судак, форель. В последние годы рыбы в местных реках стало меньше.

1.5. Основные отрасли экономики Уральского региона России

Урал является мощным экономическим регионом России. Здесь представлены почти все отрасли современной промышленности, во многих отраслях уральские предприятия

ЧАСТЬ 6
УРАЛЬСКИЙ РЕГИОН РОССИИ

занимают ведущее место в стране.

Основные отрасли экономики Урала - чёрная и цветная металлургия, машиностроение (энергетическое, транспортное, сельскохозяйственное), лесная, химическая, нефтехимическая и горно-химическая промышленность, а также добыча и переработка нефти и газа. В сельском хозяйстве Урал известен как центр производства зерна и продуктов животноводства.

Ведущая отрасль промышленности Урала - черная металлургия. Основы металлургической промышленности здесь были заложены еще при Петре I. В конце XVIII века Урал снабжал железом не только Россию, но и Западную Европу. В прошлом, при наличии большого числа месторождений железных руд по всему Уралу, большинство заводов размещалось на Центральном и Северном Урале (эти части региона были богаты лесом, а лес был важным топливом для первых металлургических заводов). В современном производстве в качестве топлива используется уголь, который привозят на Урал из Западной Сибири и Восточного Казахстана, следовательно, новые заводы строились уже в Южном Урале, географически более близком к источникам угля. В настоящее время в регионе работают как старые заводы - Златоустовский, Верх-Исетский, Лысьвенский, Чусовский (они нуждаются в реконструкции и модернизации), так и более современные

Здания некоторых старых металлургических заводов Урала стали туристическими объектами

южноуральские заводы и комбинаты - Магнитогорский, Челябинский, Нижнетагильский и Орско-Халиловский (вместе они производят свыше 80% металлургической продукции региона). По производству чугуна, стали и проката Урал занимает первое место в Российской Федерации. Однако сейчас черная металлургия Урала переживает трудности со снабжением рудой (местные запасы уже истощены), поэтому руду приходится завозить из других мест (Курской области, Северного Казахстана). Предполагается, что в будущем объемы производства чугуна и стали в регионе будут сокращаться – в современной российской экономике эти виды продукции нужны всё меньше и меньше.

Еще одной важной отраслью специализации Уральского региона является цветная металлургия. По выплавке меди Уралу принадлежит первое место в Российской Федерации. Медеплавильные заводы размещены вблизи месторождений меди по восточному склону Уральских гор, крупнейшие из них: Кыштымский электролитный комбинат (Челябинская область) и Кировоградский медеплавильный завод (Свердловская область). На базе нового Райского месторождения меди возник крупнейший в стране Медногорский комбинат (Оренбургская область). Медная промышленность Урала, как правило, связана с химической промышленностью, производящей серную кислоту. Хорошо развита и алюминиевая промышленность во всех ее формах. В Свердловской области создано производство сырья - глинозема, в Каменск-Уральском работает один из крупнейших в стране заводов по выплавке алюминия, в Краснотурьинске — большой алюминиевый завод. До недавнего времени Урал был главным производителем алюминия в стране, но сейчас это место заняла Восточная Сибирь с её богатыми энергетическими и сырьевыми ресурсами.

Урал является одним из основных районов выплавки никеля в Российской Федерации. Никелевая промышленность — это крупные Уфалейский и Орский комбинаты, Режский завод. Также в регионе производятся магний и цинк.

Вторым ведущим направлением экономического развития Урала являются машиностроение и металлообработка; продукция этих отраслей по стоимости превосходит выпуск всей металлургии района. В современной России по масштабам развития машиностроения Урал уступает только Центральному региону. Наибольшее развитие здесь получило тяжелое машиностроение (производство крупных машин для промышленности). Этот вид машиностроения требует большого количества металла, что позволяет выгодно использовать местную металлургию. Урал занимает первое место в стране по выпуску металлургического и нефтегазового бурового оборудования.

«Уралмаш» - крупнейший центр тяжелой промышленности страны

Крупнейшие центры машиностроения на Урале находятся в Екатеринбурге (знаменитый завод «Уралмаш», здесь производят сложное оборудование), в Перми (буры для добычи нефти), в Орске (оборудование для горной промышленности), в Нижнем Тагиле (грузовые вагоны), в Челябинской области (пассажирские вагоны и грузовые автомобили), в Ижевске (легковые автомобили и мотоциклы), в Кургане (автобусы). На машиностроительных заводах Екатеринбурга и Перми выпускают и сложные тяжелые машины, и оборудование для электростанций. Развито и сельскохозяйственное машиностроение: здесь находится один из старейших и крупнейших в России Челябинский тракторный завод, на заводах в Перми и Удмуртии выпускают оборудование для животноводства. В Уфе выпускают оборудование для нефтехимической промышленности.

Третье место по стоимости продукции в промышленности Урала занимает лесная, деревообрабатывающая и бумажная отрасли. Лесные ресурсы Урала богаты, запасы древесины представлены здесь хвойными породами в Пермском крае и Свердловской области, в Башкортостане и Удмуртии. По Каме и Волге древесина сплавляется в южные

ЧАСТЬ 6
УРАЛЬСКИЙ РЕГИОН РОССИИ

регионы страны. На долю целлюлозно-бумажной промышленности Урала приходится до 20% производства бумаги в стране. Центрами бумажной промышленности являются Краснокамск, Красновишерск, Соликамск, Пермь.

К числу ведущих отраслей Урала относится и химическая промышленность. Ее главная продукция — минеральные удобрения, серная кислота, сода. Особенно выделяется калийная промышленность (крупнейшие предприятия ее находятся Пермском крае, в городах Соликамске и Березниках).В Перми организовано производство фосфорных удобрений,в Башкортостане (в городе Салавате) на базе природного и попутного газа действует производство азотных удобрений. На местных месторождениях солей и известняков в Стерлитамаке работает крупная содовая промышленность.

Простая пачка пищевой соды сделала небольшой город Стерлитамак знаменитым на всю Россию

По сравнению с другими регионами неплохо развита промышленность строительных материалов Урала. Так, по производству цемента район занимает четвертое место в стране. Крупные цементные заводы размещены в Нижнем Тагиле, Магнитогорске, Новотроицке.

Развитие на Урале металлургии и тяжелого машиностроения требует большого количества топлива и энергии, поэтому важной отраслью для экономики региона является топливно-энергетический комплекс. До 1970-х гг. нефть Урал получал в основном из Поволжья, Казахстана, Западной Сибири, природный газ — из Тюменской области и Средней Азии.

Сейчас нефть добывают в Пермской и Оренбургской областях, в Республиках Башкортостан и Удмуртия. Нефтеперерабатывающие предприятия работают в Перми, Краснокамске и Орске, а также в Республике Башкортостан. Ведущим нефтедобывающим предприятием республики Башкортостан является «Башнефть» - крупный производственно-хозяйственный и научный комплекс. «Башнефть» сама занимается всеми видами деятельности – от разведки запасов нефти до поставки готовой нефти на заводы. Компания сотрудничает с ведущими фирмами более 20 стран мира. Только в Башкортостане перерабатывается около 26 млн. тонн нефти (1-е место по РФ, 12% от общероссийских показателей). Потенциал местных предприятий позволяет довести объем переработки до 36 млн. тонн нефти в год. На заводах республики производится до 20 % всего российского бензина, 16 % от общероссийских объемов дизельного топлива, авиационный бензин, битумы, мазут, а также спирты, смолы, пропилен, этилен, полистиролы, полиэтилен, полистирол и другие продукты нефтехимии. Нефтеперерабатывающая отрасль Башкортостана является образцом для всей России.

На базе Оренбургского газоконденсатного предприятия развивается мощный производственный комплекс, построены газоперерабатывающий и гелиевый заводы. Главными потребителями оренбургского газа являются Урал и Поволжье, но часть его уходит и за границу – в европейские страны. Оренбургский газ дает возможность создать в регионе мощную энергетическую базу, включающую Ириклинскую ГРЭС, Оренбургскую ГРЭС, Самарскую и Каргалинскую ТЭЦ.

По общей мощности электростанций Уралу принадлежит второе место в Российской Федерации (электроэнергии на каждого человека здесь производится в 2,5 раза больше, чем в среднем по России). Действуют две гидроэлектростанции на Каме — Камская и Боткинская. Вблизи Екатеринбурга построена Белоярская атомная электростанция.

Уральский регион долгие годы развивался как центр тяжелой промышленности, поэтому лёгкая и пищевая промышленность развиты здесь пока недостаточно. Большинство одежды, обуви, продовольствия ввозится на Урал из других регионов страны и из-за рубежа. Пищевая промышленность сложилась в главной сельскохозяйственной зоне Урала - в Челябинской и Оренбургской областях, в Башкортостане и частично в Свердловской области, здесь же больше всего развита мясная промышленность и производство животного масла.

По валовой продукции сельского хозяйства Урал занимает далеко не последнее место среди регионов России, в том числе по животноводству — второе, а по растениеводству — четвертое. Сельское хозяйство региона сосредоточено на юге—в зоне степи и лесостепи.

Еще один символ Урала – оренбургский пуховый платок

По производству зерновых Урал уступает другим регионам, в том числе, и Западной Сибири; Уральский регион больше известен продукцией животноводства: на севере - молочное скотоводство, птицеводство, на юге района - мясомолочное и мясное животноводство, овцеводство, растет роль свиноводства. Регион занимает первое место в стране по производству мясной продукции. По выпуску молочной продукции регион находится на втором месте, уступая только Центральной части России. Оренбургская область славится высококачественной шерстью, здесь разводят коз и налажено традиционное производство знаменитых оренбургских пуховых платков. В Башкортостане развито пчеловодство.

С 2005 года на Урале отмечается заметный рост промышленного производства, особенно в его ведущей отрасли – машиностроении. Это связано, прежде всего, с расширением добычи и экспорта сырья по всей России. Огромные объемы нефтяного экспорта требуют большого количества вагонов-цистерн, экспорт металлов и железной руды приводит к повышению спроса на горное оборудование.

1.6. Транспортные системы Уральского региона РФ

Особенность транспорта Уральского региона РФ – это высокий уровень внутренних перевозок (свыше 60% от общего объема работы транспорта). Это связано с тем, что различные отрасли экономики Урала тесно связаны друг с другом (например, металлургия с машиностроением).

Ведущее место занимает железнодорожный транспорт. На его долю приходится 90% грузовых перевозок и большая часть пассажирских. В регионе действуют меридиональные железные дороги (с юга на север) и широтные магистрали (с запада на восток). Наибольшее значение из широтных магистралей имеет участок Транссибирской магистрали «Челябинск — Владивосток»; меридиональные дороги проходят вдоль хребта Уральских гор. Железные дороги региона бесперебойно

В 1878 году Пермь и Екатеринбург соединила Уральская горнозаводская железная дорога

обеспечивают пропуск поездов из центральных и северо-западных районов европейской части России в Сибирь, в Казахстан, на Дальний Восток. Из всех железных дорог региона важнейшее значение имеет Свердловская железная дорога, она входит в первую тройку железных дорог России, ее услугами пользуются более 12 000 промышленных предприятий.

Речной транспорт развит на реках Камского бассейна. В районе протекает 9 крупных рек; перевозки водным транспортом осуществляются по рекам Кама, Белая, Чусовая, Тобол, Тура, Урал, Вишера и Тавда. Для многих населенных пунктов региона речной транспорт – единственный способ связи с его основной территорией. По речным магистралям ежегодно перевозится около 2 миллионов тонн грузов и 600 тысяч пассажиров. Водный транспорт развит в республике Башкортостан (по рекам Белая и Уфа) и в республике Удмуртия. Однако доля речного транспорта постоянно падает, так как он не выдерживает конкуренции с железнодорожным транспортом. Сейчас свыше 70% перевозимых по рекам грузов составляют минеральные строительные материалы.

По грузообороту автомобильный транспорт на Урале занимает третье место после железнодорожного и трубопроводного. Автобусы перевозят более 60% пассажиров, а в некоторых регионах и в сельской местности - 100%. Главной дорогой остается старинный Сибирский тракт, связывающий Москву с Сибирью. Наиболее развитой сетью автомобильных дорог обладают республики Удмуртия и Башкортостан, а также Челябинская область.

Федеральная трасса М-5 «Урал» протяженностью более 1890 км. является очень перспективной. Автодорога проходит от Москвы до Урала по территории Московской, Рязанской, Пензенской, Ульяновской, Самарской, Оренбургской и Челябинской областей, а также Республик Мордовия, Татарстан и Башкирия. По ней движутся большие грузовые автомобили, которые везут в Западную Сибирь грузы из европейской части России, из Западной Европы и от европейских соседей РФ (Прибалтики, Украины и Белоруссии). В перспективе планируется, что эта трасса станет международным коридором, которая свяжет Китай, Казахстан, Россию и Европу. В настоящее время только 35% дороги находится в нормальном состоянии, для ее развития нужна большая реконструкция.

М-5 — одна из старейших автодорог страны. Участок от Москвы до Рязани построен в начале 30-х годов. В 1946-1947 гг. дорога продлена до Самары; а до Челябинска движение открыто в 1965 году. Продолжением трассы М-5 на восток являются автодороги «Иртыш», «Сибирь», «Байкал» и «Амур». Восточное окончание автодороги М-7 «Волга» соединяется с трассой М-5 в Уфе.

На федеральной трассе М-5 «Урал»

Хорошо развит в регионе трубопроводный транспорт. Через Северный и Центральный Урал проложено несколько ниток нефте- и газопроводов из Западной Сибири в европейскую часть страны и за рубеж. Через территорию региона проходит мощная система трубопроводов, обеспечивающая подачу газа (из северных районов Тюменской области и Средней Азии) и нефти (из Западной Сибири) на Урал. По грузообороту трубопроводный транспорт на Урале занимает второе место после железнодорожного. Первое место по протяженности нефтепроводов занимает Республика Башкортостан.

Через территорию Урала проходят многие международные авиалинии. Главный узел авиалиний–Екатеринбург. Объем грузов, перевозимых авиатранспортом, невелик (не более

ЧАСТЬ 6
УРАЛЬСКИЙ РЕГИОН РОССИИ

2 млн. тонн в год). Самолеты и вертолёты доставляют грузы в труднодоступные северные районы Уральского региона. Главная специализация воздушного транспорта–перевозка пассажиров. Воздушный транспорт используется и в других целях, например, при тушении лесных пожаров и др.

Глава 2. Экономическое сотрудничество Уральского региона со странами ШОС

乌拉尔地区与上合组织成员国的经济合作

乌拉尔地区积极发展与中国的经济合作。中国公司投资建设斯维尔德洛夫斯克州和车里雅宾斯克州的工业和能源基础设施。1990—2000年间俄罗斯经济危机后，乌拉尔各工厂的生产量急剧减少，后来其恢复直接和中俄双方的合作相关联，比如该地区的企业能为中俄"西伯利亚力量"天然气管道的建设生产管道材料。斯维尔德洛夫斯克州和中国的一些城市签订了在机器制造业、木材加工业、建筑业等领域合作项目的协议。巴什科尔托斯坦共和国和中国重庆市、江西省也签订了类似的协议。

乌拉尔地区的企业主要向中国提供建筑原料、铝和其他金属、矿物肥料，而从中国采购工业设备和日用品。中俄已经签署了从新疆维吾尔自治区到车里雅宾斯克州建设运输长廊的协议，货物从那里可以到达欧洲。根据此协议，该地区将成立一个大型物流中心——"南乌拉尔"物流运输综合体。

苏联时期乌拉尔地区和哈萨克斯坦都是统一的经济体制，这就决定了两个地区这种经济互通的依存关系。哈萨克斯坦65%的对外贸易都会经南乌拉尔地区。

2.1. Экономическое сотрудничество с КНР

Уральский регион активно развивает партнёрские экономические связи с КНР. Важнейшую роль в этом сотрудничестве играет Свердловская область, в Екатеринбурге действует Генеральное консульство КНР. Стороны реализуют широкий спектр совместных проектов, например, на Среднем Урале строится гигантский завод по производству цемента (соглашение о его сотрудничестве в 2013 году подписали главы правительств двух стран – Д.А. Медведев и Ли Кэцян). Огромные совместные инвестиции – около 600 млн. долларов США – планируется направить на модернизацию Троицкой ГРЭС в Челябинской области. Строительство газопровода «Сила Сибири», по которому российский газ пойдет в Китай, даст мощный стимул возрождению уральской металлургии; для газопровода потребуется огромное количество труб, которые могут дать предприятия Урала. Власти Свердловской области в 2014 году назвали сотрудничество с КНР и странами ШОС «приоритетным».

По данным на 2014 год, объем торгового оборота КНР с Уральским регионом России составлял около 2 млрд. долларов США, при этом на крупнейшего партнёра Китая в регионе – Свердловскую область – приходилось свыше трети этой суммы. Сотрудничество между Свердловской областью и Китаем началось еще в 1991 году, когда было подписано Соглашение об установлении побратимских отношений между Свердловской областью и г. Харбин и Протокол о торгово-экономическом

Представители компании «Уралкалий» проводят регулярные встречи с китайскими партнерами

сотрудничестве. На сегодняшний день только властями Свердловской области подписаны крупные экономические соглашения с властями провинции Хэйлунцзян и Синьцзян-Уйгурского автономного района. Успешно реализуются совместные проекты свердловских и хэйлунцзянских партнёров в сфере промышленного и энергетического машиностроения. Большой интерес к Свердловской области проявляют китайские строительные компании и предприятия строительной индустрии, есть соглашения в области энергетики, лесопереработки, медицины. 14 июня 2009 года в рамках Совета межбанковского объединения ШОС между властями Свердловской области, российским «Внешэкономбанком» и Банком развития КНР было подписано трехстороннее соглашение о сотрудничестве в области инвестиционного развития.

Из Свердловской области в Китай поставляется сырьё для строительной индустрии (свыше 30% всего экспорта), большую роль играют металлы (около 29%, из них почти 12% - чёрные металлы и 10% - алюминий и изделия из него). Немалое место занимают поставки в Китай химической продукции (26%). Оставшаяся доля экспорта (более 13%) – это промышленные машины и оборудование. Из КНР на Урал также поставляются машины и оборудование, в том числе, транспортное. Из Китая ввозятся товары широкого потребления – одежда, игрушки, мебель.

Большое значение имеет и сотрудничество в транспортной сфере. Так, в 2012 году власти Челябинской области подписали соглашение с Народным правительством Синьцзян-Уйгурского автономного района о создании мощного транспортного коридора по маршруту Урумчи (СУАР КНР) – Дастык (Казахстан) – Увельский район Челябинской области.По этому коридору должны пойти грузовые потоки в направлении Западной Европы. Этот проект был одобрен лично президентом Владимиром Путиным. На территории Увельского района Челябинской области создаётся крупный центр логистики «Южноуральский», огромный таможенный склад, расширится железнодорожная и автомобильная инфраструктура. Из Китая по Казахстану грузы пойдут в контейнерах по железной дороге, на границе с Россией в центре «Южноуральский» они будут перегружаться на большие грузовые автомобили. Центр сможет принимать до 400 контейнеров в сутки, к 2019 году – до 800 контейнеров. Грузы будут предназначаться, прежде всего, для ближайших крупных городов России – Челябинска, Екатеринбурга, Уфы. Доставка грузов от «Южноуральского» до Москвы будет занимать не более 48 часов.

Сотрудничество Челябинской области и других субъектов Южного Урала с географически близкими регионами Западного Китая имеет большие перспективы. Однако связи с китайскими партнёрами не ограничиваются географическим положением. Так, например, Челябинская область имеет обширные научно-технические и торгово-экономические связи с городом Харбин. Китайская сторона предлагает челябинцам помощь в развитии современной высокотехнологичной медицины и кабельного телевидения, кроме того, партнёры из провинции Хэйлунцзян проявляют интерес к главному экономическому ресурсу Южного Урала – продукции металлургических предприятий.

Основание центра логистики «Южноуральский»

Одним из лидеров Уральского региона по сотрудничеству с Китаем является Республика Башкортостан. Власти республики используют все возможности для привлечения китайских инвестиций: как в рамках форума «Волга – Янцзы», так и самостоятельно. Только за 2013 и 2014 год Башкортостан принял 10 делегаций из провинций Цзянси, Аньхой и города Чунцин, заключены десятки конкретных контрактов и два межправительственных соглашения (с Народными правительствами города Чунцин и провинции Цзянси). Достигнутые договоренности разнообразны и взаимовыгодны: китайские строители в 2015 году возведут в Уфе крупный торговый центр (этим проектом занимается крупная китайская компания Zhong Ge Trading Group), а в провинцию Цзянси будет поступать знаменитый башкирский мёд. Большие перспективы наметились и в совместной разработке медных ресурсов Башкортостана с партнёрами из провинции Цзянси, специалисты которой накопили огромный опыт в сфере глубокой переработки меди экологически чистым способом. Сотрудничество в этой сфере не только даст большой экономический эффект, но и положительно скажется на экологии Республики Башкортостан.

2.2. Экономическое сотрудничество со странами Средней Азии

Уральский регион традиционно осуществляет сотрудничество со странами

Представители властей Челябинской области и Республики Казахстан подписывают экономические соглашения (2013 год)

Центральной Азии. Во времена СССР сложились теснейшие экономические связи, экономика Урала и Казахстана, например, действовала как единый хозяйственный механизм. Казахстан, в силу очевидных географических причин, остаётся главным партнёром Уральского региона России. Оренбургская, Челябинская и Курганская области имеют протяженную границу с Казахстаном. Динамика экономического развития Казахстана во многом совпадает с российской, в период с 2008 по 2015 год эта страна так же, как и Россия, взяла курс перестройки с сырьевой на инновационную модель развития экономики. Достаточно сказать, что на обмен грузами с Уральским регионом приходится свыше 65% всей внешней торговли Казахстана, при этом товарооборот показывает устойчивый рост на уровне 25-30% в год. Основу этой торговли составляет ввоз сырья из Казахстана на территорию Зауралья. Более 60% импорта Оренбургской области приходится на поставки сырой нефти из прикаспийских районов Казахстана, затем эта нефть перерабатывается на заводе города Орск. На казахской железной руде работают крупные металлургические заводы в Оренбургской области и Пермском крае.

Особенно активно развиваются торговые связи Казахстана с промышленно развитыми Челябинской и Свердловской областями. Из России в Казахстан идут металлы и изделия из металла (до 40% всего уральского экспорта) и машины, а также стройматериалы. Из Казахстана на Урал поставляются минеральные продукты, то есть руды (железная руда, медная руда), уголь, нефть и нефтепродукты. Кроме того, из Казахстана на предприятия Урала идёт электроэнергия. Казахстан уделяет сотрудничеству с Уральским регионом огромное внимание, это государство открыло торговые представительства в Челябинской и Оренбургской областях, а также в Республике Башкортостан. Обе стороны реализуют крупные совместные проекты в добывающей отрасли. Свердловская область и Казахстан ведут ряд совместных проектов в энергетике, металлургии, машиностроении. Уральские бизнесмены активно вкладывают капитал в экономику Казахстана, открывают на его территории свои предприятия, рассматривая Казахстан в качестве «ворот» в Среднюю Азию.

Казахстан является далеко не единственным партнёром Уральского региона РФ в экономике. Большой интерес к сотрудничеству с регионом показывает и Узбекистан. Южный Урал в 2015 году начал наращивать продовольственное сотрудничество с Узбекистаном: в Челябинскую область из Средней Азии будут поставляться узбекские фрукты и овощи. Из Свердловской области в Узбекистан будут поставляться промышленные машины и современные трамваи. Для нефтяной промышленности

ЧАСТЬ 6
УРАЛЬСКИЙ РЕГИОН РОССИИ

Узбекистана машины и оборудование планируется закупать также в Свердловской области.

Достаточно быстро растёт товарооборот Свердловской области и Киргизии. В 2006 году было подписано первое соглашение о торгово-экономическом, научно-техническом и гуманитарном сотрудничестве между Средним Уралом и Киргизией, в 2010 году были подписаны дополнительные договоры. Сотрудничество идёт в самых разных направлениях: машиностроение, сельское хозяйство (птицеводство), строительство. Большой интерес киргизские партнёры проявляют к сельскохозяйственным машинам, которые производятся на Урале. Активно ищут новых партнёров в Уральском регионе РФ и отдельные регионы Киргизии.

Глава 3. Научные и образовательные ресурсы Уральского региона России

俄罗斯乌拉尔地区的科教资源

历史上乌拉尔地区是作为工业区发展的，所以当地的科教发展总是从属于工业需求发展。乌拉尔地区的第一所学校是矿业学校，当时是为了培养采矿业人才。苏联科学研究院乌拉尔分院从建立之初就研究地质学、地球化学、地球物理学与其他相似领域的知识。当地的学者们也在开采新类型矿物领域取得了巨大的成功。

乌拉尔地区现在有四所规模较大的大学：乌拉尔联邦大学（位于叶卡捷琳堡）、南乌拉尔国立大学（车里雅宾斯克）、彼尔姆国立大学和彼尔姆国立科研理工大学。在叶卡捷琳堡共有大约50所高校，而乌拉尔联邦大学是俄罗斯规模较大的大学之一（大约有6万学生）。乌拉尔联邦地区的很多高校都和上海合作组织成员国保持着密切的联系，为中亚国家培养着高端人才（主要是地质研究员和矿业工程师一类人才）。乌拉尔联邦大学还和中国的一些大学联合培养区域学方向人才。

Уральский регион едва ли можно назвать ведущим регионом России в развитии науки и образования. Это связано с тем, что регион во все периоды своей истории (а также на современном этапе) развивается как промышленный центр России. Однако научные и образовательные ресурсы региона весьма велики.

Развитие образования на Урале с самого начала было ориентировано на нужды местной промышленности. Первыми учебными заведениями были горные училища, которые готовили специалистов для местных добывающих предприятий. Первый вуз на Урале был открыт в Екатеринбурге в 1914 году – это был также Горный институт. Первый классический университет появился в Перми только в 1916 году. Только в эпоху СССР на

Диплом выпускника Уральского горного училища (1896 год)

Урале началось бурное развитие высшего образования, были созданы крупные вузы и отделение Академии наук (его история начинается с 1932 года). Работа уральских филиалов Академии наук СССР была с самого начала направлена на освоение природных ресурсов Урала, на ускоренное развитие здесь современной промышленности. Поэтому основными направления работы уральских академиков стали технические науки: геология, геохимия, физическая химия, физика и т.п.

Во время Великой Отечественной войны на Урал временно переехали многие научные институты из европейской части России. После войны в регионе начался бурный научный рост, быстро увеличивалось количество научных институтов, в том числе, биологических и экономических. Институты Академии наук СССР появились и в Перми, и в Уфе, а после 1970-х годов – во всех областях и республиках Урала. В 1987 году Уральское отделение Академии наук СССР получило самостоятельный статус. Его ученые добились особенно крупных успехов для усовершенствования работы в отраслях нефтехимии, металлургии и машиностроения, особенно важных для региона. Академики добились огромных успехов и в геологии, открыв в регионе новые месторождения полезных ископаемых. Гуманитарные институты Уральского отделения РАН провели большую работу по изучению языков, культуры и истории народов Урала.

В настоящее время лидерами научно-образовательного развития Уральского региона являются 4 вуза, имеющие особое государственное значение. Это Уральский федеральный университет (УрФУ) в Екатеринбурге, Южно-Уральский государственный университет (ЮУрГУ) в Челябинске и два вуза Перми – Пермский государственный университет и Пермский национальный исследовательский политехнический университет (ПНИПУ). Эти вузы создают до 90% всех научных работ в регионе.

ЧАСТЬ 6
УРАЛЬСКИЙ РЕГИОН РОССИИ

В УрФУ часто проводятся мероприятия для старшеклассников

Крупнейшим вузом региона в настоящее время является Уральский федеральный университет имени Б.Н. Ельцина. Кроме того, УрФУ является одним из крупнейших вузов России – здесь учится до 57 тысяч студентов на более чем 64 направлениях подготовки. Вуз был создан в 2009 году на базе Уральского государственного технического университета, затем в 2011 году в его состав вошёл Уральский государственный университет. Главными направлениями научной работы вуза являются современная физика и астрономия, математика и механика, энергетика и металлургия. При УрФУ действует специальная школа для обучения одарённых старшеклассников, в которой преподают профессора вуза.

Центром высшего образования региона является Екатеринбург (в нем работает почти 50 вузов). Кроме Уральского федерального университета в городе действуют следующие престижные вузы: Уральский государственный педагогический университет (один из старейших вузов Урала, 4-е место среди всех педагогических вузов России), Уральский государственный экономический университет, Уральский государственный университет путей сообщения, Уральский государственный горный университет, Уральский государственный медицинский университет, Екатеринбургская академия современного искусства и многие другие.

Екатеринбург имеет с государствами Центральной Азии давние и прочные образовательные связи. Особое развитие они получили после прошедшего в июне этого года в Екатеринбурге саммита ШОС.

Так, например, Уральский государственный медицинский университет (г. Екатеринбург) готовит квалифицированных врачей для среднеазиатских республик, входящих в ШОС.У медицинских учреждений и вузов этих стран имеется большой интерес к российскому медицинскому образованию, поэтому они постоянно обращаются в российские вузы с просьбой прислать специалистов для обучения работе на современном оборудовании, проведения показательных операций, чтения лекций. Такое сотрудничество сложилось с вузами Узбекистана, Казахстана и Киргизии. Способствует развитию образовательных связей общий менталитет, отсутствие языковых барьеров, общая советская медицинская школа и общие культурные традиции. Аналогичная ситуация сложилась и в подготовке специалистов для горнодобывающей отрасли для республик Средней Азии, ее осуществляет Уральский государственный горный университет в Екатеринбурге; вуз заключил договоры о сотрудничестве с крупнейшими добывающими предприятиями этих стран по целевой подготовке специалистов. Для региона Центральной Азии очень актуально исследование месторождений нефти, газа, золота, других ценных минералов и сырья; в этом отношении власти республик Средней Азии очень рассчитывают на помощь уральских партнёров. Кроме Казахстана и Узбекистана, специалистов добывающей отрасли готовят и для Монголии.

Широкое научное сотрудничество с академическими центрами Казахстана, Киргизии и Узбекистана ведёт Уральский федеральный университет. Но особенно активное сотрудничество в сфере образования складывается с КНР, с вузами Шанхая, Урумчи, Пекина, Харбина и Даляня. Вуз ведет открытые для всех желающих курсы китайского языка. В 2008 году в вузе открылся 16-й в России и первый в Уральском регионе Институт Конфуция. Интерес к Китаю и китайскому языку стабильно растёт по всему Уральскому региону.

Интерес к китайскому языку на Урале велик. На фото: конкурс по китайскому языку для школьников Екатеринбурга

Прошедший в крупнейшем городе Урала – Екатеринбурге – в 2009 году саммит ШОС дал мощный толчок научному и гуманитарному сотрудничеству региона с партнерами по международной организации. В Уральском государственном экономическом университете (УрГЭУ, г. Екатеринбург) перед саммитом прошла международная молодежная деловая игра «Саммит ШОС-2039» (через 30 лет после саммита молодые участники игры станут лидерами, принимающими важные решения). Участниками этой игры были более 150 студентов, аспирантов, молодых преподавателей и ученых из стран Шанхайской организации сотрудничества. Уральский государственный университет (ныне Уральский

ЧАСТЬ 6
УРАЛЬСКИЙ РЕГИОН РОССИИ

федеральный университет) в 2009 году организовал Летнюю академию ШОС, в которой студенты и учёные разных стран мира (России, Киргизии, Германии, США) обсуждали вопросы регионального взаимодействия.Уральский федеральный университет в сотрудничестве с Синьцзянским педагогическим, Пекинским педагогическим университетами, с Даляньским университетом иностранных языков, а также с рядом вузов Центральной Азии в рамках программы Университета ШОС осуществляет совместную подготовку магистров по специальности «Регионоведение».

Глава 4 Природные и культурные достопримечательности Уральского региона России

俄罗斯乌拉尔地区的自然文化景观

乌拉尔地区不仅拥有独特的自然风光，还有许多18、19世纪风格的建筑（如涅维扬斯克、阿里帕耶夫斯克古老的教堂，乌拉尔传统的俄罗斯移民的房屋等）。但是该地区却没有全俄意义上的旅游资源。

阿尔卡伊姆古城是一处古人的村落遗址，其具有独特的历史意义。加尔达里卡历史公园是基辅罗斯时期斯拉夫先民村落形态的典型代表，同时，其也是亚欧分界线碑的所在地。昆古尔冰洞中有长达1500米的地下通道，游客可以观赏到数十个地下湖泊，其中车尔雅宾斯克的湖泊"图尔戈雅克"，因其清澈且有益于健康的湖水被誉为小贝加尔湖。

叶卡捷林堡的文娱景点颇受人们喜爱，这其中包括歌剧芭蕾舞剧院和以俄罗斯联邦第一任总统叶利钦命名的文化中心，还有为纪念1918年被处决的末代沙皇尼古拉二世修建的皇家纪念碑。

В Уральском регионе существует огромное количество уникальных культурных достопримечательностей России. Здесь сохранились образцы традиционной русской культуры XVII-XVIII веков. Определенный интерес представляют и многочисленные достопримечательности крупнейших городов региона, прежде всего, Екатеринбурга, Перми и Уфы. Вместе с тем, на Урале нет достопримечательностей общероссийского значения, к которым бы выстраивались очереди туристов, однако в последние годы интерес к туристическому потенциалу региона стабильно растёт.

Аркаим

Челябинский историко-ландшафтный заповедник «Аркаим» находится в Южном Зауралье, в 680 км от Екатеринбурга. В 1980-х годах здесь, у горы Аркаим, обнаружили древнее поселение, существовавшее 4 тысячи лет назад. Это удивительное место, овеянное легендами, привлекает внимание тех, кто интересуется историей и дописьменными культурами, а также тех, кто любит всё загадочное и необъяснимое.

Аркаим

На территории заповедника есть лагерь с охраняемой парковкой, кафе, душевыми. Любой желающий может поставить палатку или предварительно забронировать место в летнем домике, вагончике или юрте. Туристический сезон в «Аркаиме» продолжается с 1 мая по 30 сентября. В другое время обслуживание гостей заповедника прекращается.

Главный объект заповедника – руины древнего города - находятся в 2,5 км от туристического лагеря. Древнее поселение имеет круговую конструкцию, окруженную деревянной стеной, диаметр внешнего круга составлял порядка 170 метров. За стеной жил древний город: найдены гончарные мастерские, кузницы, даже настоящая площадь. В поселении жило более 1000 человек европейской расы.

Посетители «Аркаима» при желании могут составить обширную культурную программу на несколько дней, начать можно с Исторического парка, это собрание древних погребений разных исторических эпох. Здесь можно увидеть скульптуры и гробницы европейских и азиатских культур. На территории заповедника находится музей «Природа и человек», а также Музей древних производств и усадьба оренбургских казаков. Среди туристов популярен обряд встречи рассвета на местных невысоких горах.

Верхотурье

Город Верхотурье называют духовной столицей Урала. Действительно, такой плотности церквей и монастырей на тысячу жителей на Урале больше нигде нет. Верхотурье всегда считали центром православия на Урале, поэтому православных храмов здесь очень много. На всю Россию Верхотурье стало знаменито как место, где хранятся мощи Праведного Симеона, духовного покровителя Урала и Сибири.

Сам город был основан в 1598 г. на государственной дороге из европейской части России в Сибирь над рекой Турой и выполнял только военные задачи. Начинался город с Верхотурского кремля, заложенного по распоряжению Петра I в честь своего сына - царевича Алексея. Здесь находится известный на весь Урал Троицкий собор. Еще в городе есть мужской и женский монастыри, в одном из которых расположен красивейший Крестовоздвиженский собор. Ежегодно в Верхотурье устремляются тысячи православных паломников.

ЧАСТЬ 6
УРАЛЬСКИЙ РЕГИОН РОССИИ

Старинный собор в Верхотурье

Гардарика

Всего в 40 километрах от Челябинска, в огромном яблоневом саду находится реконструкция славянского поселения IX-XII веков Гардарика. Здесь всё устроено так, как это было в древние времена: дома построен без гвоздей, на заборе - черепа животных (славяне верили, что они имеют волшебную силу и защищают дом), жилище освещают лучинами, хлеб пекут в настоящей русской печи, гостей угощают сваренным на костре сбитнем (это древний славянский напиток - чай из лесных трав с мёдом; до прихода в Россию чая из Китая сбитень был главным горячим напитком русских, но сейчас традиция его приготовления осталась только в таких местах, как Гардарика).

Старинный русский напиток – сбитень – раньше варили на костре

Каждый год в Гардарике проводят славянские праздники: Купала, Осенины, Коляда, Масленица, жгут костры, водят хороводы, проводятся соревнования по владению славянским оружием – мечом и луком. На праздники съезжаются гости со всего Урала. Туристам предлагают разные экскурсии для гостей любого возраста. Детям рассказывают, как славяне строили дома в древнем Новгороде, как добывали огонь. Здесь можно послушать старинные музыкальные инструменты, например, гусли. Особенно красиво в Гардарике весной и ранней осенью.

Достопримечательности Екатеринбурга

Известной достопримечательностью Екатеринбурга является Дворец игровых видов спорта «Уралочка», построенный для проведения международных соревнований по

Дворец игровых видов спорта «Уралочка»

волейболу, баскетболу и другим игровым видам спорта. Зал Дворца рассчитан на 5000 мест, это самый крупный закрытый спортивный комплекс Урала и Сибири. Здесь же проводят различного рода концертные программы и шоу. Дворец регулярно принимает «звезд» российского и зарубежного шоу-бизнеса.

Екатеринбургский государственный академический театр оперы и балета появился в 1912 году, находится в центре города, на проспекте Ленина. Театральный зал имеет форму подковы. Во времена СССР театр звали «лабораторией советской оперы», на его сцене работали именитые мастера. Театр имеет и собственную балетную труппу. Театральный оркестр состоит из заслуженных артистов страны. Театр сотрудничает с коллегами из Италии, Англии, Германии, Кореи, США и других стран. На его сцене появляются знаменитые гастролеры и проводятся крупные музыкальные фестивали, в том числе международного масштаба.

Екатеринбургский государственный академический театр оперы и балета

Главной достопримечательностью Екатеринбурга, бесспорно, является Храм на Крови.

ЧАСТЬ 6
УРАЛЬСКИЙ РЕГИОН РОССИИ

Его полное название звучит так: «Храм-Памятник на Крови во имя Всех святых, в земле Российской просиявших». Храм был построен в 2003 году у места казни последней царской семьи – Николая Романова, его супруги и детей - и является одним из крупнейших в стране. Последний российский император был убит здесь в 1918 году.

Сегодня в храм приезжают православные паломники и любители истории со всей России и из-за рубежа. Храм на Крови – действующий собор и музейный комплекс. Храм представляет собой здание в 60 метров высотой с пятью куполами в русском стиле, площадь 3000 квадратных метров; храм широко известен своими колоколами.

Памятник семье Николая Второго включает композицию из семи фигур. Кроме того, восстановлена и комната, где произошла казнь. Здесь базируется музей, посвященный последним дням царской семьи, имеется зрительный зал на 160 мест. Каждый год в ночь казни Романовых с 23.00 до 04.00 в храме проводится православный обряд, который завершается крестным ходом длиной в 25 километров.

Храм на Крови

Кунгурская ледяная пещера

Кунгурская ледяная пещера – памятник природы всероссийского значения – одна из самых известных достопримечательностей Урала. Пещера находится на окраине города Кунгур в Пермском крае (100 км. от Перми). Любопытство и желание познать мир льда привлекают в пещеру множество посетителей. Возле пещеры построен туристический комплекс «Сталагмит» — гостиница, ресторан, автостоянка.

Это одна из крупнейших ледяных пещер в России, седьмая в мире по протяженности (около 5,7 километров, из них 1500 метров открыто для посещений туристами). Средняя температура воздуха в центре пещеры +5 °C. Пещера содержит 58 гротов, 70 озёр (крупнейшее озеро имеет площадь поверхности 1500 метров, глубину 5 метров), 146 высоких шахт, доходящих почти до поверхности.

Кунгурская ледяная пещера

Музей под открытым небом в Нижней Синячихе

В селе Нижняя Синячиха нужно побывать обязательно хотя бы один раз в жизни, чтобы своими глазами увидеть уральские деревянные постройки XVII – XIX веков. Поездка в Нижнюю Синячиху — это путешествие в мир уральской деревни. Село имеет богатую историю, первые сведения о нем относятся к 1680 году. Нижняя Синячиха возникла на торговой дороге с севера России на Урал. Сегодня музей-заповедник Нижней Синячихи насчитывает 24 деревянные постройки. Это крестьянские избы XVII, XVIII и XIX веков, а также другие постройки: конюшня, амбар, баня, колодец, кузница, сельские часовни. Особенно хорошо в Нижней Синячихе летом. По пути в село можно заехать в уральский городок Алапаевск, здесь в детские годы жил Петр Ильич Чайковский. Сохранился дом, в котором жила семья, и сегодня в нем находится музей детства композитора. Нижняя

Село Нижняя Синячиха

Синячиха находится в 160 км. от Екатеринбурга и всего в 10 км. от Алапаевска.

Невьянская башня

Невьянская башня—наклонная башня, которая расположена в центре города Невьянска Свердловской области. Башня построена в первой половине XVIII века потомками Никиты Демидова. Невьянск находится в 75 км. к северу от Екатеринбурга. Об истории и назначении наклонной башни почти ничего не известно, неизвестна и дата её постройки. Высота башни – почти 60 метров, всего восемь этажей. Невьянскую достопримечательность часто сравнивают с самой известной наклонной башней в мире – Пизанской башней в Италии (Невьянская башня выше Пизанской на несколько сантиметров). На башне имеются часы с музыкальным боем. Считается, что башня является символом могущества семьи Демидовых, которых называли «хозяевами Урала».

Невьянская башня

Озеро Тургояк

На Урале есть свой маленький Байкал - это пресноводное озеро Тургояк недалеко от города Миасс (Челябинская область). Вода настолько прозрачная, что дно видно на глубине 15 метров. Озеро словно зажато между двух горных хребтов. Тургояк не случайно называют «уральским Байкалом». По своим качествам вода челябинского озера почти ничем не уступает байкальской. Вода здесь мягкая, в ней практически отсутствуют минеральные соли, и, благодаря подземным радоновым источникам, она обладает целебными свойствами. Местные жители считают, что вода из Тургояка омолаживает лицо.

Озеро Тургояк

Тургояк – глубокое озеро, в некоторых местах до 36 метров. Береговая полоса, которая тянется на 40 км., радует глаз разнообразием — есть и поляны, и скалистые крутые берега, подступающий к воде сосновый лес. По берегу проложены прогулочные тропы, построены обзорные площадки, можно совершить прогулку на яхте. По озеру ходят на яхтах. На Тургояке расположены базы отдыха и детские лагеря.

Граница Азии и Европы

Урал - уникальный регион, который расположен на границе Азии и Европы. Условная граница идет по восточным склонам Уральского хребта. Об этом говорят монументы, которые установлены на дорогах и трассах – обелиски «Азия – Европа». Туристам, особенно иностранцам, очень нравится здесь фотографироваться, поскольку лишь в этом месте можно стоять одной ногой в Азии, а другой – в Европе.

Граница Европы и Азии

Глава 5 Экологическая обстановка в Уральском регионе России

俄罗斯乌拉尔地区生态状况

乌拉尔地区是俄罗斯生态环境较差的区域。苏联时期建造的大型黑色与有色金属企业、机械制造企业、木材企业、化学企业和能源企业是造成该地区空气污染、水污染和土地污染的主要源头。车里亚宾斯克州被认为是俄罗斯污染最严重的地区之一，同时车里雅宾斯克市和马格尼托戈尔斯克市的污染状况仍在加剧。马格尼托戈尔斯克市的一个金属加工企业单位时间内排放到空气中的有害物质，与整个俄罗斯西北地区的排放量相当。下塔吉尔市（斯维尔德洛夫州）也是俄罗斯污染状况最严重的地区之一。在乌法市，由于当地石油化工企业的生产活动，也存在着环境污染问题，但现今这一问题已得到有效解决。

该地区的伊赛特河和乌法河仍存在着水质问题。库尔干州河水污染状况较为严重，河水无法作为饮用水，因此在该地区存在着纯净饮用水短缺问题。该地区放射污染和工业废料填埋问题十分突出（特别是在车里雅宾斯克州）。地下矿产资源的大量开采改变了地形面貌，形成了很多洼地和沟壑。

ЧАСТЬ 6
УРАЛЬСКИЙ РЕГИОН РОССИИ

Уральский район – самый экологически неблагополучный район России. Экология Урала чрезвычайно загрязнена, так как в этом регионе России сосредоточено огромное количество предприятий тяжёлой промышленности. Именно в Уральском районе расположены основные объекты чёрной и цветной металлургии, лесохимической индустрии, электроэнергетики и машиностроения. Большинство этих предприятиях были построены в эпоху СССР, с тех пор они продолжают работать на устаревших технологиях.

Ядовитые отходы

Состояние воды в регионе также считается неудовлетворительным. Наиболее сильно загрязнены реки Свердловской области. Вокруг многих промышленных центров загрязненыи подземные воды, которые используются для питьевого водоснабжения крупных городов Урала.

Одна из важнейших проблем экологии Урала – это проблема радиационного загрязнения на территории ныне закрытого комплекса по производству плутония «Маяк» (в городах Озерск, Кыштым и прилегающих территориях Челябинской области). В 1957 году там произошла авария, более 500 000 жителей Челябинской области подверглись повышенному воздействию радиации, были серьёзно загрязнены радиацией река Теча и озеро Карачай. В Челябинской области вокруг города Карабаш обозначена зона особой экологической опасности – там уровень радиоактивного заражения особенно высок. Кроме того, экология Урала активно портится десятками предприятий нефтеперерабатывающей и нефтедобывающей промышленности. К примеру, такие предприятия в Уфе каждый год выбрасывают в атмосферу 100 000 тонн загрязняющих веществ.

Промышленость Урала наносит немалый вред окружающей среде

Челябинская область вообще является самым загрязненным регионом России – в рейтинге качества экологии из всех субъектов РФ она занимает последнее, 85-ое место. Города Челябинск и Магнитогорск входят в список городов с самым плохим состоянием воздуха. В некоторых местах Челябинской области в воде и почве находят такое опасное вещество, как мышьяк. Только «Магнитогорский металлургический комбинат» ежегодно выбрасывает в атмосферу более 300 000 тонн вредных веществ. Данная цифра равна объёму вредных выбросов за год со всех промышленных объектов Северо-Западного региона России. В Магнитогорске в воздухе по многим загрязняющим веществам (диоксидам азота и серы, аммиаку, бензолу, фенолу, сероводороду, сероуглероду, свинцу и т.п.) нормы превышены в 2-5 раз. Дети в городе Магнитогорске болеют в два раза чаще, чем дети в других городах Челябинской области. В Свердловской области экологическая обстановка не намного лучше – 84-ое место среди всех субъектов Российской Федерации. Особенно тяжелая ситуация с состоянием воздуха в городе Нижний Тагил. Ситуация в промышленно развитом Пермском крае (80-е место) и в Курганской области (79-ое место) также очень сложная. Экология Урала неблагополучна для проживания людей. Многие города Уральского региона официально признаны вредными для проживания; среди них: Челябинск, Уфа, Курган, Екатеринбург, Нижний Тагил и прочие. Экология Урала стала причиной массового оттока населения. Люди, заботясь о собственном здоровье и благополучии своих детей, покидают этот регион России.

98% всех сточных вод в регионе или совсем не очищаются, или очищаются недостаточно. Так, например, в реке Уфа железа в 4,5 раза больше нормы, меди в 5 раз, а марганца – в 24 раза. Вода Исетского водохранилища загрязнена железом, медью, цинком, марганцем, органическими веществами и азотом, она даже на вид очень грязная. Качество воды р. Исеть (в городе Екатеринбург) оценивается между «грязная» и «очень грязная», река загрязнена железом, цинком, медью, марганцем, азотом, органическими веществами и фосфатами. В Курганской области реки загрязнены настолько, что использовать их воду для питья невозможно, приходится использоваться воду из подземных источников, но и она загрязнена бромом и бором. Только на 20% водопроводов Урала вода очищается достаточно. 40% городского и 95% сельского населения Уральского района вообще не обеспечено водопроводом и канализацией. От 25% до 30% проб воды из водоёмов Урала оцениваются как «неудовлетворительные». 80% рек признаны непригодными для водоснабжения.

Экологию Урала отравляют и скопившиеся здесь 20 млрд. тонн промышленных отходов. Тысячи гектаров земель отведены под полигоны и свалки для хранения отходов. Довольно внушительная часть этих отходов представляет угрозу для экологии Урала. На территории одной только Челябинской области свалки отходов составляют 15% от общероссийских показателей.

Серьёзно загрязнены почвы региона. Уровень содержания вредных веществ в почвах вблизи предприятий чёрной и цветной металлургии в сотни раз выше нормы. Из-за активной добычи полезных ископаемых сильно изменились естественные ландшафты Урала (для описания этой проблемы используется термин «нарушенные земли»). В результате добычи железной руды почти полностью исчезли горы Высокая и Магнитная. На месте Челябинского угольного бассейна – огромное количество больших ям. Многие такие нарушенные земли находятся в городах, к примеру, в Нижнем Тагиле такие земли составляют 30% от всей территории. А в Пермском крае, в городах Березняки и Соликамск, под землёй появились огромные пустоты. Из-за этого в этих городах иногда случаются небольшие землетрясения, появляются провалы глубиной более 4 метров.

Многолетняя вырубка лесов на Среднем и Южном Урале на больших площадях приводит к уничтожению ценных пород, замене хвойных пород малоценными лиственными.

Местные власти предпринимают огромные усилия для улучшения экологической обстановки в регионе. Так, в Екатеринбурге для улучшения качества воздуха в городе власти выделят до 2020 года 1,9 млрд. рублей (проект «Чистый город»). Главная цель проекта – снижение вредных выбросов автотранспорта на основе развития в городе экологически чистого транспорта. Власти Челябинской области подготовили план переработки промышленных отходов предприятий металлургии и машиностроения; пока ежегодно образуется около 90 млн. тонн отходов, из них перерабатывается не более 50%. Власти Свердловской области подписали договор с французской компанией, которая создаст в Екатеринбурге и Нижнем Тагиле новую систему мониторинга качества воздуха. Эта работа будет проходить в рамках подготовки к чемпионату мира по футболу и выставке «Экспо-2020». Для участия в этих мероприятиях на Урал приедет много гостей со всего мира, поэтому вопрос качества воздуха становится не только экологическим, но и политическим.

В целом по региону наблюдается положительная динамика улучшения экологической обстановки, уже несколько лет подряд снижается уровень загрязнения воздуха.

ЧАСТЬ 7

ЗАПАДНО-СИБИРСКИЙ РЕГИОН РОССИИ

Глава 1　Экономико-географическая характеристика Западно-Сибирского региона России

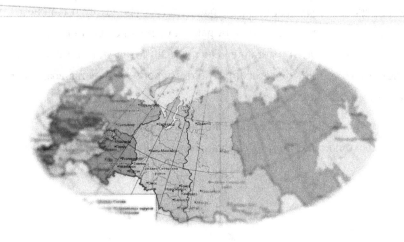

俄罗斯西西伯利亚地区的经济地理特征

西西伯利亚地区西起乌拉尔的东部，东至叶尼塞河流域，包括秋明州、汉特—曼西自治区、亚马尔—涅涅茨自治区的大部以及鄂木斯克州、新西伯利亚州、托木斯克州、克麦罗沃州和阿尔泰共和国。该地区（尤其是其北部）拥有丰富的矿产资源（石油、天然气、煤炭）、水力资源和生物资源，因此也同样是目前俄罗斯的经济中心之一。西西伯利亚地区汇集了全国50%的石油开采、天然气开发和煤炭开采企业，该地区还有一些大型的资源密集型企业，南部各地的农业发展态势良好。而且，该地区幅员辽阔，人口密度极低（约为每平方公里6人）。人口主要集中在该地区南部，分布于鄂毕河、额尔齐斯河、卡通河等大型河流沿岸。除了新西伯利亚和鄂木斯克这两大城市之外，该地区还有巴尔瑙尔、托木斯克、克麦罗沃和新库涅茨克等重要城市。当初苏联政府在西西

ЧАСТЬ 7
ЗАПАДНО-СИБИРСКИЙ РЕГИОН РОССИИ

伯利亚地区开采矿物资源时，以各个大型资源开采和加工中心为核心，形成了一类特殊的居民点，即那些仅拥有某一种工业企业的城市（例如下瓦尔托夫斯克、新乌连戈伊等）。该地区虽坐拥1500万人口，但仍存在严重的劳动力短缺现象。

西西伯利亚大开发，始于叶尔马克征服西伯利亚汗国之后。当时，西西伯利亚大地上最主要的财富是毛皮，因此，最早被开发的是其北部的原始森林地区（形成了现在的苏尔古特市、萨列哈尔德市）。

一直到18世纪，俄罗斯帝国才将注意力投向西西伯利亚的南部地区。而在未修建西伯利亚铁路之前，西西伯利亚一直没有独立的经济地位。在社会主义工业化浪潮中，这里建成了一些重工业中心，如库兹涅克茨克煤田的煤炭开采中心。1941年，许多军工厂因战乱迁入西伯利亚，落户于鄂木斯克、巴尔瑙尔、新西伯利亚市，从而奠定了当地的重工业基础。

20世纪70年代，秋明州发现了石油储备，西西伯利亚的北部地区一举获得战略地位：即使时至今日，俄罗斯的经济发展仍依托该区域的石油、天然气。而西西伯利亚南部地区的经济举步维艰，开采的气候条件十分恶劣，需要在沼泽的腹地进行作业。如今俄罗斯92%的天然气来自亚马尔—涅涅茨自治区，68%的石油和42%的煤炭来自克麦罗沃州。该地区的西西伯利亚铁矿区是世界上最大的铁矿区，至今几乎完全未被开发。此外，该地区的其他矿物（如铬、钛、锰等）储量也比较丰富。

除了采掘业，石油化工冶炼（使用当地原材料）、木材工业（秋明州、托木斯克州）、重工机械制造、食品工业（谷物及罐头肉类生产）在当地经济中都十分重要。从经济角度来看，西西伯利亚可以划分为东部地区与西部地区，东部地区大型工业中心林立，西部地区则以开采资源为主。

在该地区的交通运输体系中，跨西伯利亚铁路具有轴向意义，石油、煤炭、粮食等货物经该铁路运往西方，而欧洲的货物运回东方。跨西伯利亚铁路有望成为连接欧洲和亚洲的最重要的全球运输走廊，但这需要对现有基础设施进行更新换代。丰富的河流网络为鄂毕河及其支流的河流运输发展提供了得天独厚的条件。

1.1. Общая характеристика региона

Западная Сибирь – это географическое понятие. Этим названием обозначают территорию от Урала до Енисея. Большую часть Западной Сибири занимают следующие субъекты Российской Федерации: часть Свердловской области, часть Челябинской области (в том числе восточная часть Челябинска), Курганская область, большая часть Тюменской области, большая часть Ханты-Мансийского автономного округа, большая часть Ямало-Ненецкого автономного округа, Омская область, Томская область, Новосибирская область, Кемеровская область, Алтайский край, Республика Алтай, крайние западные районы Красноярского края, а также северо-восточные территории Республики Казахстан.

Западная Сибирь расположена на перекрестке железнодорожных магистралей и крупных сибирских рек (Обь, Иртыш, Катунь) к востоку от промышленного Уральского

Западно-Сибирский регион протянулся от Северного Ледовитого океана до границы с КНР

региона. Главное преимущество Западной Сибири – огромные запасы природных ресурсов (прежде всего, нефти, газа, угля, металлов и леса), а главная проблема – нехватка трудовых ресурсов. Западно-Сибирский регион занимает 14% территории Российской Федерации.

Несмотря на то, что экономически Западная Сибирь была освоена позже Урала и намного позже европейских регионов, ее роль в экономике России очень важна. Район отличается многоотраслевой промышленностью, развитым сельским хозяйством, значительным научным потенциалом. Западная Сибирь обеспечивает основную добычу нефти, природного газа и значительную часть заготовок древесины. Вот основные особенности экономики региона:

• В Западной Сибири сосредоточено свыше 50% всех мощностей нефтяной, газовой и угольной отрасли России.

• В Западной Сибири сосредоточены крупные промышленные предприятия, нуждающиеся в большом количестве энергии и сырья.

• В Западной Сибири есть хорошие перспективы для развития сельскохозяйственного производства (зернового и животноводческого).

Западная Сибирь обладает значительными водными ресурсами, которые имеют энергетическое значение (гидроресурсы Оби, Иртыша и Катуни составляют 200 млрд. кВт*ч) и располагают ценными рыбными запасами. В Западной Сибири сосредоточены значительные лесные ресурсы. Покрытая лесами площадь составляет около 85 млн. га. Здесь находится около 10 млрд. кубометров древесины (12% запасов РФ). Особенно богаты лесом Томская, Тюменская, Кемеровская области и

Бескрайние лесные просторы Западной Сибири

ЧАСТЬ 7
ЗАПАДНО-СИБИРСКИЙ РЕГИОН РОССИИ

предгорные районы Алтайского края. Земельные ресурсы Западной Сибири используются на севере - как оленьи пастбища, на юге – для сельского хозяйства.

Население Западной Сибири составляет 15,1 млн. чел. Западная Сибирь — район крайне неравномерного размещения населения. Средняя плотность населения составляет 6,2 чел. на 1 квадратный километр, в то время как в Тюменской области она составляет около 2 чел. на 1 квадратный километр, а в Кемеровской — 33 чел. на 1 квадратный километр. Наиболее плотно заселены районы крупных рек: Оби, Иртыша, Тобола, Ишима, а также предгорья Алтая. Наименьшая плотность населения – 0,5 чел. на 1 квадратный километр – на севере, в Ямало-Ненецком автономном округе. В Западной Сибири преобладает

Жители северных районов Западной Сибири разводят северных оленей (на фото – оленевод полуострова Ямал)

городское население, его удельный вес составляет 72,4%. В регионе насчитывается 80 городов и 204 поселка городского типа. Крупнейшими из них являются Новосибирск — 1,5 млн. чел., Омск — 1,28 млн. чел., Барнаул и Новокузнецк — по 0,6 млн., Томск —0,5 млн. чел. Существует особый тип городов – специализированные моногорода (города, построенные вокруг крупных промышленных комплексов) - Нижневартовск, Нефтеюганск, Новый Уренгой и др. Большинство населения (90%) русские, на севере живут малочисленные народы — ханты, манси, ненцы, эвенки, коми. В Республике Алтай — алтайцы. Из других народов — татары, казахи, немцы и др. Несмотря на интенсивные миграционные процессы и приток населения из других районов страны и Казахстана, Западная Сибирь — один из наиболее трудодефицитных районов России (т.е., в регионе не хватает рабочей силы).

1.2. История экономического освоения Западной Сибири

Название «Сибирь» раньше использовалось только для юго-западной ее части. Именно здесь располагалось Сибирское ханство, на которое начал и победно закончил в XVI веке свой поход русский казак Ермак Тимофеевич, заставив хана покинуть столицу под названием Сибирь. Однако первые русские появились в Сибири гораздо раньше Ермака: еще в XIII веке новгородцы проникли за Северный Урал и включили в свои владения Югру – территорию в низовьях Оби (сейчас это территория Ханты-Мансийского АО). Однако именно поход Ермака ознаменовал начало русского проникновения в Сибирь. Проникновение за Урал шло очень быстро – гораздо быстрее, чем продвижение русских на юг. Примечательно, что Тюмень – ровесница Воронежа, а Томск на десять лет моложе Белгорода, хотя от Томска до Москвы добираться было в три раза дальше, чем от Белгорода. Объяснить быстрое движение русских на восток можно тем, что в Сибирь шли

Картина Василия Сурикова «Покорение Сибири Ермаком» - шедевр русской живописи

не ради земли, а шли за пушниной – соболем и песцом, шкурки которых продавались в Европе. Освоение Западной Сибири началось не с южных частей региона (где сейчас живёт большинство сибиряков), а с севера – через тайгу и тундру. Отправной точкой для многих был город Великий Устюг (Вологодская область). Северные сибирские города Сургут, Салехард и Мангазея возникли гораздо раньше многих южных сибирских городов.

Лишь с XVIII века Российская Империя приступила к освоению южной части Западной Сибири. Здесь ее ждали плодороднейшие земли, способные давать большие урожаи. С 1733 года был построен Московско-Сибирский тракт – важнейшая дорога, которая шла от Екатеринбурга и проходила через Тюмень, Тобольск, Томск, Енисейск, Иркутск и доходила до восточных пределов империи - городов Верхнеудинск и Нерчинск.

До XVIII века главным богатством Сибири считалась пушнина; особенно ценился мех соболя

После завершения строительства Транссибирской магистрали в конце XIX века Западная Сибирь стала поставлять на европейские рынки огромные количества дешевого зерна. До 1917 года в Сибири наиболее важной отраслью экономики было именно сельское хозяйство. К 1917 году Западная Сибирь давала до 80% всероссийского сбора урожая зерновых (по количеству в тоннах – больше, чем в США).

После Великой Октябрьской социалистической революции хозяйственное развитие Западной Сибири резко сменило курс: темпы развития сельского хозяйства резко замедлились, зато стремительно стала расти промышленность. В Кемеровской области были открыты очень большие запасы каменного угля – Кузнецкий угольный бассейн (Кузбасс). Первая советская пятилетка была во многом посвящена именно освоению кемеровского угля – строительству шахт, разрезов, металлургических комбинатов,

ЧАСТЬ 7
ЗАПАДНО-СИБИРСКИЙ РЕГИОН РОССИИ

объединение тяжелой промышленности Урала и Кузбасса: в одних и тех же вагонах с Кузбасса на Урал шел уголь, а в обратном направлении – железная руда. Второй мощный этап индустриализации пришелся на годы войны, когда Западная Сибирь приняла множество заводов с оккупированной территории страны. С ними пришла новая волна переселенцев, благодаря которым выросли областные центры Западной Сибири. В послевоенные годы эти предприятия составили основу экономической мощи региона. Барнаул стал специализироваться на машиностроении, Рубцовск – на тракторостроении, Омск – на оборонной промышленности, во всех крупных городах появились предприятия химической промышленности.

Шахтеры Кузбасса

В 1970-х годах центр хозяйственной активности региона стал быстро смещаться на север, в Тюменскую область, где были открыты огромные месторождения нефти и природного газа. Экономика СССР имела возможность мобилизовать огромные силы на отдельных направлениях, и в 1970-е годы таким основным направлением стало именно освоение нефти и газа Западной Сибири. В короткий срок здесь удалось создать предприятия с громадными объемами производства. Сюда приехали сотни тысяч поселенцев, было построено несколько крупных новых городов среди таежных болот.

Нефтеюганск – один из молодых городов севера Западной Сибири

После этого Западная Сибирь разделилась на два экономически отдельных района: на северную часть, где все зависело от добычи нефти и газа, и на южную, где развивалось сельское хозяйство и оборонная промышленность. Реформы 1990-х годов привели к тому, что южная часть впала в глубокий кризис. Северная часть Западной Сибири продолжала процветать, получая громадные средства от добычи полезных ископаемых. До сих пор

Тюменская область является одним из главных источников налогов в федеральный бюджет России.

1.3. Минеральные ресурсы Западной Сибири

Минеральные ресурсы - основа современного развития Западной Сибири. Нефть здесь начали искать в 1930-е годы, искали в южных районах и без особенных результатов. Систематически осваивать природные богатства региона стали только после Великой Отечественной войны.

Западная Сибирь выделяется наиболее крупными запасами и базой добычи природного газа (85% разведанных запасов и 92%добычи), нефти (70% разведанных запасов и 68% добычи) и угля (46% разведанных запасов и 42% добычи).Последние 30 лет Западная Сибирь держит первенство в России по добыче нефти и природного газа.

Поиски в недрах Западной Сибири «чёрного золота» и «голубого топлива» позволили обнаружить большие запасы полезных ископаемых на севере Новосибирской области. Но эти огромные разнообразные богатства оказалось непросто освоить. Нефтяные и газовые месторождения региона природа «защитила» от человека и мощными болотами, и насквозь промерзшими почвами. Строить в таких условиях крайне сложно. Зимой человеку мешают сильные морозы и сильный ветер. Летом одолевают жара и большое количество комаров и других вредных насекомых.

Добывать нефть в Западной Сибири часто приходится среди болот и лесов

Основные нефтеносные площади располагаются в Среднем Приобье. Здесь выделяются Самотлорское, Усть-Балыкское, Мегионское, Нижневартовское, Соснинско-Советское, Сургутское, Александровское, Федоровское и др. Вторым нефтяным районом Западной Сибири является Шаимско-Красноленинский, который расположен в 500 км к северу от Тюмени (наиболее крупные месторождения — Шаимское и Красноленинское).

Существует ряд причин, которые не позволяют добывать в регионе еще больше нефти. Это причины можно разделить на две группы: природные и экономические. С одной стороны, нефть Западной Сибири находится на большой глубине, кроме того, в ее состав входит слишком много серы. С другой стороны, добыча нефти ведется по старым технологиям, на объектах, созданных в 1970-1980-е годы, на старых нефтепроводах. Недостаток современных технологий, высокий уровень налогов и нехватка инвестиций – вот основные экономические причины, мешающие развитию нефтедобычи.

Основной газовый ресурсный и газодобывающий район Западной Сибири (и всей России) находится в Ямало-Ненецком АО. Наиболее крупными месторождениями являются Ямбургское, Уренгойское, Медвежье, Заполярное, Тазовское, Губкинское. В Западной Сибири, по прогнозам, имеется свыше 45 триллионов кубометров запасов природного газа, в основном залегающих в отдаленных районах и на глубинах свыше 3000 метров. Характерная особенность всех газовых месторождений северных районов Западной Сибири — громадные размеры и большие мощности залежей. Уникальным в этом отношении является Ямало-Ненецкий автономный округ (ЯНАО) - это регион, на который приходится около половины российских ресурсов газа и более 90% добычи этого вида топлива в стране.

Сейчас в ЯНАО добычу газа ведут 34 компании. В общей сложности объем их ресурсов составляет 5 трлн. кубометров (разведанные запасы газа), кроме того, объем неразведанных запасов газа оценивается еще в 15 трлн. кубометров.

На территории полуострова Ямал даже сейчас сохраняется высокая вероятность открытия не только средних, но и крупных по запасам месторождений. В планах местных властей довести объем добычи газа на полуострове до 250 миллиардов кубометров в год (это примерно треть от общего объема добычи по России по прогнозу на 2020 год).

Из других полезных ископаемых Западной Сибири известны месторождения железных руд. Общие запасы железных руд оцениваются в 4,5 млрд. т. (в Кемеровской области и Алтайском крае) На территории Западной Сибири открыт крупнейший в мире железорудный бассейн — Западно-Сибирский. Он слабо разведан. Если сравнить Западно-Сибирский железорудный бассейн с наиболее крупными уже освоенными месторождениями Сибири, то он заменит почти 400 таких месторождений.

Есть в Западной Сибири и цветные металлы. На востоке Кемеровской области добывают сырьё для алюминия. В Ямало-Ненецком АО разведаны богатые запасы хрома. В Алтайском крае разрабатываются полиметаллические руды. В Республике Алтай разведаны и могут разрабатываться ресурсы мрамора, золота, ртути, молибдена, вольфрама. В Томской области в стадии освоения находится Туганское циркон-ильменитовое месторождение редкоземельных элементов. В Омской области планируют строить комбинат по переработке титана. Кемеровская область выделяется запасами доломитов, известняков и тугоплавких глин. В Западной Сибири расположено одно из крупнейших в стране Усинское месторождение марганца. Оно находится на территории Кузбасса, его запасы оцениваются в более чем 100 млн. тонн. В Алтайских горах осваивается единственное в Сибири Чаган-Узунское месторождение ртути (Акшатский рудник).

В будущем добыча газа будет расширяться по всей территории Ямало-Ненецкого автономного округа

Западно-Сибирский экономический район богат сырьем для химической промышленности. Здесь выявлен Горно-Шорский бассейн фосфоритов. На территории региона всего находится более 60 месторождений сульфата натрия. Большое хозяйственное значение имеют озера Кулундинской степи.

На юге Западной Сибири, в основном в Кемеровской области, находится крупнейший угледобывающий бассейн страны — Кузнецкий (Кузбасс), площадью в 26 тыс. кв. км. Примерно треть кузнецких углей — коксующиеся, остальные — энергетические. Кузнецкий бассейн выделяется выгодными природно-экономическими условиями для развития, угольные пласты в нем имеют большую мощность и залегают на сравнительно небольшой глубине, что позволяет вести добычу открытым способом. По величине общих запасов углей (725 млрд. т.) Кузнецкий бассейн занимает третье место в России (уступая Тунгусскому и Ленскому бассейнам). По доступности для промышленного освоения и высокому качеству углей Кузбасс не имеет себе равных в России.

В Западной Сибири имеются буроугольные бассейны: Северо-Сосьвинский, Чулымо-Енисейский, Обь-Иртышский. Велики торфяные ресурсы региона. Громадны запасы сырья для производства строительных материалов (песок, глина, мергели).

1.4. Основные отрасли экономики Западной Сибири

Для хозяйственного комплекса Западной Сибири характерно сочетание добывающих отраслей и отраслей тяжелой промышленности. Важно и производство сельскохозяйственной продукции. Основные отрасли экономики Западной Сибири:

- топливная (нефтяная, газовая, угольная) промышленность;

- черная и цветная металлургия; лесная промышленность;

- машиностроение;

- пищевая промышленность (производство животного масла, сыров, молочных, мясных и рыбных консервов);

- химическая промышленность.

Основа сельского хозяйства Западной Сибири - производство зерна, молочно-мясное скотоводство, овцеводство, оленеводство, звероводство и пушной промысел.

В эпоху СССР на территории Западной Сибири была поставлена и успешно выполнена важная экономическая задача: объединить добычу ценных ресурсов и их переработку в единые системы. Так на территории Западной Сибири сложилось несколько отраслевых комплексов.

Нефтегазовый комплекс включает в себя добычу нефти, газа, нефтепереработку и производство синтетических продуктов. Комплекс также включает производство химического и нефтеперерабатывающего оборудования.

Угольно-металлургический комплекс расположен в Кузбассе и объединяет добычу угля в Кузнецком и Горловском угольных бассейнах, обогащение и коксование углей, черную и цветную металлургию, коксохимию и тяжелое металлоемкое машиностроение. Этот комплекс имеет общероссийское значение. Металлургическая часть комплекса представлена Новокузнецким металлургическим комбинатом и Западно-Сибирским заводом полного цикла, передельным заводом в Гурьевске, трубопрокатным заводом в Новосибирской области, а также коксохимическими заводами.

Машиностроительный комплекс объединяет энергетическое машиностроение (в Новосибирской области — турбин и генераторов, в Алтайском крае — производство котлов), оборудование для угольной промышленности производит Кемеровская, Новосибирская, Томская области. Станкостроение представлено в Новосибирской области и Алтайском крае. Основные центры машиностроения Западной Сибири: Новосибирск, Омск, Барнаул, Киселевск, Прокопьевск, Новокузнецк, Анжеро-Судженск, Рубцовск, Бийск и др.

Лесопромышленный комплекс включает в себя лесное хозяйство, лесозаготовительную промышленность, предприятия деревообрабатывающей и лесохимической промышленности. Основная добыча (заготовка) леса сосредоточена в Среднем Приобье в Тюменской и Томской областях. Центры лесоперерабатывающей промышленности: Томск, Асино, Ташара (Новосибирская область), Омск, Барнаул, Бийск, Тобольск. При богатом запасе древесины в регионе нет заводов для производства бумаги.

Агропромышленный комплекс Западной Сибири представлен развитым сельским хозяйством: производством зерновых, технических культур, овощей, картофеля, а также развитием молочно-мясного скотоводства, овцеводства и оленеводства. Из зерновых культур возделываются пшеница, рожь, ячмень и овес. Помимо традиционных направлений животноводства, в Горном Алтае разводят лошадей, яков, маралов и пятнистых оленей. На юге Западной Сибири разводят даже верблюдов. В этот же комплекс входят и промышленные предприятия, обслуживающие сельское хозяйство: - тракторостроение и сельскохозяйственное машиностроение - в Алтайском крае, в Новосибирской, Омской, Тюменской областях; производство азотных удобрений - в Кузбассе; производство ядохимикатов - в Алтайском крае.

Алтай является важным центром производства пшеницы и других зерновых культур

Пищевая промышленность является одной из важнейших для Западной Сибири. В Бийске, Омске, Прокопьевске работают крупные мясокомбинаты, производящие мясные консервы.

Территория региона велика, поэтому, с точки зрения развития промышленности, в нём выделяют две части: восточную и западную. Восточная часть – это Кузнецко-Алтайский подрайон (включает в себя Кемеровскую, Новосибирскую области, Алтайский край и Республику Алтай). Хотя подрайон и занимает менее 20% территорий Западной Сибири, однако в нем сосредоточено около 60% трудоспособного населения. Здесь сконцентрированы предприятия угольной, металлургической, химической и машиностроительной промышленности, а также вся добыча руд цветных металлов и черных металлов, все производство кокса, химических волокон, алюминия и сплавов, паровых котлов, железнодорожных вагонов.Крупнейшими городами Кузнецко-Алтайского подрайона являются Новосибирск, Кемерово, Барнаул и Новокузнецк. На юге подрайона, на территории Алтайских гор большое значение имеет санаторно-курортное хозяйство (курорты Белокуриха, Чемал) и туризм.

Западная часть – это Западно-Сибирский экономический подрайон (включает в себя Тюменскую, Омскую и Томскую области). За исключением полосы вдоль Транссибирской магистрали, его территория — наименее освоенная часть Западной Сибири. В то же время, благодаря наличию здесь больших и высокоэффективных нефтяных, газовых, лесных и водных ресурсов, экономика подрайона развивается крайне быстрыми (по меркам России) темпами. Добывающая промышленность, однако, в этом подрайоне значительно преобладает над перерабатывающей, а сельское хозяйство развито заметно слабее, чем на востоке региона. Крупные города Западно-Сибирского района — Омск, Томск, Тюмень. Специализацией подрайона является нефтехимическая промышленность (в том числе, производство топливных продуктов, пластмасс), а также заготовка леса. Большую часть

ЧАСТЬ 7
ЗАПАДНО-СИБИРСКИЙ РЕГИОН РОССИИ

На курорте «Белокуриха»

Западно-Сибирского экономического подрайона занимают автономные округа — Ханты-Мансийский (ХМАО) и Ямало-Ненецкий (ЯНАО). Тюменская область вместе с этими автономными округами занимает первое место в стране и одно из первых мест в мире по добыче нефти, природного и попутного нефтяного газа.

1.5. Транспортные системы Западно-Сибирского региона

Природные, географические и экономические особенности развития Западно-Сибирского региона России наложили свой отпечаток на развитие местных транспортных сетей. Традиционно (с начала освоения региона) основу местных перевозок и часть транзитных в Западной Сибири составляли речные перевозки. Речные пути были первыми при освоении Сибири, и до развития парового судоходства и железной дороги являлись основными. Современные транспортные системы Западной Сибири гораздо более сложны и многообразны.

Великая Сибирская железнодорожная магистраль (Екатеринбург-Новосибирск-Владивосток) была полностью проложена к началу XX вв. Позже была построена Южно-Сибирская магистраль (Магнитогорск-Новокузнецк-Тайшет), связавшая Кузбасс, Казахстан и Восточную Сибирь, а также проложен ряд дорог на север. Среди перевозимых железной дорогой грузов доминируют каменный уголь (первое место в грузообороте) и минеральные строительные материалы (второе место по грузообороту). На третьем месте идут нефтяные продукты (особенно мазут и светлые нефтепродукты). Значительную долю занимают руда, черные металлы, лес и зерно, минеральные удобрения. На долю всех этих грузов приходится около 90% перевозок. В настоящее время в мировой торговле интенсивно нарастают евразийские торгово-экономические связи. Транссибирская магистраль здесь может сыграть важную роль как альтернатива океанским маршрутам между странами АТР, Юго-Восточной Азии и Европы. Для этого ее необходимо преобразовать в скоростную грузопассажирскую транзитную магистраль, способную принять на себя межрегиональные пассажирские перевозки и международный грузовой (контейнерный) поток. Технические возможности дороги позволяют освоить объемы перевозок грузов до 100 млн. тонн в год, в том числе международного транзита из стран АТР в Европу и Центральную Азию- 200 тыс. стандартных контейнеров. На общеевропейских конференциях по проблемам транспорта рассматривались такие варианты. К сожалению, Россия не имеет финансовых возможностей по самостоятельному проведению реконструкции такого масштаба.

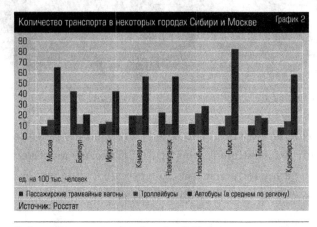

В большинстве городов Западной Сибири нет проблем с автобусным транспортом

Немалое значение в регионе имеет и автомобильный транспорт. Однако к востоку от Урала число автодорог резко сокращается. Лишь недавно был создан сквозной автомобильный коридор, соединивший западные и восточные районы России. Развивается и строительство мостов через водные пути. Так, автомобильный мост через Обь с самым большим в СНГ арочным пролётом был открыт в Новосибирске 8 октября 2014 года. В дальнейшем мост станет составной частью транспортных систем региона и свяжет федеральную трассу «Байкал» (обеспечивающую связи с Восточной Сибирью) и «Чуйский тракт» (обеспечивающую связи с Монголией).

В Республике Алтай расположен самый западный отрезок российско-китайской границы протяженностью около 55 км. Граница проходит по горным хребтам высотой от 3 до 4 тыс. метров над уровнем моря. Еще в конце 1990-х годов возник проект строительства на этом участке автомобильной дороги через перевал Канас.Проблема транспортного коридора из Западного Китая в Западную Сибирь является актуальной для России и Китая на протяжении более десяти лет. В последние годы товарооборот между двумя странами увеличивается, в том числе не только через российский Дальний Восток, но и в западном направлении - из Синьцзян-Уйгурского автономного района Китая в Западную Сибирь. В Синьцзян-Уйгурском автономном районе Китая, граничащем с восемью странами, насчитывается 105 прямых международных автотранспортных маршрутов. На долю

Синьцзяна приходится половина международных автотранспортных маршрутов Китая. Глава Народного правительства Синьцзян-Уйгурского автономного района Нур Бакри в 2009 году отметил, что проект прямой автомобильной дороги «Синьцзян – Западная Сибирь» жизненно необходим для развития эффективного сотрудничества Синьцзяна с этим регионом. Однако в России этот проект зашёл в тупик из-за финансовых проблем.

Внутренний водный (речной) транспорт предназначен для перевозок массовых видов грузов на средние и дальние расстояния, а также для пассажирского сообщения (особенно пригородного). Однако в последние десятилетия он превратился в специфический вид технологического транспорта для перевозки минерально-строительных материалов. Западно-Сибирский бассейн, включающий Обь с притоками, стоит на втором месте по объёму выполняемой работы. Здесь крупные порты - Новосибирск, Омск, Томск, Тобольск, Тюмень, Сургут, Уренгой, Лабытнанги. Также важным соединительным звеном между бассейнами рек Оби и Енисея считается Обь-Енисейский канал.

На таком теплоходе можно совершить экскурсию по Енисею

Для слабо освоенных отдалённых районов Сибири и Дальнего Востока воздушный транспорт имеет особое значение. Для северных районов Западной Сибири малая и средняя авиация является единственно возможным средством связи с остальной территорией страны. К сожалению, международный воздушный транспорт в Западной Сибири развит слабо: в эпоху СССР данную территорию не планировали использовать как центр международных транспортных связей, а в эпоху современной России здесь еще не смогли создать сеть современных аэропортов, способных качественно обслуживать международные авиалинии. Однако важность решения такой задачи в регионе понимают и планируют на базе имеющихся аэропортов обеспечить работу прямых рейсов между городами Новосибирск, Омск, Барнаул, Усть-Каменогорск, Урумчи и городами Западной Монголии.

Глава 2 Экономическое сотрудничество Западно-Сибирского региона со странами ШОС

俄罗斯西西伯利亚地区与上合组织成员国的经济合作

作为中俄能源合作的中心，西西伯利亚具有重要战略意义：当地的能源（石油、天然气、煤炭）可以通过阿尔泰和中国西部边界供应至中国，满足中国飞速发展的经济对能源的需求。西西伯利亚天然气的输气管道是全程达2500多公里的"阿尔泰"天然气管道，运输线路为：新乌连戈伊—新西伯利亚—比斯克—中国新疆维吾尔自治区。尽管该项目一拖再拖，但它今后有望在实施"一带一路"倡议和形成统一的欧亚经济宏观体系的过程中发挥巨大的作用。俄罗斯需要将天然气销往中国，以弥补俄罗斯天然气工业股份公司2014年因为向欧洲天然气供应量减少而出现的收入亏空。秋明石油也有望供应中国市场。

尽管阿尔泰南部与中国接壤，但双边贸易至今还没有达到很高的水平。农产品、金属、机械和设备贸易在双边贸易中作用重大。

中国的西西伯利亚投资政策侧重于原料开采方面，首要的是开采石油和木材。当前，双方在科学技术研究领域的合作份额在与日俱增。

西西伯利亚是俄罗斯境内与上海合作组织中亚各国进行贸易的领航者，中亚各国与西西伯利亚的南部和西部地区（特别是与阿尔泰边疆区、鄂木斯克州）积极合作。哈萨克斯坦与西西伯利亚境内的五个俄罗斯联邦主体接壤，因此哈萨克斯坦的企业是西西伯利亚各大企业最重要的经贸伙伴，双边经贸合作也包括地区性合作频繁（例如，东哈萨克斯坦州与阿尔泰边疆区的合作就非常活跃）。西西伯利亚和东哈萨克斯坦在经济上的互动，有利于形成大阿尔泰经济合作一体区（涵盖中国新疆维吾尔自治区、西蒙古、东哈萨克斯坦和西西伯利亚南部）。

Важнейшую роль в сотрудничестве Западно-Сибирского региона России и КНР (главным образом, через западные области Китая) играет энергетическое сотрудничество. Это обусловлено объективными и уже описанными выше причинами: Западная Сибирь относится к районам с высокой обеспеченностью природными и энергетическими ресурсами. На территории Тюменской, Томской, Новосибирской и Омской областей находится Западно-Сибирская нефтегазоносная провинция (на площади более 2 млн. кв. км). В Кемеровской и Новосибирской областях расположен Кузнецкий угольный бассейн. Уголь этого бассейна по качеству - самый лучший уголь страны. Основная отрасль специализации промышленности Западной Сибири - топливная промышленность. Эта специализация постоянно усиливается. За последнее время уменьшилась роль электроэнергетики, черной металлургии, химической и нефтехимической

ЧАСТЬ 7
ЗАПАДНО-СИБИРСКИЙ РЕГИОН РОССИИ

промышленности, промышленности строительных материалов. В районе получили исключительно высокий уровень развития все три основные отрасли топливной промышленности: газовая, нефтяная и угольная.

Большая часть нефти и природного газа по трубопроводам поступает на запад страны (в первуюочередь), а также на юг и восток (за рубеж). Западная Сибирь, обладая значительным ресурсным потенциалом, активно сотрудничает с Китаем и Центральной Азией в области энергетических ресурсов, а также лесных ресурсов. В свою очередь, государства Центральной Азии тоже осуществляют торговлю энергоресурсами с Китаем. Активно развивающаяся экономика Китайской Народной Республики требует всё большего обеспечения своего роста энергетическими ресурсами. Речь, в первую очередь, идет,конечно, о нефти и газе, поскольку правительство Китая проводит политику уменьшения доли угля в энергетическом балансе страны.

21 марта 2006 г. во время визита в Китай президент России В.В. Путин заявил о намерении российских властей в ближайшее время построить два газопровода в Китай из Сибири. Тогда зародились планы создания новой трубопроводной системы с условным названием "Алтай" через западную границу РФ и КНР, которая будет поставлять в Китай 60-80 млрд. кубических метров газа в год. Общая протяженность газопровода должна составить почти 2,7 тысячи километров. Он пройдет по Ямало-Ненецкому и Ханты-Мансийскому округам, Томской и Новосибирской областям, Алтайскому краю и Республике Алтай, которая граничит на юге с Синьцзян-Уйгурским автономным районом Китая. Первоначально планировалось, что онбудет запущен в 2011 году, однако реализации планов помешали трудности организовать столь крупное инфраструктурное строительство в условиях современной России (столь масштабные проекты в России ранее реализовывались только в советскую эпоху, в условиях плановой экономики). К счастью, растущий взаимный интерес властей двух стран не позволил проекту остаться лишь на бумаге.

Ключевого прогресса в этом проекте удалось достигнуть в 2014 году

Схема газопровода «Алтай» с севера Западной Сибири до границы с Синьцзяном

207

во время саммита АТЭС в Пекине. Председатель правления ОАО "Газпром" Алексей Миллер и председатель Совета директоров CNPC Чжоу Цзипин подписали Рамочное соглашение о поставках природного газа из России в Китай по "западному" маршруту. Документ отразил все основные стороны проекта: объем и срок поставок, а также район расположения точки передачи газа на границе. Договор был подписан в присутствии президента России Владимира Путина и председателя КНР Си Цзиньпина. Кроме того, Алексей Миллер и председатель Совета директоров компании CNOOC Ван Илинь подписали Меморандум о взаимопонимании по сотрудничеству в нефтегазовой сфере. "Западный" маршрут предусматривает поставку в КНР 30 млрд.кубометров газа в год с месторождений Западной Сибири по газопроводу "Алтай".

Важность данного проекта как для России, так и для Китая трудно переоценить. В 2011-2013 годах Россия готовилась представить странам «Большой Восьмерки» концепцию глобальной энергетической безопасности. События 2014 года и углубляющийся конфликт РФ с США и ЕС привел к необходимости обеспечить новые возможности для российского экспорта газа. Как известно, Китай имеет самый емкий и быстрорастущий рынок потребления энергоресурсов и сам крайне заинтересован в диверсификации газового и нефтяного импорта. Прокладка двух трубопроводов даст импульс развитию тех западносибирских территорий, по которым они будут проходить. Заключенные соглашения с КНР ставят газовый экспорт России в более устойчивое положение, избавляют российскую экономику от многолетней зависимости от поставок газа в Европу, что становится принципиально важным в условиях санкционного давления на Россию, развернутого Европой в 2014-2015 годах.

На встрече руководителей CNPCи «Газпрома»

Еще одним ключевым интересом КНР в Западной Сибири является импорт нефти. Сотрудничество в нефтегазовой отрасли между КНР и Тюменской областью началось ещё до подписания соглашения между "Газпромом" и CNPC. Власти КНР неоднократно выражали готовность вложить большие средства в развитие этого направления сотрудничества с Россией. Национальная нефтегазовая корпорация КНР открыла в Тюмени своё представительство. Компания не только поставляет специализированное оборудование для нефтегазовых промыслов, но и занимается геологоразведкой.

Сотрудничество в сфере торговли между Западно-Сибирским регионом России и КНР через западную границу Китая пока находится в состоянии развития. В конце 1990-х годов на этот участок границы приходилось лишь 8% товарооборота, а основной объем торговли приходился на восточные провинции КНР, более развитые в промышленном отношении. По мере реализации властями КНР государственной стратегии по развитию западных регионов страны это соотношение постепенно меняется (но дисбаланс, по прогнозам, будет сохраняться и после 2015 года). Основным торговым партнером Китая в Западной Сибири в 90-е годы и в настоящее время является Кемеровская область, в которой закупаются черные металлы и другая продукция. В Алтайском крае и Новосибирской области Китай закупает машины и оборудование, в Томской области – оборудование и пластмассы. В 1998 году соотношение торгового баланса было резко в пользу китайского импорта: китайский импорт из Западной Сибири составлял 363 млн. долларов (в том числе, только из Кемеровской области – 295 млн. долларов), китайский экспорт – 52,3 млн. долларов, главным образом, продукты питания и товары лёгкой промышленности, а также металлы, изделия из них, машины и оборудование. Из товаров, которые идут на экспорт из области в КНР, основную долю занимает продукция химической промышленности и лесопромышленного комплекса. К настоящему времени соотношение торгового баланса (без учета закупок энергоносителей) медленно выравнивается в направлении паритета.

Деятельность китайских инвесторов в отношении Западной Сибири также имеет определенную специфику. Большинство предприятий с китайскими инвестициями в Западной Сибири имеют статус малых предприятий (небольшой уставной капитал, малая численность работающих, средний товарооборот). Сфера деятельности этих предприятий – торговля и экспорт леса. Инвестиционные проекты китайский бизнес ориентирует на ближайшие перспективы, как правило, интересуясь лесозаготовками и энергетическим сектором.

К середине 2000-х годов стал наблюдаться рост экспорта международных услуг из Западной Сибири в Китай. Это информационные, образовательные, консалтинговые услуги, услуги в области исследований и разработок, финансовое посредничество и другие. Основную долю составляют услуги в области исследований и разработок. Однако экспорт услуг в дальнейшем развивался нестабильно и занимает намного менее значимое место в сотрудничестве, чем партнерство в торговле и энергетике.

Успешно развивается торгово-экономическое сотрудничество Западной Сибири и стран ШОС. Например, на страны ШОС (Казахстан, Узбекистан, Таджикистан, Кыргызстан, Китай) приходится две трети (67,6%) внешнеторгового товарооборота Алтайского края. Главным партнёром Западной Сибири является Казахстан, особенно актуально это для Республики Алтай, Алтайского края, Тюменской, Омской и Новосибирской областей – пяти субъектов РФ, имеющих общую границу с Казахстаном. Российско-казахстанская государственная граница - самая протяженная в мире и составляет 7509 км; только на долю Западной Сибири приходится около 2700 км этой границы. Для иллюстрации успехов в этом направлении уместно рассмотреть опыт сотрудничества Алтайского края и Республики Казахстан.

Алтайский край является важнейшим регионом в сотрудничестве Западной Сибири с другими странами. Принимая во внимание активное железнодорожное и автомобильное транзитное сообщение регионов Средней Азии и Сибири через Алтай, в широком смысле

На торгово-промышленной выставке «Казахстан – Сибирь»

приграничное сотрудничество Алтайского края распространяется на Китай, Монголию и среднеазиатские республики ШОС (Казахстан, Узбекистан, Кыргызстан и Таджикистан). Основными же партнерами в приграничном сотрудничестве Алтайского края являются Восточно-Казахстанская и Павлодарская области Республики Казахстан, Синьцзян-Уйгурский автономный район КНР, западные территории Монголии. В международных торгово-экономических связях Алтайского края ведущее место стабильно занимает Республика Казахстан (оборот свыше 600 млн. долларов США при высоких темпах роста, свыше 10% ежегодно). В крае работают около 60 совместных российско-казахстанских предприятий. Наибольшее значение как внешнеэкономический партнер Алтайский край представляет для Восточно-Казахстанской области.

Главной статьей российского экспорта (через Алтай) в Казахстан являются: взрывчатые вещества, древесина и изделия из нее, паровые котлы и котельное оборудование, изделия из черных металлов, нефтепродукты, автомобильные шины, двигатели, трактора. Перечень товарных групп, импортируемых в край из Казахстана, также достаточно широк, но это, главным образом, продовольствие: зерно и мука, мясо и мясные продукты, растительное масло.

В настоящее время транспортные коридоры из Западного Китая в Россию проходят через Монголию и Казахстан. При этом монгольский коридор является инфраструктурно более слабым, чем казахстанский, поэтому грузы из Синьцзяна в Россию, главным образом, отправляются через казахский Алашанькоу, а не через территорию Монголии. В сложившейся ситуации ведущую роль в транзите товаров из Китая в Россию и Европу и в обратном направлении начинает играть Казахстан.

Так, в течение прошлого года власти Казахстана предприняли ряд мер, закрепляющих роль Казахстана как главного транспортного посредника между западными районами Китая, Центральной Азией и Европой. Среди таковых мер можно назвать модернизацию пункта пропуска «Хоргос» и активизацию использования КПП «Алашанькоу», который, по прогнозам, в ближайшие годы может обогнать по объему грузоперевозок КПП «Маньчжоули», расположенный на российско-китайской границе в Восточной Сибири. Таким образом, территория Казахстана становится транзитной для товаропотока Китай - Западная Сибирь. Это позволяет говорить о создании единой торгово-транспортной системы «Западная Сибирь (через Алтай) – Центральная Азия (через Казахстан) – Западный

Китай (через СУАР)». Местные власти регионов Западной Сибири предпринимают большие усилия для регионального объединения государств Большого Алтая (это географическое понятие объединяет Алтайский край и Республику Алтай России, Синьцзян-Уйгурский автономный район (СУАР) Китая, Баян-Ульгийский и Ховдский аймаки Монголии, Восточно-Казахстанскую область Республики Казахстан). В планах российских властей — развитие на этой территории «Единой межгосударственной экономической зоны Большого Алтая».

Хоргос – важный пункт транспортировки грузов из КНР в Казахстан и Россиюа

В настоящее время через территорию Алтайского края проходят основные транспортные маршруты, связывающие Новосибирскую и Кемеровскую области с Узбекистаном, Таджикистаном, Кыргызстаном. Отношения с этими странами также имеют значительный потенциал развития.

В торгово-экономическом сотрудничестве Западной Сибири со странами Средней Азии большое значение имеет Омская область (20% ВВП области составляет экспортная торговля, эта цифра быстро и устойчиво растёт). Внимание властей области, в первую очередь, обращено на соседний Казахстан. Сложившиеся торговые, экономические и культурные связи постоянно стимулируют экономическое сотрудничество двух стран. На уровне регионов с 1995 года ежегодно подписываются и реализуются соглашения по экономическому, научно-техническому, торговому и культурному сотрудничеству.

С 2004 года объем торговли Западной Сибири со всеми странами Средней Азии устойчиво растет, быстрее всего – с Киргизией и с Казахстаном (в отдельные годы прирост составлял свыше 100%, особенно в плане российского экспорта). Западная Сибирь – российский лидер в торговле со среднеазиатскими республиками ШОС. Однако, при всей положительной динамике в этом отношении, следует отметить, что Узбекистан, Киргизия и Таджикистан имеют сравнительно небольшие объемы торговли с Западной Сибирью (и с Россией в целом). Причины этого дисбаланса носят не региональный, а государственный характер. Еще одна особенность внешней торговли среднеазиатских стран ШОС с Западной Сибирью заключается в том, что ее объемы значительно уступают объемам торговли с другими странами, в том числе, с КНР.

Глава 3 Научные и образовательные ресурсы Западной Сибири

俄罗斯西西伯利亚地区的科学与教育资源

西西伯利亚虽然远离俄罗斯欧洲部分的各大科学中心，但仍拥有极大而独特的科学潜能，其科研潜能的中心是俄罗斯科学院西伯利亚分院。在苏联时期，新西伯利亚州、托木斯克州就成为了高校和研究所的两个聚集地。这两地不仅仅吸引俄罗斯东部地区的科学家们慕名而来，还通过有专业倾向性的中小学教学系统，培养青年才俊投身科学研究。仅在新西伯利亚（特别是其市郊的科学城）就有60余所科学研究所、43所大学和将近2000家高新技术企业。新西伯利亚是享誉世界的数理科学研究和计算机、激光、动力学、生物技术创新中心之一。托木斯克州的科学家人数在全俄罗斯各州排名第四，大学生人数排名第三。该州的多个科技孵化器和协同创新中心运作效果良好。新西伯利亚市的西伯利亚联邦大学、托木斯克市的国立古比雪夫大学都是俄罗斯的名牌大学。秋明国立石油与天然气大学长期为当地油气开发企业培养技术人才，是俄罗斯最负盛名的石油天然气大学。其他的著名大学还有克麦罗沃国立大学、阿尔泰国立大学、新西伯利亚国立技术大学等。

西西伯利亚的科教资源比较特殊，因为各机构与中国和亚洲其他伙伴有着千丝万缕的联系。自1989年以来，俄罗斯科学院西伯利亚分院一直是中国科学院沈阳分院的官方合作伙伴。沈阳建有中俄科技中心。新西伯利亚是俄罗斯唯一的国际科技园协会会员城市。新西伯利亚2001年成为了亚洲科学院协会第2次全体大会的举办地，中国等15个国家派代表参会。

По мнению ученых Сибирского отделения Российской академии наук, будущее Сибири во многом находится в зависимости от накопленного здесь научного и образовательного потенциала. Его ядром является Сибирское отделение РАН и система высших учебных заведений. Исторически на территории Западно-Сибирского региона России сложилось два крупных научно-исследовательских центра – это Новосибирская и Томская области. В среднем по России число занятых в научной

Новосибирский Академгородок – город науки в Западной Сибири (на фото – одно из зданий недавно построенного Технопарка)

ЧАСТЬ 7
ЗАПАДНО-СИБИРСКИЙ РЕГИОН РОССИИ

деятельности человек составляет 14 на каждую тысячу работающих, но в Томской области этот показатель составляет 19 человек, а в Новосибирской – 23. Большая часть научно-образовательного потенциала региона сосредоточена именно в Новосибирской области, а именно – в городе Новосибирск. Помимо Сибирского отделения РАН здесь сосредоточено более 60 отраслевых научно-исследовательских и проектных институтов, 43 вуза (в том числе 27 – государственных) и более 100 крупных и 1700 малых и средних предприятий, занимающихся научно-технологической деятельностью. По всей Новосибирской области количество работников науки и образования превышает 30 тысяч человек (огромная цифра для Западной Сибири – региона, ориентированного на развитие добывающей промышленности), из них более 10 тысяч – докторов и кандидатов наук. Научные центры Новосибирска имеют мировую известность как в прикладной, так и в фундаментальной науке.

Большинство научных объектов Новосибирска расположено в его пригороде под названием Академгородок (основан в 1957 году). На его территории собраны десятки НИИ, важнейшие органы Сибирского отделения РАН, крупнейший в Западной Сибири и один из самых престижных в стране Сибирский федеральный университет. Научные институты при Сибирском отделении РАН называют «кузницей российских изобретений»: они создают 40-45% всех изобретений, признаваемых Российской академией наук. Создание Сибирского отделения РАН в Новосибирске было уникальным шагом: было решено, что академики здесь

Дмитрий Медведев знакомится с техническими инновациями в Академгородке

будут заниматься не только проблемами фундаментальной науки, но и проблемами, связанными с развитием региона, с расширением его роли в стране. К сожалению, в ходе реформ 1990-х годов по научным центрам Академгородка был нанесен тяжелый удар: из-за нехватки средств большинство научных центров и программ было закрыто, десятки тысяч учёных покинули регион. Несмотря на то, что по отдельным отраслям количество научных программ уменьшилось в 100 и более раз, науку в Новосибирске удалось сохранить, в настоящее время начинается медленное ее восстановление. Большое значение для этого имеет система подготовки специалистов высшего уровня. В Академгородок привлекаются лучшие учёные со всей страны, но только в одном Новосибирске более чем в 60 организациях работают аспирантуры и докторантуры, в которых обучается более 3000 человек, 25% из них по техническим специальностям, 15% - по физико-математическим (в других регионах России такой популярности этих направлений нет). Финансирование науки в России в 2008-2015 годов постоянно росло, однако по объемам оно несравнимо меньше финансирования в 1970-1980-е годы – во время расцвета науки в Западной Сибири.

В условиях ограниченного финансирования, Дмитрий Медведев предложил изменить модель развития науки и обратить особое внимание на «критические технологии» - на те направления прикладных технологических разработок, которые могут дать самый быстрый экономический эффект. В Новосибирской области основными «критическими технологиями» являются: технологии новых материалов, лазерные и оптоэлектронные технологии, компьютерные и микроэлектронные технологии, ядерные технологии (это направление уникально для России), технологии энергетики и энергосбережения, биотехнологии и технологии химических процессов, а также экологические технологии (их часто называют «технологии устойчивого развития»).

Помимо научной деятельности в Академгородке работает одна из крупнейших баз по подготовке высококвалифицированных специалистов. Талантливые школьники отбираются со всей страны с помощью системы конкурсов и олимпиад и приезжают в Академгородок для учёбы в специализированных школах (по физико-математическому и естественно-научному направлениям).

На территории Новосибирской области работает научно-технологический парк «Новосибирск», который помогает малым предприятиям в продвижении на рынок инновационных научных и технологических разработок. Парк ведет большую работу по замещению импортной наукоёмкой продукции отечественными образцами, разработанными в Сибири.

Регионом с высоким интеллектуальным потенциалом является и Томская область: 30% ее трудоспособного населения имеет высшее образование, область занимает четвертое место по стране по количеству ученых, третье место по стране (после Москвы и Санкт-Петербурга) по количеству студентов в возрасте 17-25 лет. Крупнейшие университеты Томска входят в число наиболее престижных в России. Исторически именно Томск является научной и университетской столицей Западной Сибири. Крупнейший в области Томский государственный университет

Томск – город молодых ученых

был основан еще в 1888 году, и еще в те времена он был ориентирован на практические исследования. Здесь же еще в начале XX века сложились первые сибирские научные школы – в области ботаники и геологии. Исследовательская деятельность НИИ Томской области и сегодня направлена на прикладные разработки, важные для модернизации российских предприятий («критические технологии»): нанотехнологии, производство новых материалов, биотехнологии, медицинские технологии, информационные технологии, телекоммуникации, нефтехимия. Томская область является одним из рекордсменов России по объему финансирования науки и образования – здесь на эти нужны выделяется

ЧАСТЬ 7
ЗАПАДНО-СИБИРСКИЙ РЕГИОН РОССИИ

более 7%. Именно в Томской области в 2008-2009 году (когда президент России Дмитрий Медведев объявил о переходе на «инновационный курс») в экспериментальном порядке начали работать университеты новых типов: инновационно-предпринимательский и академический инновационный. Представитель Мирового банка господин Альфред Уоткинс, побывавший в Томске, подчеркнул: «Томск в сфере инноваций продвинулся дальше всех в России». Томск вошел в число четырех российских городов (наряду с Самарой, Зеленоградом, Новосибирском), в которых созданы Центры содействия инновациям. Здесь же, на базе Томского государственного университета систем управления и радиоэлектроники, был создан один из первых в России межвузовский студенческий бизнес-инкубатор «Дружба» (в бизнес-инкубаторе молодым талантливым учёным помогают превращать их новые идеи в успешные бизнес-проекты). На базе Томского политехнического университета, старейшего вуза Сибири, открыты центры поддержки исследований атомных и нанотехнологий. Всего в Томской области в 2008-2010 годах открыто шесть бизнес-инкубаторов разных форм. К сожалению, бизнес-инкубатор высоких технологий (модель, широко распространенная в КНР) как эффективная платформа поддержки научного развития внедряется в России медленно; Томская область является в этом направлении пионером не только в Западной Сибири, но и в масштабах всей России.

В 1960-е–1980-е гг. размещение вузов по территории Западно-Сибирского региона стало более равномерным. Это произошло за счет роста двух новых научно-образовательных центров—Кемерова и Тюмени. После 2000 года именно в Тюмени и богатых нефтью и газом Ханты-Мансийском автономном округе и Ямало-Ненецком автономном округе самыми быстрыми темпами развивается высшее образование. Так, Тюменский государственный нефтегазовый университет становится одним из наиболее обеспеченных и престижных в России (и самым престижным по нефтегазовым специальностям).

Западная Сибирь – обширный регион, его научные и образовательные центры удалены друг от друга. Создание инфраструктуры телекоммуникаций позволило создать в Западной Сибири системы дистанционного образования. Томский государственный университет и томские структуры РАН совместно разработали проект «Открытый университет Западной Сибири», в рамках проекта создан центр компьютерных ресурсов, в который вошли ресурсы образовательных и научных учреждений Западной Сибири. Основными партнерами Открытого университета Западной Сибири стали ТГУ, Алтайский госуниверситет и Новосибирский государственный технический университет.

Развитие науки и образования Западной Сибири невозможно без включения его в единое российское, азиатское и мировое образовательное пространство. Многие десятилетия в советскую эпоху города Западной Сибири были закрыты для иностранцев. В последние годы международное сотрудничество в сфере науки и культуры развивается быстрыми темпами. Наиболее тесные и продолжительные контакты заключены именно с КНР. Еще в 1989 году делегация Сибирского отделения РАН посетила г. Шэньян (провинция Ляонин) и подписала соглашение с Шэньянским отделением Академии наук КНР. Развитие

Проведение двусторонних научных конференций – эффективная форма сотрудничества ученых Китая и России

этих отношений привело к созданию программ сотрудничества ряда китайских и томских академических институтов, образованию совместных лабораторий. Контракты на уровне отдельных вузов исчисляются десятками.Так, например, Даляньский технологический университет сотрудничает сразу с несколькими ведущими вузами Томска. В Шэньяне создан российско-китайский научно-технологический центр. С китайской стороны учредителями Центра являются власти провинции Ляонин, города Шэньян, ведущие вузы и местные отделения Академии наук КНР. С российской стороны проект курируют Президиум Сибирского отделения РАН, администрации Новосибирской и Томской областей. Центр позволит повысить эффективность в сфере совместной разработки и распространения технологических инноваций.

Наибольших успехов в развитии международного научного и культурного сотрудничества добился город Новосибирск, в том числе благодаря побратимским связям с городами в различных частях света: Саппоро (Япония), Сент-Пол и Миннеаполис (США), Мяньян (КНР) и Тэджон (Республика Корея). Благодаря этим связям постоянно ведется обмен научными и культурными достижениями. Так, например, в 1996 году создан муниципальный культурный центр «Сибирь-Хоккайдо», способствующий укреплению дружеских контактов между народами России и Японии, выполняющий функции учреждения дополнительного внешкольного образования (японский язык, культура, искусство, история, др.). Большую работу по культурному и научному обмену, а также по организации познавательного туризма, выполняет Новосибирское отделение общества российско-китайской дружбы. Благодаря поддержке мэрии южнокорейского Тэджона, Новосибирск, единственный из российских городов, был принят во Всемирную ассоциацию Технополисов.

Активное научное и культурное взаимодействие Западной Сибири со странами азиатского региона отражает складывающиеся в мире тенденции формирования нового азиатского полюса развития человечества, прежде всего в Китае, Южной Корее, Индии и других странах Восточной Азии. В азиатских странах существует огромный интерес к Новосибирску, к его современным наукоемким технологиям, научным достижениям, культурному потенциалу. Именно Новосибирск был выбран местом проведения в 2001 году II генеральной ассамблеи Ассоциации академий стран Азии, собравшей представителей научных кругов, руководителей национальных академий из пятнадцати государств, в том числе Кореи, Бангладеш, Китая, Индии, Индонезии, Ирана, Казахстана и т.п. Более половины всех научных конференций Сибирского отделения РАН посвящены проблемам Азии.

ЧАСТЬ 7 ЗАПАДНО-СИБИРСКИЙ РЕГИОН РОССИИ

Глава 4 Природные и культурные достопримечательности Западной Сибири

俄罗斯西西伯利亚地区的自然资源与人文景观

西西伯利亚之所以令人神往，并非仅仅因为其矿产资源丰富。阿尔泰山是西西伯利亚的明珠，是一个湖光山色旖旎迷人的地方。哈卡斯共和国风景优美，令人神往，是俄罗斯总统弗拉基米尔·普京最喜欢的避暑胜地。西西伯利亚的名胜古迹主要集中在新西伯利亚市区。

阿尔泰山脉最美的地方是高山湖泊星罗棋布的别卢哈山，而拥有众多文化古迹的阿尔泰草原也煞是引人入胜。阿尔泰的"别洛库里哈"温泉度假村世界闻名。此外，阿尔泰是伟大的作家瓦西里·舒克申的故乡，久负盛名。卡吞河两岸每年都会举办联欢节纪念这位作家。遗憾的是，阿尔泰的旅游资源还开发得不够好，发展潜力还相当巨大。

新西伯利亚市附近有一个大型景点，叫"鄂毕海"，它是西伯利亚人最喜欢的休闲去处。与西伯利亚地区的大多数工业城市不同，新西伯利亚的文化资源丰富，市中心的歌剧与芭蕾舞剧院闻名遐迩，是西伯利亚人文化生活丰富的象征。新西伯利亚动物园、"西伯利亚桦树皮"博物馆则深得游客喜欢。

Достопримечательности Западно-Сибирского региона России весьма многообразны. Сейчас на территории Западной Сибири создаются туристический маршрут «Китай – Россия – Западная Европа» для китайских туристов и туристический маршрут «Алтай – Золотые горы» (по территории РФ, КНР, Монголии и Казахстана).

Наиболее интересным в отношении природных красот является Алтай, особенно горная его часть. Здесь расположено множество красивейших гор и озёр. Особый интерес представляет и город Новосибирск – культурный центр Сибири.

Гора Белуха

Алтайская гордость – гора Белуха – белоснежной двуглавой короной венчает Катунский хребет. Именно здесь берет начало бурная и знаменитая река Катунь.

Климат здесь суровый. Зима затяжная и холодная, а лето короткое и дождливое. В январе температура воздуха может упасть до –48 °C и держаться отрицательной до самого марта. Лучшим временем для посещения Белухи считается период с конца июля по август. Белуха занимает первое место среди всех гор Алтая по количеству ледников.

Гора Белуха

«Гора для души» - так говорят о Белухе альпинисты. Алтайцы же всегда считали Двуглавую гору (так они называли Белуху, потому что у нее две вершины) священной. Они называют ее «Ледяная гора» и «Величавая». Великий русский художник Николай Рерих чувствовал какую-то связь Белухи с Эверестом: «Алтай – Гималаи, два полюса, два магнита». Аккемские озера – два зеркала, в которые смотрится гора Белуха. В них отражается ее северный склон и вершина. Рядом с этим местом находится «Долина семи озер». В долине, имеющей форму сердца, искрятся прекрасные озера, шумят водопады, среди горных вершин раскинулись нарядные луга. Верхние озера расположены на высоте 2600 метров над уровнем моря, чтобы добраться до них, необходимо преодолеть долгий путь в горы. Однако в некоторых верхних озерах вода такая теплая, что в ней можно купаться. Январь 2000 года примечателен для Двуглавой горы тем, что она и ближайшие озера стали называться «Национальным парком «Белуха».

Алтайский Стоунхендж

Неподалеку от места соприкосновения двух хребтов Алтайских гор – Сайлюгем и Южно-Чуйского - находится удивительное место. Его называют Алтайским Стоунхенджем: это огромные валуны с петроглифами древней культуры. Алтайский Стоунхендж не зря сравнивают с английским – они во многом похожи, и больше всего своей загадочностью. Алтайское каменное чудо представляет собой пять гладких, белых плит, на одной из которых имеется перекладина. Высота

Алтайский Стоунхендж

этих столбов всего 6-7 м. Один из камней сильно напоминает трон или кресло. Камень, из которого состоят столбы, не является местным для Алтая. Территория Чуйской степи, где находится Алтайский Стоунхендж, вообще очень богата на памятники древней культуры.

Голубые озера на реке Катунь

Голубые озера образовались почти 25 тысячелетий назад. Расположены они на левом берегу реки Катунь. Название своё они получили от редкого цвета воды – в солнечный день она имеет яркий голубой цвет. Местные жители верят, что эта вода имеет особую силу и может лечить болезни глаз. Водоемы занимают в целом около 4 сотен квадратных метров, глубина достигает 17 метров.

Озера эти непостоянны, когда Катунь разливается, они попросту пропадают, а когда вода уходит, вновь появляются. Посмотреть их можно только осенью и зимой. В зимнее время они не замерзают даже в 40-градусные морозы.

Голубые озера на реке Катунь

Белокурихинское месторождение термальных радоновых вод

На стыке гор Алтая и Саян и Западно-Сибирской равнины, на высоте 250 метров над уровнем моря, находится Белокурихинское месторождение термальных радоновых вод. Именно там появился еще в конце XIX века курорт «Белокуриха» с целебными водами. Горячие источники «Белокурихи» насыщены различными минералами, которые поднимаются с глубины в 400 метров, прогреваясь до +42°C. Эти воды помогают снять боль и воспаления, лечат аллергию, понижают уровень холестерина в организме и даже делают организм моложе. Их главный полезный компонент – радон.

«Змеиный колодец» - источник-символ всего курорта. Там когда-то стояли первые ванны Белокурихи, а название он получил от того, что рядом с курортом всегда было много змей, которым очень нравились теплые колодцы. Курорт «Белокуриха» с целебными радоновыми водами известен не только в Западной Сибири – он регулярно принимает гостей со всей России и из стран Европы.

Десятиручка

Комплекс русской культуры «Десятиручка» находится в Чемальском районе Республики Алтай.

Традиционная русская кукла (комплекс «Десятиручка»)

Музейный комплекс, посвященный русским традициям, приглашает на экскурсии и на практические занятия (гончарное дело, традиционная кукла, мокрое валяние). Здесь собрана большая коллекция старинных кукол, проводятся народные праздники, народные гулянья, традиционные соревнования, игры и обряды. В «Десятиручке» работает музей народной куклы, где собрана огромная коллекция обрядовой куклы (эти куклы использовались не для детских игр, а для древних народных обрядов, например, для лечения болезней или помощи в поиске любимого человека). В музее можно научиться делать такие куклы самому.

Дом Шукшина

Дом расположен в родной деревне Шукшина – селе Сростки Алтайского края и является частью Алтайского краеведческого музея. Открыт с 1978 года (после смерти писателя), с 1999 года имеет статус Всероссийского музея. В стенах этого дома хранят память о великом русском писателе, актере и режиссере Василии Макаровиче Шукшине.

Дом В.М. Шукшина

Некоторые части села Сростки, связанные с биографией писателя, а также некоторые уникальные природные зоны (побережье реки Катунь, гора Пикет) также входят в музейный комплекс. В музее постоянно работают выставки «Жизнь и творчество Шукшина» и «Далекие зимние вечера». В музее сохранились книги, подписанные Шукшиным, и работы других не менее известных деятелей искусства: актеров, писателей, художников, композиторов и певцов, чье творчество в какой-то мере переплелось с шукшинским. Есть здесь и портреты семьи писателя, и театральные афиши. Экскурсия по территории музея включает в себя осмотр прекрасных природных пейзажей Алтая.

Ежегодно на горе Пикет, на которой установлен памятник Шукшину, собираются тысячи людей: здесь проходят «Шукшинские чтения», читают работы великого писателя, обсуждают его творчество.

Курум

Курум – особенное место, это название скоплений крупных каменных глыб. Эти глыбы, похожие на огромные каменные грибы, образовались в течение многих лет из-за воздействия ветра и воды. Интересно то, что эти «грибы» постепенно растут и становятся всё выше (это происходит из-за особенного состава почвы). Кроме того, они очень медленно движутся вниз по склонам

Скопление каменных глыб Курум

ЧАСТЬ 7
ЗАПАДНО-СИБИРСКИЙ РЕГИОН РОССИИ

гор. Находится Курум на Алтае, недалеко от Телецкого озера.

К сожалению, эти прекрасные каменные глыбы недолговечны. В конце XIX века рухнул один из самых высоких и красивых «грибов». Сейчас можно лишь понаблюдать его «шляпу». А в 2003 году, когда на Алтае произошла череда землетрясений, упало еще несколько.

Конечно, такое необычное место охраняется. Туристы не зря спешат сюда сфотографироваться с необычными глыбами, ведь вскоре, вполне вероятно, от них останутся одни воспоминания. Правда, алтайские каменные грибы не единственные в мире. Нечто похожее встречается еще в Крыму и на Урале.

Обское море

Обское море – огромное водохранилище, которое находится на территории двух регионов – Новосибирской области и Алтайского края. Его длина – более 220 километров, ширина – 22 километра, глубина – до 25 метров. Водохранилище было создано в 1957-1959 годах. Его ресурсы используются для энергетики, судоходства, водоснабжения и рыбного хозяйства.

Живописная природа, чистый воздух и благоустроенные пляжи привлекают сюда немало отдыхающих со всей Западной Сибири. Морские прогулки на теплоходах и яхтах, катание на лодках и катамаранах,

Обское море

водные аттракционы – на Обском море есть все условия для отдыха на воде и занятий водными видами спорта. Здесь ежегодного проводятся всероссийские соревнования по парусному спорту. Вблизи Бердского залива (недалеко от Новосибирска) сосредоточены курорты и центры детского отдыха. Обское море прекрасно подходит и для рыбалки.

Новосибирский театр оперы и балета

12 мая 1945 года оперой «Иван Сусанин» М. И. Глинки открылся этот крупнейший в Западной Сибири музыкальный театр, который первым из провинциальных тсатров получил звание «Академического» (30 декабря 1963 года). По сей день он является крупнейшим за Уралом. Расположен на площади Ленина, в самом центре Новосибирска.

Строительство будущего театра началось 22 мая 1931 года, его планировали торжественно открыть в августе 1941 года, но помешала война, во время которой в здании театра хранились лучшие произведения искусства из Третьяковки и Эрмитажа.

Здание театра получилось роскошным и самым большим театральным сооружением

Новосибирский театр оперы и балета

в стране, ведь под его куполом легко поместится московский Большой театр. Сегодня Новосибирский академический театр оперы и балета является не просто главной достопримечательностью Новосибирска – это главный культурный объект Западной Сибири, символ ее духовного величия.

Новосибирский зоопарк

Новосибирский зоопарк - один из крупнейших в России - занимает обширную территорию (около 60 гектаров) и является домом для более 10 тысяч животных. Некоторых видов животных, например, кавказского леопарда, нет ни в одном другом зоопарке мира.

В 1947 году здесь начали создавать первый за Уралом зоопарк. Крайне трудно было обустроить места для разных видов животных в условиях сурового сибирского климата. До 1970-х годов количество различных видов животных исчислялось всего лишь десятками, что не мешало зоопарку принимать гостей со всей Сибири. К 1980-м годам зоопарк получил всю необходимую современную инфраструктуру, здесь ведется активная научная деятельность. Зоопарк переехал на свое нынешнее место в 1993 году, здесь он занимает огромную площадь в 53 гектара. Увидеть в нём можно не только местных сибирских зверей, но и животных из теплых стран. В 2008 году в зоопарке был построен новый зал «Тропический мир», а сам зоопарк вошёл в список лучших достопримечательностей страны «Семь чудес России». Сегодня зоопарк сотрудничает с более чем 150 зоопарками всего мира, участвует в десятках программ по сохранению редких видов животных. Здесь регулярно проводятся лекции для специалистов и праздники для детей.

Экспонаты музея «Сибирская береста»

«Сибирская береста» является памятником деревянного зодчества, он расположен в центре Новосибирска, на улице Горького. Открыт в 1917 году. На первый взгляд, это небольшой одноэтажный деревянный дом – обычный для Новосибирска в начале XX века. Интересно украшение дома на основе различных элементов народного зодчества.

Музей «Сибирская береста» открыт в этом доме в июне 2002 года. Здесь работают выставки мастеров художественного и народного творчества. Особенно интересна выставка берестяного искусства мастеров

Экспонаты музея «Сибирская береста»

ЧАСТЬ 7
ЗАПАДНО-СИБИРСКИЙ РЕГИОН РОССИИ

со всей Западной Сибири и Урала - Новосибирска, Кемерова, Томска, Мариинска, Прокопьевска, Перми и других городов. Есть работыи других народных промыслов.

Остров Патмос

На реке Катунь есть остров под названием Патмос. Здесь создана деревянная копия старинного храма Иоанна Богослова. Патмос - святое место. Самая известная легенда гласит, что святому Иоанну (одному из авторов Нового Завета) приснился сон - два храма над водой. Один храм - в Средиземном море, а второй - на противоположном конце земли. Оба острова носят одинаковое название – Патмос. В 1915 году сюда перенесли один из самых ранних храмов Западной Сибири. Сейчас там находится женский монастырь, который открыт для посещения туристов. Монахини в монастыре занимаются искусством, создают скульптуры и иконы. Также здесь можно найти уникальные древние колокола. Есть на острове гора, на вершине которой, как говорит легенда, можно увидеть лицо Божьей Матери с младенцем на руках. Остров и церковь очень популярны среди православных со всей России.

Глава 5 Экологическая обстановка в Западной Сибири

俄罗斯西西伯利亚地区的生态环境

西西伯利亚地域辽阔，很少被人类开发，但是令人遗憾的是，这里也存在着一些生态问题。只有托木斯克州、鄂木斯克州、汉特—曼西自治区三个州区北部人烟稀少的区域内还保持着良好的生态环境。石油开采区（面积约占据西西伯利亚地区的15%）存在严重的土壤石油污染问题（某些地方的土壤含油量超标达100多倍）。在天然气开采区里，天然气燃烧时产生的大量有毒物质排入空气中。库巴斯（克麦罗沃州）境内的克麦罗沃市、新库兹涅兹克市以及其他工业中心城市——鄂木斯克、新西伯利亚、巴尔瑙尔——的生态问题非常突出。克麦罗沃州是西西伯利亚地区污染最严重的地区。

由新西伯利亚、托木斯克市各大工厂产生的水体和土壤放射性污染也是一个严峻的问题。

西西伯利亚的森林资源开发不到位，从而形成了大片干燥的老树林，经常引发森林火灾。森林火灾对于俄罗斯各地区而言可谓是灭顶之灾，西西伯利亚也常因此蒙受巨大的经济损失。在西西伯利亚北部地区，火灾常因森林中有石油溢出而火势更为迅猛。

然而，西西伯利亚地区在发展生态旅游方面有着巨大的潜力，这里首先要提到的是鄂毕河流域以及小型湖泊密布的阿尔泰山区。1998年阿尔泰入选世界自然基金会名录，是西西伯利亚第一个生态旅游中心，可开展民俗旅游和阿尔泰文化体验项目。西西伯利亚最具生态旅游前景的区域是阿亚湖、别卢哈山脉、阿尔泰山脉丘亚山、哈卡西亚共和国的"奇尔·洽亚安"自然公园。

На первый взгляд, огромные просторы Западной Сибири, прекрасные сибирские реки и вековые леса никак не связаны с таким понятием, как «экологические проблемы». Однако, к сожалению, в Западной Сибири экологическая обстановка является крайне напряженной. Ряд городов и промышленных районов Западной Сибири может быть отнесен к зонам экологического бедствия. Основная причина этого — огромные масштабы воздействия человека и техники на природную среду при недостаточности мер по ее сохранению и восстановлению.Это выражается в непрерывном нарастании площадей и объемов добычи нефти и газа со степенью выработки месторождений более 50%, использовании старых технологий, наличии опасных ядерно-химических объектов.

Наиболее благоприятна экологическая обстановка на сравнительно небольших площадях восточной части Алтайского края, севера Томской области, а также на территории Омской области и Ханты-Мансийского автономного округа. Наиболее проблемная экологическая обстановка отмечается в большинстве промышленных центров и центров угледобычи и нефтедобычи, причем эти территории занимают примерно 15% площадей региона. Особо характерны экологические проблемы для городов Кемерово, Новокузнецка, Прокопьевска и в меньшей степени для Тюмени, Омска, Новосибирска, Томска и Барнаула. Наиболее опасный загрязнитель – диоксид азота.

Очистка загрязненного нефтью водоема (г. Нефтеюганск)

По состоянию воздуха наиболее экологически неблагополучной среди всех территорий Западной Сибири является Кемеровская область.На втором и третьем месте по экологической напряженности находятся Новосибирская и Омская области. За последние три года количество выбросов загрязняющих веществ в атмосферу в Кемеровской, Новосибирской и Омской областях увеличилось в среднем на 10 %, в Ханты-Мансийском автономном округе более чем на 30 %.

Ежегодно на нефтепромыслах сжигается 6-7 млрд. кубометров попутного газа, или 75-80% его общего объема, хотя по нормам экологии эти цифры не должны превышать 5%. Газовые факелы, образующиеся при сжигании газа, хорошо видны даже из космоса. Нефтегазодобывающая промышленность имеет самую низкую степень очистки выбросов в атмосферу (2.7%), а в Томской области этот показатель равен всего 0.015%. Это одна из самых актуальных экологических проблем региона.

ЧАСТЬ 7
ЗАПАДНО-СИБИРСКИЙ РЕГИОН РОССИИ

На большей части Западной Сибири наблюдается радиоактивное загрязнение. Например, крупные объекты химической промышленности Новосибирска и Томска загрязняют радиацией атмосферу, почвы и поверхностные воды в радиусе до 100 км.

Много проблем и с загрязнением рек Западной Сибири. Основной загрязнитель - нефтепродукты. Особенно плохо обстоят дела на территории Новосибирской, Томской, Омской областей. Вся северная часть Западной Сибири — зона чрезвычайной экологической обстановки по загрязнению нефтепродуктами, а в районах активной добычи нефти уровень загрязнения нефтепродуктами превышает норму в более чем 100 раз (такой уровень экологических проблем называется «экологическое бедствие»). Важно, что проблемные с точки зрения загрязнения нефтепродуктами районы занимают не менее 40% общей площади региона.

В отличие от весьма активного, а часто и чрезмерного, использования ресурсов недр, возобновляемые лесные ресурсы Западной Сибири используются недостаточно. Это приводит к старению и усыханию лесов. Старые леса составляют 70% общей лесопокрытой площади региона. Старение лесов, в свою очередь, является причиной роста числа пожаров – страшной беды для всего региона. Наибольшие площади лесов, поврежденные пожарами, характерны для южных районов региона, где наивысшая плотность населения и степень хозяйственного

Лесной пожар на Алтае

освоения. Здесь на пожары приходится от 25 до 65% всей площади пораженных или уничтоженных лесов. Второй район повышенной пожароопасности (25% площадей) расположен в зоне северной тайги и связан с территориями добычи нефти.

Северные территории региона - территории тундры и лесотундры - относятся к наименее устойчивым к техногенному воздействию. Неустойчивы к загрязнению и заболоченные области между крупными реками. В южной части региона природа более устойчива к вредному воздействию человека. Таким образом, острота экологических проблем достигает наивысшего уровня на севере - в районах добычи и транспортировки нефти и газа.

Несмотря на бедственное экологическое положение региона, в нём скрыты громадные экологические ресурсы. Начиная с середины 2000-х годов, эти ресурсы начинают раскрываться в развитии индустрии экотуризма. Развитие экотуризма сталкивается с серьезными препятствиями: суровым климатом, малоразвитой инфраструктурой, прежде

Васюганские болота имеют огромный потенциал для развития экотуризма

всего, транспортной, однако работа в этом направлении идёт непрерывно. Наиболее перспективными для экотуризма территориями являются Васюганские болота и Алтай. Территория Васюганских болот - между реками Обь и Иртыш – по площади равна 53 тыс. кв.км, что на 20% превышает площадь Швейцарии. Там насчитывают более 800 тыс. небольших озер, здесь берут свое начало множество рек и ручьев. Васюганские болота богаты разнообразными ягодами: голубикой, морошкой, клюквой. Просторы, не знающие человека, облюбованы самыми различными птицами и животными. Как и другие болотистые местности, территория междуречья богата торфяными запасами. Торф выполняет очищающую функцию, поглощая углекислоту и вредные вещества из воздуха и обогащая его кислородом.

Экологический туризм на Алтае является одним из наиболее интересных и развитых на территории к востоку от Урала. Алтай входит во Всемирный фонд дикой природы с 1998 года, это первый в Западной Сибири центр экотуризма. Здесь уже разработаны инфраструктура эколагерей, пешие и конные экомаршруты. Солнечные батареи снабжают лагеря электричеством. Экотуризм сочетается с этнографическим туризмом: у туристов есть возможность пребывания в традиционном алтайском доме – аиле, дегустации национальной кухни, знакомства с культурой местных жителей, можно даже встретиться с настоящим алтайским шаманом.

Одно из наиболее известных природных объектов Алтая – озеро Ая, знаменитое своей природной красотой, красивейшими окрестностями, необычайно теплой водой. На озере находится природный парк "Ая". Гора Белуха – самая высокая точка горного Алтая, здесь считают, что именно Белуха – это центр Азии. Прекрасным местом для экотуризма может стать Чуйский хребет. Он расположен вдали от туристических центров и является одним из самых неосвоенных районов Алтая. С вершин пиков местных гор открывается красивейшая панорама на 30-50 км вокруг. На хребте расположены 243 ледника с общей площадью 223 кв. км. Горы Алтая славятся своей нетронутой красотой, сочетая в себе краски вершин Альп, тишь кедрового леса, свежий лесной воздух. Прекрасные экологические ресурсы горного Алтая, однако, имеют свою специфику: здесь пока еще очень сложно развивать семейный и детский туризм.

Новые экологические маршруты проектируются и в Хакасии. Множество здешних озер являются уникальными местами обитания редких животных и гнездования птиц,

ЧАСТЬ 7
ЗАПАДНО-СИБИРСКИЙ РЕГИОН РОССИИ

занесенных в Красную книгу республики и России. Местные красоты и экологическая обстановка настолько уникальны, что здесь нередко проводит свой отпуск президент России Владимир Путин. Сейчас ведется обустройство туристических маршрутов в природных парках «Чир Чайаан» и «Белоиюсский». Познавательный и экологический виды туризма будут развиваться вокруг озера Улуг-Коль.В Хакасии насчитывается более 100 памятников природы. Как и везде в Сибири, главными проблемами развития экологического туризма является отсутствие развитой инфраструктуры и скудное финансирование.

ЧАСТЬ 8

ВОСТОЧНО-СИБИРСКИЙ РЕГИОН РОССИИ

Глава 1 Экономико-географическая характеристика Восточно-Сибирского региона России

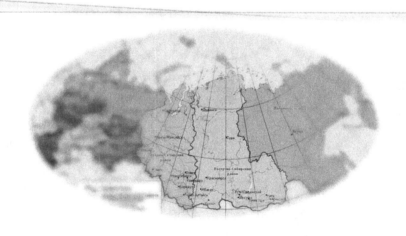

俄罗斯东西伯利亚地区的经济地理特征

东西伯利亚地域广袤，西起叶尼塞河，东至阿穆尔河和勒拿河，以山地为主。该地区大部分是原始森林，是一望无际的中西伯利亚高原。其西南部是萨彦内山岭，东南部则是世界上最深的湖泊——贝加尔湖。东西伯利亚地区拥有体量巨大的水资源和水能资源，尤其是叶尼塞河和安加拉河。克拉斯诺亚尔斯克边疆区是东西伯利亚地区最大的联邦主体，而克拉斯诺亚尔斯克市是该地区最大的城市。东西伯利亚地区的其他大型经济中心有：伊尔库茨克、乌兰乌德、赤塔、阿巴坎、布拉茨克和诺里尔斯克。

该地区的土壤和气候条件不太适于发展农业生产。东西伯利亚地区冬天非常寒冷，其东北部的气温最低能达到零下65摄氏度。由于气候条件恶劣，该地区人烟稀少（平均人口密度仅为平方公里2人）。俄罗斯族占全部人口的80%，东西伯利亚的南部生活着布里亚特人和图瓦人，而北部居

ЧАСТЬ 8
ВОСТОЧНО-СИБИРСКИЙ РЕГИОН РОССИИ

住着一些北方少数民族。人口大多集中在西伯利亚铁路沿线的城市之中。

东西伯利亚的经济开发始于17世纪，进展缓慢。19世纪中叶以前，该地区的俄罗斯族人还很少。直到苏联时代初期，东西伯利亚的各大城市才开始实行工业化，克拉斯诺亚尔斯克、伊尔库茨克、安加尔斯克、布拉茨克发展成了工业化大都市。如今东西伯利亚地区正遭受严重的经济危机，劳动力资源严重匮乏（大部分的专业人才都想尽办法要到俄罗斯的欧洲部分去就业和生活）。该地区的经济复苏的前景，基本只能指望通过与中国、蒙古国的合作来实现。

东西伯利亚地区矿产资源储量极为丰富，但相关研究和开发的程度还远远不够。人们熟知的矿产资源有：克斯诺亚尔斯克边疆区的煤炭、哈卡斯共和国的铁矿、伊尔库茨克州的有色金属及化工原料。泰梅尔半岛上有大量人类几乎尚未开发的资源。诺里尔斯克州的铜、镍资源一经开采，将具有潜力巨大的经济价值。该地区的另一种资源便是一望无际的森林（例如伊尔库茨克州的森林覆盖率高达78%）。当地森林中有丰富的珍贵树木品种（雪松、落叶松）。叶尼塞河与贝加尔湖拥有许多特有的鱼类资源。

东西伯利亚依靠克拉斯诺亚尔斯克水电站、布拉茨克水电站、萨彦内—舒申斯克水电站等超大功率水电站，在俄罗斯的经济系统中坐拥廉价电力能源生产中心的宝座。重要程度次之的工业综合体是需要大量电力的有色金属工业，特别是铝业（克拉斯诺亚尔斯克和伊尔库茨克的"俄罗斯铝业公司"）。克拉斯诺亚尔斯克边疆区北部还有另外一个大型公司——诺里尔斯克镍业公司。最后不得不提的是，早在苏联时期，伊尔库茨克地区就已建造了一个复杂的化工企业综合体。尽管该地区木材丰富，但是家具制造业和造纸业都不发达，农业只在该地区的南部才比较发达。

该地区交通运输系统的基础是铁路（运输超过85%的货物，主要铁路为跨西伯利亚大铁路和贝加尔—阿穆尔大铁路）和当地交通所需的河流运输。海运覆盖的是该地区没有铁路线路的北部区域。该地区的公路运输则很不发达。

被列入联合国教科文组织世界自然遗产名录的贝加尔湖，是东西伯利亚地区独特的资源宝库，它是水资源、生物资源、旅游资源和生态资源的综合宝库。贝加尔湖的水体大量用于周边区域经济发展所需。贝加尔湖是世界鱼类资源最为丰富多样的地方之一，其周边的草原上栖息着各种珍稀动物和鸟类。贝加尔湖岸边有三个大型自然保护区和两个国家公园。贝加尔湖要想发展成一个大型旅游中心，其发展受到了交通和酒店基础设施方面的诸多问题的掣肘。

1.1. Общая характеристика региона

Восточная Сибирь – это, как и Западная Сибирь, в большей степени географическое, чем экономическое или политическое понятие. Так называют часть Сибири от Енисея на Западе и до Амура и Якутии на Востоке. Площадь региона – более 4 млн. квадратных километров. Большая часть занята Среднесибирским плоскогорьем, это территория сибирской тайги, которая на севере сменяется тундрой. На юго-западе региона находятся горы Саяны. Они находятся к востоку от Алтайских гор и делятся на две части: Западный Саян и Восточный Саян. В Восточной Сибири текут крупнейшие реки России – Енисей, Ангара и Лена, здесь же находится самое знаменитое озеро в мире – Байкал. Обилие водных

Карта Восточной Сибири

ресурсов является огромным богатством региона. Главный речной транспортный коридор региона – река Енисей (длина – 4102 км., от города Кызыла в республике Тува до Карского моря), о котором А.П. Чехов писал: «Я не видел реки великолепнее Енисея... Могучий, неистовый богатырь, который не знает, куда девать свои силы и молодость». Полноводность Енисея и его притока – Ангары – позволяют строить большое количество гидроэлектростанций, особенно в верхней части реки.

Болот в Восточной Сибири, по сравнению с Западной, гораздо меньше. 3/4 поверхности занимают горы и плоскогорья, 25% территории расположено за полярным кругом. Таёжные почвы не подходят для эффективного сельского хозяйства. В южных частях региона часто бывают землетрясения.

В Восточно-Сибирский регион географически включаются Красноярский и Забайкальский края, Иркутская область, а также национальные республики – Хакасия, Бурятия и Тыва (чаще используется другое название – Тува). Республика Хакасия находится на границе с Западной Сибирью, поэтому иногда включается учёными в Западно-Сибирский регион. Несмотря на небольшое количество субъектов, регион огромен. Крупнейший его город – Красноярск, который находится на перекрёстке великого водного пути с юга на север – Енисея – и великого железнодорожного пути с запада на восток. Других крупных городов в регионе нет. Иркутск, Улан-Удэ, Чита, Абакан, Ангарск, Братск, Норильск – всё это города сравнительно небольшие.

Восточная Сибирь отличается гораздо более суровым климатом, чем Западная. Осадков немного, зима долгая и холодная, температура достигает -50°C (на северо-востоке региона – до -65°C). Лето тёплое,

Природа Восточной Сибири отличается суровой красотой (на фото: пейзажи Саянских гор)

ЧАСТЬ 8
ВОСТОЧНО-СИБИРСКИЙ РЕГИОН РОССИИ

на юге жаркое. Июль в Восточной Сибири теплее, чем в тех же широтах Европейской части России, солнечных дней больше. Природно-климатические условия являются главным препятствием для экономического развития этого региона.

Население Восточной Сибири немногочисленное, средняя плотность — 2 человека на квадратный километр. В регионе преобладает городское население (71,4%) (это связано с тем, что сельское хозяйство здесь трудно развивать), русские составляют 80% жителей. Кроме них в районе проживают буряты, тувинцы, хакасы (на юге), ненцы и эвенки (на севере). Население размещено крайне неравномерно — основная часть сосредоточена на юге вдоль Транссибирской магистрали, на остальной территории заселение очаговое — по долинам рек и в степных межгорных котловинах. Как и в Западной Сибири, наблюдается дефицит трудовых ресурсов (но он менее выражен, поскольку экономика региона менее требовательна к людским ресурсам). Огромное количество различных ресурсов и очень низкий уровень их освоенности позволяют назвать Восточную Сибирь «краем будущего».

1.2. История экономического освоения Восточной Сибири

Освоение русскими Восточной Сибири проходило гораздо менее интенсивно в экономическом отношении по сравнению с освоением Западной Сибири. Движение на восток проходило по оси опорных пунктов – от построенного в 1619 году города Енисейска, а также городов Красноярска (1628 год) и Якутска (1632 год) далее на восток и на юг Восточной Сибири. Первичное освоение Восточной Сибири проводится казаками (которые облагали сибирские народы особым видом налога – ясаком), оно значительно опережает экономическое освоение новых земель. Как и в случае с Западной Сибирью, освоение проходит по модели «с севера на юг». После завоевания Енисея целый поток казаков-завоевателей устремился на северо-восток Сибири. В результате уже в первой половине XVII века были освоены бассейны рек Лены и Колымы. Так, например, русские закрепляются на берегах Лены уже к 1630 году, но южные территории Восточной Сибири осваиваются ими несколько позже (Иркутск был основан только в 1664 году, Абакан – только в XVIII веке). Особенностью освоения огромной территории Восточной Сибири является то, что она была освоена без значительных военных сил (часто отряды казаков состояли всего из 100, а иногда и 20-30 человек). Русские власти приказывали казакам «не обижать» местные народы, хотя

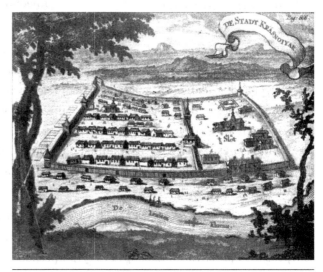

Вид Красноярска в XVII веке (большинство сибирских городов основывались как небольшие крепости – остроги)

весь процесс освоения Восточной Сибири носил стихийный характер – из-за огромного удаления от столицы власти не могли эффективно его регулировать. По сравнению с кровавым освоением западных территорий США, освоение русскими Восточной Сибири было мирным и спокойным. Русское население селилось вне территорий плотного расселения бурят и эвенков, не мешало местным народам ловить рыбу и охотиться. Насильственного переселения или уничтожения местных народов в Сибири не было.

К концу XVII века в Сибирь начинает поступать относительно стабильный поток переселенцев из европейской части России, но большинство их поселяется в Западной Сибири, плотность населения которой была во много раз выше, чем к востоку от Енисея. Здесь к концу XVII века Россия при попытке расширения на восток столкнулась с противодействием местных сибирских и монгольских князей, а также могущественной империи Цин (в эпоху императора Канси), с которой в 1689 году был подписан Нерчинский договор – первый российско-китайский документ о границе. В XVIII веке крупных городов в регионе не было, относительное развитие получила только забайкальская Кяхта (основана в 1727 году), ставшая центром торговли с цинским Китаем. Только в 1822 году уровень освоения Восточной Сибири стал достаточным для того, чтобы ее административно отделить от Западной и преобразовать в отдельную часть Российской империи с центром в Иркутске.

От лица Русского царства Нерчинский договор (1689) подписал Федор Головин

Переселенцы ехали в Восточную Сибирь с большой неохотой, прежде всего, потому, что местные почвы не позволяли выращивать привычную для русских пшеницу. Для того, чтобы обеспечивать себя едой, местные жители активно выращивали картофель (в Красноярске даже был введен закон о наказании всех, кто не выращивает эту культуру). Большую часть населения составили ссыльные – те, кого власти Российской империи заставили поехать на эти отдаленные земли. Только в конце XIX века, после отмены крепостного права, число добровольных переселенцев в Восточную Сибирь начало немного расти.

Некоторый прорыв в освоении Восточной Сибири был сделан в середине XIX века, когда на Енисее и Лене нашли золото. Растущее экономическое значение региона потребовало развития транспорта (внутри региона роль транспортных артерий выполняли реки). До строительства Транссибирской железнодорожной магистрали Восточная Сибирь

ЧАСТЬ 8
ВОСТОЧНО-СИБИРСКИЙ РЕГИОН РОССИИ

оставалась отдалённой провинцией. Так, например, в 1892 году население крупнейшей ее части – Иркутской губернии – составляло всего около 460 тысяч человек (включая около 100 тысяч бурят и других местных народностей). Большие изменения в судьбе региона произошли только с приходом Советской власти: Красноярск, Иркутск и Чита стали крупными промышленными центрами, а во второй половине XX века строительство объектов химической промышленности и ГЭС привлекло в регион большое количество переселенцев; были построены новые города – Братск и Ангарск. В суровых условиях Заполярья почти на 70-й широте вырос молодой город Норильск – центр цветной металлургии России.

Экономический кризис 1990-х годов Восточная Сибирь, как и Дальний Восток, перенесли крайне тяжело, потеряв огромную часть промышленного потенциала и лучших специалистов. В настоящее время Восточная

Буряты (родственный монголам народ) составляет коренное население Прибайкалья.

Сибирь по-прежнему переживает значительные экономические трудности. Федеральные программы развития Сибири и Дальнего Востока, принятые в начале 2010-х годов, позволяют несколько улучшить ситуацию, но не решают всех имеющихся проблем. Местные власти большие перспективы для развития Восточно-Сибирского региона видят в усилении сотрудничества с соседями из КНР.

1.3. Минеральные ресурсы Восточно-Сибирского региона России

Восточная Сибирь имеет огромные запасы полезных ископаемых (гораздо большие, чем Западная Сибирь), однако эти запасы мало освоены и недостаточно изучены.

В Восточной Сибири находится старейшее месторождение золота в Иркутской области (около г. Бодайбо), золото добывается и в Забайкалье, и в Красноярском крае. Всего в Восточной Сибири добывается более 30% всего золота России. По разным оценкам, в Восточной Сибири находится от 70% до 80% всех запасов угля, здесь также добывается нефть. Красноярский край имеет крупнейшие запасы бурого угля (Канско-Ачинский бассейн). Угля здесь очень много, он добывается открытым способом. Каменный уголь добывают в Иркутской области, более мелкие месторождения есть в Туве, Бурятии и Читинской области.

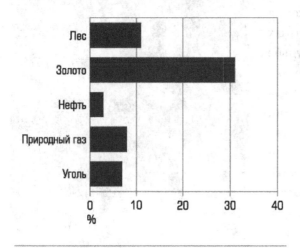

В Иркутской области добыча золота составляет почти треть от общероссийской

В Восточной Сибири имеются крупные месторождения металлов - железной руды (знаменитый Ирбинский рудник в Красноярском крае, месторождения около города Абаза в Хакасии, месторождения в Иркутской области), месторождения меди, никеля, олова и вольфрама. Восточная Сибирь богата и другими полезными ископаемыми: здесь есть запасы бокситов (Красноярский край), слюды, графита, асбеста (республика Тува), стройматериалов, соли (в Иркутской области, близ городов Усолье-Сибирское и Братск). Очень богат полезными ископаемыми Таймыр, который не случайно называют «полуостровом сокровищ». Он входит в пятерку самых богатых регионов России по количеству сосредоточенных в его недрах полезных ископаемых: платины, золота, алмазов, никеля, меди, свинца, цинка, апатитов, родия, ниобия, угля. Здесь разведаны нефтяные, газовые и газоконденсатные месторождения. Главное богатство – норильские месторождения медно-никелевых руд. Норильск является одним из крупнейших центров добычи металлов не только в Сибири, но и во всей России: никель (20% мировой добычи), медь, кобальт и драгоценные металлы - основная продукция огромного комбината «Норильский никель» - одного из крупнейших предприятий России. На территории Таймыра открыто более 30 месторождений нефти и газа.

Ученые считают, что Восточную Сибирь нужно рассматривать в качестве региона, перспективного для создания новых центров добычи нефти и газа. Здесь уже открыты достаточно крупные нефтегазовые месторождения: в Иркутской области (газ), в Красноярском крае (нефть и газ). Вокруг крупных месторождений располагаются десятки более мелких, которые могут осваиваться одновременно.

Крупнейшее в регионе Верхнечонское месторождение нефти (Иркутская область) было подготовлено к освоению еще в эпоху СССР, здесь можно добывать до 10 млн. тонн нефти год. Однако его удалённость от крупных городов не позволяет начать добычу даже в самое ближайшее время. В Красноярском крае открыто еще несколько достаточно крупных и средних месторождений нефти с подготовленными для промышленного освоения запасами. В целом в Восточной Сибири имеются все условия для развития крупной нефтяной промышленности с добычей нефти до 35 млн. тонн в год. Однако освоение этих огромных запасов пока даже не входит в планы властей – оно

ЧАСТЬ 8
ВОСТОЧНО-СИБИРСКИЙ РЕГИОН РОССИИ

Добыча угля открытым способом (Канско-Ачинский бассейн, Красноярский край)

требует длительного времени и огромных средств. Крупномасштабная добыча нефти и газа в Восточной Сибири пока не ведется, но в будущем эта ситуация, несомненно, изменится.

В XXI веке основным энергоносителем будет природный газ, поэтому внимание российской и мировой общественности направлено на огромные восточносибирские запасы газогидратов – нового и еще плохо изученного полезного ископаемого. Это природный газ (как правило, метан) в особом, связанном с водой, состоянии. Образуются газогидраты только при высоком давлении и очень низкой температуре, поэтому распространены они или глубоко в океане (98% мировых запасов) или в условиях северной Сибири. Крупнейшие запасы газогидрата находятся на северо-востоке Иркутской области, в Верхнечонском месторождении. К сожалению, добыча газогидратов пока занимает очень скромное место в газовой отрасли. Миллионы долларов на собственные проекты по добыче и переработке газогидратов тратят Индия, Южная Корея, Канада, Норвегия и США.

1.4. Лесные и биологические ресурсы Восточно-Сибирского региона России

Главное богатство Восточной Сибири – леса. На долю Сибирского федерального округа России приходится 10–12% покрытой лесом площади земного шара, примерно столько же мировых запасов древесины. Это почти в 1,5 раза больше, чем в Канаде, вдвое больше, чем в США, и в 8 раз больше, чем в скандинавских странах (Финляндии, Швеции и Норвегии). Общая площадь лесов всех субъектов федерации, входящих в Сибирский Федеральный округ, составляет 2,6 млн. кв.км. Из них на долю Восточной Сибири приходится 84%, на

В Восточной Сибири постоянно растет добыча леса

долю Западной — 16%. В Восточной Сибири сосредоточено около половины всех лесных ресурсов России. Самую высокую лесистость имеют Иркутская (78%) и Читинская (66%) области, республика Бурятия (63%).

Основное количество запасов древесины составляют ценные виды: лиственница, сосна, ель, сибирский кедр, пихта. Особую роль играет лиственница – одно из самых распространенных деревьев сибирской тайги. У нее очень прочная древесина (как у дуба), однако перевозить и обрабатывать лиственничную древесину трудно, поэтому основу лесозаготовок составляет сосна. Самые продуктивные леса, в которых произрастает знаменитая ангарская сосна, расположены в бассейнах Ангары и Енисея.

Общие запасы древесины в регионах Сибирского федерального округа оцениваются в 30–36 млрд. кубометров, эксплуатационные — в 10–15 млрд. кубометров, 75% этих цифр приходятся на территорию Восточной Сибири. Ежегодно прирост древесины составляет не менее 250 млн. кубометров. Почти половина всех лесов относится к категории спелых и перестойных, поэтому вырубка леса очень полезна и необходимо для данных территорий. Огромные запасы леса пока еще значительно больше, чем объемы его заготовки (в советскую эпоху – не более 95 млн. кубометров в год, в современной России – 20-30 млн. кубометров по всей Сибири). В республиках Бурятия и Тува объем лесозаготовок за последние 20 лет снизился в 8-10 раз. Это одна из наиболее острых проблем экономики региона. Объем лесозаготовок в Сибири в 5–6 раз меньше, чем в Канаде и в 20 раз меньше, чем в Финляндии. Еще хуже ситуация в лесопереработке: из 1 кубометра древесины в Сибири товаров получают в 5 раз меньше, чем в Европе.

Значительный урон лесным ресурсам наносят пожары. За год может выгорать от 0,1 до 2,5 млн. га лесопокрытой площади, при этом огнем уничтожается 15–250 млн. кубометров древесины. Ущерб от лесных пожаров в некоторые годы может превышать 500 млн. долларов США в год. Бороться с лесными пожарами должны специальные службы, но на их содержание не хватает денег. Большая работа по решению этих проблем ведется в Иркутской области – здесь власти развивают программу космического наблюдения за лесами, создали специальный самолёт для тушения лесных пожаров.

Если в Западной Сибири основой экономического развития стала добыча нефти и газа, то в Восточной Сибири перспективы долгосрочного устойчивого развития могут быть связаны с эффективным использованием лесных ресурсов. Неслучайно Восточную Сибирь (особенно Иркутскую область и Красноярский край) сравнивают с Кувейтом – страной огромных нефтяных богатств, основой процветания которой стал экспорт нефти.

ЧАСТЬ 8
ВОСТОЧНО-СИБИРСКИЙ РЕГИОН РОССИИ

Таёжные массивы Сибири богаты не только древесиной. В них сосредоточены ценные возобновляемые ресурсы: лесохимическое сырьё и охотничье-промысловые ресурсы, грибы, ягоды, лекарственные травы. Таёжные леса - это большое разнообразие растительного и животного мира, "лёгкие" планеты. Тайга традиционно славится пушными животными, особое место занимает сибирский соболь.

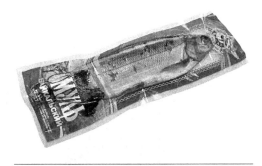

Байкальский омуль хорош и в копчёном виде

Большое значение имеет сбор ценных кедровых орехов. На огромных реках Восточной Сибири и особенно на Байкале огромное значение имеет освоение рыбных ресурсов. На всю Россию известны такие восточносибирские виды рыб, как нельма и таймень (ими богаты северные части региона), а также рыба-символ Байкала – омуль.

Для охраны ценных биологических ресурсов Восточной Сибири был открыт ряд заповедников. Здесь находится старейший в России (основан в 1916 году) Баргузинский заповедник. В 1925 год в Красноярском крае был создан заповедник «Столбы» - перспективное место развития экологического туризма. Тунгусский заповедник на севере Красноярского края был создан в 1995 году. В заповедниках охраняются редкие животные Восточной Сибири – соболь, горностай, лось, северный олень, росомаха и лесные птицы.

1.5. Основные отрасли экономики Восточной Сибири

Освоение богатых ресурсов и развитие экономики Восточной Сибири затруднено из-за суровых природных условий, дефицита трудовых ресурсов и отсутствия транспортной сети. В экономике страны регион выделяется как центр гидроэнергетики России, как база производства дешёвой электроэнергии.

На основе местного угля работает ряд мощных ТЭС — Назаровская, Читинская, Гусиноозёрская ГРЭС, Норильская и Иркутская ТЭЦ. Но основная часть электроэнергии в районе вырабатывается на ГЭС Ангаро-Енисейского каскада — Саяно-Шушенской и Красноярской (мощностью свыше 6 млн. кВт), Братской (4,5 млн. кВт), Усть-Илимской (4,3 млн. кВт). Значительная часть выработанной электроэнергии поставляется в Единую энергосистему России.

Лесопромышленный комплекс объединяет предприятия лесозаготовительной, деревообрабатывающей, мебельной, целлюлозно-бумажной и лесохимической отраслей. Это основа экономики Восточной Сибири, особенно велико его значение в таких регионах, как Красноярский край, Иркутская область и Республика Бурятия, где доля предприятий в структуре промышленного производства может достигать 20%. В Красноярске, Братске, Усть-Илимске, Лесосибирске, Байкальске, Селенгинске построены предприятия деревообрабатывающей и бумажной промышленности. Сейчас в рамках

Один из крупнейших объектов энергетики региона – Гусиноозерская ГРЭС в Бурятии

комплекса проходит модернизация предприятий с целью повышения их конкурентоспособности. Перед экономикой региона стоит важная задача – продавать за рубеж не просто круглый лес, а продукты его переработки, в том числе, высокотехнологичные. Так, например, при огромных запасах качественной древесины в Восточной Сибири почти не выпускается качественная бумага. Мощность всех предприятий бумажной промышленности региона в 5 раз уступает предприятиям Финляндии.

Второй мощнейший промышленный комплекс – это предприятия цветной металлургии, в первую очередь, алюминиевой промышленности. Российская алюминиевая промышленность является наиболее преуспевающей из отечественных металлургических отраслей, являясь крупнейшим в мире экспортером алюминия. В России производится 3 млн. тонн алюминия, 15% мирового производства, из них более 75% - в Сибири. Из 11 заводов в России 4 находятся в Восточной Сибири - это самый крупный Братский, потом Красноярский (Братский и Красноярский заводы вместе производят до 50% всего алюминия России), Саянский и Иркутский алюминиевые заводы. Такое расположение алюминиевых заводов связано с необходимостью обеспечить производство алюминия большим количеством дешевой электроэнергии (ее стоимость в производстве составляет свыше 75%). Но эта особенность связана и с одной серьезной проблемой. Минералы, являющиеся сырьем для добычи глинозема, добывают на Урале, в Архангельской, Курской и Ленинградской областях (в Восточной Сибири существует только одно их месторождение). В эпоху СССР глинозем производили на Украине и в Казахстане. Сейчас глинозема со всей России для нормальной работы алюминиевых заводов остро не хватает, дефицит сырья составляет до 60%. Глинозема, выпускаемого в Ачинске, не хватает даже местному Красноярскому алюминиевому заводу. После 2000 года разрозненные алюминиевые компании Восточной Сибири начали объединяться и сейчас они все входят в крупнейшую в мире алюминиевую компанию «Российский алюминий» («Русал»), созданную в 2007 году. Объединение в крупную компанию позволило решить проблему сырья – «Русал» объединяет и производство алюминия, и производство глинозема

На алюминиевом заводе корпорации «Русал»

ЧАСТЬ 8
ВОСТОЧНО-СИБИРСКИЙ РЕГИОН РОССИИ

(частично это производство находится в Австралии, Гвинее, Ирландии).

В Заполярье сформировался Норильский промышленный узел, перерабатывающий медные и никелевые руды.

На базе использования дешевой энергии, продуктов нефтепереработки, лесопиления, угля, поваренных и калийных солей развита химическая и нефтехимическая промышленность, производятся химические волокна, синтетический каучук, резинотехнические изделия, хлоропродукты. Центры этой отрасли — города Ачинск и Ангарск.

Дмитрий Медведев посещает авиастроительный завод в Улан-Удэ (2009 год)

Машиностроение региона производит промышленное оборудование (Абакан, Красноярск, Иркутск, Черемхово), комбайны, речные суда, экскаваторы (Красноярск), приборы, станки, электротехническое оборудование. В Улан-Удэ действует авиастроительный завод, производящий военные самолёты и вертолёты.

Легкая промышленность представлена кожевенными (Чита, Улан-Удэ), обувными (Иркутск, Красноярск, Кызыл), меховыми (Красноярск, Чита), текстильными предприятиями и производством шерсти.

Агропромышленный комплекс развит, в основном, на юге района. Сельское хозяйство основано на производстве зерновых и мясомолочном скотоводстве. В Читинской области, Бурятии и Туве развито овцеводство. Возделываются пшеница, овес, ячмень, кормовые культуры, выращиваются картофель, овощи. На севере разводят оленей. Развиты также охота и рыболовство.

1.6. Транспортные системы Восточной Сибири

Восточная Сибирь в силу своего географического положения имеет огромное значение для России, с одной стороны, как территория, связывающая огромные просторы Дальнего Востока с остальной территорией страны, с другой стороны, как территория для наращивания объемов сотрудничества с Китаем и Монголией. Важность этого удалённого региона остро поставила вопрос о развитии здесь транспортных систем. Особенно бурный рост получил восточносибирский транспорт после образования СССР. Советскому государству была нужна сильная и развитая восточная часть, поскольку в Азии серьезные угрозы исходили со стороны Японии. Так, именно в советские годы шло постоянно укрепление и развитие Транссибирской магистрали, строительство широкой автодорожной сети в Забайкалье.

Во второй половине XX века возникла необходимость в укреплении связей с Монголией и КНР, что привело к строительству железных дорог в эти страны, активно развивался воздушный транспорт. По мере развития промышленности Восточной Сибири росла необходимость в дальнейшем развитии транспортных систем для перевозки в эти отдаленные регионы новых поселенцев, но главное – для вывоза из Восточной Сибири огромной массы промышленной продукции. Транспортная сеть Восточной Сибири всегда ориентировалась на западное и юго-западное направления (80% вывоза всех грузов). На железнодорожный транспорт приходится 85% всего грузового потока региона, еще 10% берет на себя морской транспорт (через Северный морской путь), на автомобильный транспорт приходится всего 4,8%. Во внутренних перевозках по региону доля железнодорожного транспорта несколько ниже (всего 70%), но все-таки занимает первое место, второе место держит речной транспорт – около 20%. Реки Восточной Сибири текут с юга на север, при отсутствии каналов не позволяют вывозить грузы на запад, но помогают решать внутренние транспортные задачи. Самые тесные транспортные связи – с соседней Западной Сибирью (42% всех грузов вывозится туда), на Урал и в Казахстан (и далее через Казахстан в другие страны Средней Азии) также вывозится немалое количество грузов – примерно по 22%. Ввозимые грузы в основном поступают из Западной Сибири (48%) и Урала (30%). Из Восточной Сибири вывозится в 2,5 раза больше грузов, чем ввозится, таким образом, этот регион выступает как сырьевой источник. Местные предприятия легкой и пищевой промышленности также развиты недостаточно, поэтому в регион ввозится большое количество товаров народного потребления.

Основную магистральную функцию выполняет Транссибирская железная дорога, проходящая через Красноярский край, Иркутскую область, республику Бурятия и Читинскую область. Именно на нее приходится основной транзитный поток пассажиров и грузов. Огромное значение имеет и дополнительная железнодорожная магистраль (созданная для связей с Западной Сибирью) Новокузнецк – Абакан – Тайшет (по территории Хакасии и Красноярского края). В СССР было принято решение о строительстве железнодорожной магистрали от Байкала до Амура для связи Восточной Сибири и Дальнего Востока. Так, в 1970-е годы началось строительство одного из символов поздней советской эпохи – легендарной Байкало-Амурской магистрали (БАМа), которая в Восточной Сибири проходит по территории Иркутской области, Бурятии и Читинской области. В 1990-2000-е годы БАМ был, фактически, заброшен. В 2014 году Правительство РФ приняло решение «оживить» БАМ для усиления транспортного развития восточных

ЧАСТЬ 8
ВОСТОЧНО-СИБИРСКИЙ РЕГИОН РОССИИ

Почтовая марка с текстом «БАМ поставит на службу советскому народу огромные богатства Сибири и Дальнего Востока»

территорий страны. Железнодорожная магистраль из Улан-Удэ (Бурятия) связывает Россию с Монголией, а магистраль из Читы (через Забайкальск) – напрямую с территорией КНР.

Главной автомагистралью является бывший Московский тракт, расположенный вдоль Транссиба. Для включения в единую транспортную систему России отдаленных республик Хакасии и Тувы активно используются автодороги: Красноярск-Абакан-Кызыл соединяет с республиками Красноярский край, а новая автомагистраль Абакан-Абаза-Ак-Довурак проходит через южные районы Хакасии к западным районам Тувы. Есть ряд автомобильных дорог, связывающих север региона с его центральной частью. Автомагистрали Монды-Култук и Кяхта-Улан-Удэ в республике Бурятия, а также Кыра-Чита и Забайкальск-Чита в Читинской области связывают регион с Монголией и Китаем.

Основными артериями речного транспорта являются Енисей и Лена. Енисей соединяет между собой северные территории Красноярского края, а так же республики Хакасию и Туву. Лена связывает Иркутскую область с Якутией, а так же северные районы области с центральными. Обе эти реки играют основную роль для завоза груза на недоступные территории севера региона (этот процесс называется «Северный завоз»).

Основной поток воздушного движения над Восточной Сибирью проходит по воздушным трассам, соединяющий западные районы России с Дальним

Ледокол «Ангара» - на Байкале и реках Восточной Сибири нужны именно такие мощные суда

Востоком, а также европейские страны с Японией и Южной Кореей. Выполняются полеты между западными регионами нашей страны и Китаем, а также между европейскими государствами и странами Юго-Восточной Азии. Внутри региона для связи с северными территориями используется малая авиация.

1.7. Озеро Байкал как уникальный ресурсный комплекс Восточной Сибири

Озеро Байкал – это уникальное явление не только в масштабах Восточной Сибири или России, это великое сокровище всей нашей планеты. Байкал является крупнейшим хранилищем высококачественной пресной воды. В Байкале сосредоточенно около 20% всех мировых запасов пресной воды и 90% запасов России. Объём воды в нём больше, чем во всех вместе взятых Великих озёрах Северной Америки, и в 25 раз больше, чем в Ладожском озере. В длину озеро протянулось на 636 километров, в ширину – на 80. Площадь Байкала – 31 470 квадратных километров (примерно равно площади небольшой европейской страны, например, Бельгии). Байкал - самое глубокое озеро на Земле. Его максимальная глубина составляет 1642 метра. Средняя глубина озера также велика – 744 метра. Более

Байкал – самое глубокое озеро на Земле

1000 видов флоры и фауны Байкала эндемичны (встречаются только на Байкале). В Байкал впадает 336 постоянных рек и ручьев, главные реки – это Селенга (одна только Селенга приносит в Байкал примерно половину воды), Баргузин, Верхняя Ангара, Большая, Кабанья, Томпуда, Тыя, Голоустная, Выдренная, Снежная и другие. Вытекает из Байкала единственная река – Ангара. На Байкале 30 островов, самый крупный – остров Ольхон.

Возраст Байкала остаётся загадкой, но в России принято считать его древнейшим озером на Земле (возраст около 25 млн. лет). В 2008 году Байкал признан одним из

Озеро Байкал знаменито своей прозрачной водой

ЧАСТЬ 8
ВОСТОЧНО-СИБИРСКИЙ РЕГИОН РОССИИ

Семи Чудес России. Удивительна и байкальская вода: она необыкновенно прозрачна, чиста и насыщена кислородом (жители Восточной Сибири в прошлом с ее помощью лечили болезни).

Уникальность Байкала заключается также и в его огромном значении для экономики всей Восточной Сибири. В данной части нашей книги мы рассмотрим Байкал не как уникальное озеро, а как комплекс различных ресурсов: водных, рыбных, туристических.

Водные ресурсы (гидроресурсы) позволили создать на территории около озера несколько крупных промышленных узлов, а также Иркутский гидроузел. Среди многочисленных промышленных предприятий выделяется Байкальский целлюлозно-бумажный комбинат (БЦБК), источник главных экологических проблем для озера. Иркутский гидроузел на р. Ангара расположен в 65 км от ее истока и является частью Ангарских ГЭС. Огромные водные ресурсы Байкала используются и для развития сельского хозяйства и для обеспечения водой близлежащих городов (самый крупный из них – город Байкальск). Промышленность использует почти 900 млн. тонн воды Байкала в год, сельское хозяйство – около 170 млн. тонн.

Уникален Байкал и прилегающая к нему территория и как источник биологических ресурсов, прежде всего, рыбных. Эта уникальность связана с особым состоянием экологии Байкала. По разнообразию и богатству рыбных ресурсов Байкал занимает одно из лидирующих мест в мире. Здесь обитает 52 вида рыб нескольких семейств, в том числе байкальский осётр, таймень, байкальский омуль, сибирский хариус, щуки, карпы, сомы, окуни и многие другие. На Байкале (на территории республики Бурятия) работают рыбоводные заводы – они разводят байкальского омуля, осетра и другие ценные виды рыб. Байкальский осетр как редкий исчезающий вид включен во Всемирную Красную книгу. С 1945 года этот вид охраняется государством, однако его продолжают незаконно вылавливать для получения ценной икры. Работа рыбоводных заводов помогает сохранить эту уникальную рыбу Байкала. Кроме того, на Байкале обитает байкальская нерпа – местный вид морского тюленя. Осенью множество нерп можно увидеть на каменных берегах озера. На берегах гнездятся тысячи различных птиц, время от времени из лесных районов к озеру массово выходят бурые медведи. В прибайкальских лесах водится самый маленький олень в мире – кабарга (из него получают ценные медицинские продукты).

Непосредственно на побережье Байкала находится три заповедника: Баргузинский государственный природный биосферный заповедник (один из старейших в России, создавался для сохранения соболя), его протяженность

Юрты бурятов на озере Байкал

243

вдоль береговой линии Байкала составляет около 100 км.; Байкало-Ленский - самый крупный и самый молодой заповедник Байкала, протяженность береговой линии 110 км.; Байкальский заповедник, который не имеет прямого выхода к берегу озера, в этом заповеднике действует Музей Природы, посвященный уникальной природе местного горного хребта Хамар-Дабан.

Кроме того, на Байкале есть два национальных парка: Прибайкальский парк охватывает 450 км. побережья Байкала от южной оконечности озера до южной границы Байкало-Ленского заповедника, к его территории относятся также остров Ольхон и все острова Малого Моря; и Забайкальский парк на восточном побережье озера Байкал, он примыкает с юга к территории Баргузинского заповедника. Парк создавался с целью охраны природы байкальской нерпы и водоплавающих птиц.

Большое значение имеют и ресурсы животных Байкала. На территории озера сосредоточено около 12% поголовья соболей Российской Федерации; 12-13% поголовья благородного оленя и не менее 4% бурого медведя. Здесь традиционно развита спортивная и любительская охота (в последние годы она становится доступной для иностранных туристов).

Особое достоинство района - большое количество горячих и минеральных источников, имеющих, в совокупности с чистым таёжным воздухом и мягким климатом, значительный эффект для укрепления здоровья. Кроме того, в прибайкальских горах можно развивать альпинизм. Считается, что Байкал может принимать не менее 650 тысяч туристов в год. Еще одной важнейшей особенностью туристических ресурсов Байкала является их огромное разнообразие. К ним относятся: наблюдение за животными и птицами и их фотографирование, рыбная ловля, сбор продуктов леса, охота разного вида, в том числе экзотическая охота на медведя, участие в фестивалях снежных и ледяных скульптур, проводимых местными турфирмами, посещение национальных парков и заповедников, участие в спортивных мероприятиях, посещение традиционных этнических праздников и бурятских обрядов, посещение выставок и музеев на природе (комплекс «Тальцы» в Иркутской области, этнографический музей в Улан-Удэ), посещение археологических памятников.

Среди конкретных объектов туристического интереса в Байкальском регионе могут быть: уникальные коллекции древних рукописей, имеющих научное и религиозное (буддийское) значение, коллекции древнерусской живописи и старообрядческих православных раритетов, которые хранятся у некоторых жителей местных деревень, произведения древнерусского,

Иногда на Байкале бывают самые настоящие штормы

древнебурятского, древнеякутского, тибетского религиозного искусства, книжные собрания декабристов и сибирских интеллигентов, богатейшие коллекции местных краеведческих музеев, раскрывающие историю и культурное наследие народов Сибири, изделия ремесел местных народов, например, плетение из конского волоса, чеканка по меди и серебру, ювелирное искусство, изготовление буддийских икон.

Развитие Байкала как крупного туристического центра Сибири затрудняется рядом экономических и экологических препятствий. Например, для того, чтобы жителю стран Европы неделю отдохнуть на курортах Атлантического океана и Средиземноморья, необходимы средства в размере 400-600 долларов. Но для поездки на Байкал только транспортные расходы составят не менее 1000 долларов. Туристический сезон на Байкале ограничен летними месяцами, поэтому гостиничная

Чайки на воде Байкала

инфраструктура здесь плохо развита, а цены на гостиничные номера очень высоки (выше, чем, например, в отелях Парижа или Лондона). Отталкивает иностранных туристов и наличие на Байкале двух крупных промышленных объектов по производству бумаги и картона. В конце 1990-х и в начале 2000-х годов на берегу Байкала начали появляться коттеджные посёлки, пансионаты, туристические базы, при этом процесс строительства никто не контролировал. Эти объекты нарушают природную красоту Байкала.

Говоря о ресурсном богатстве Байкала, современные исследователи выделяют еще один вид туристических ресурсов – транзитные ресурсы. Территории Бурятии и Иркутска удачно расположились в самом центре Азии и могут стать транзитным пунктом для иностранных отдыхающих, направляющихся в Монголию и Китай. В динамично развивающиеся страны Восточной Азии направляется немалое количество деловых людей, которые также могли бы использовать транзитные ресурсы Прибайкалья. Туристические службы Иркутской области отмечают, что большинство иностранных гостей задерживаются у Байкала всего на 1-2 дня. К сожалению, транзитный ресурс ни в Иркутской области, ни в Бурятии не осваивается: не работают информационные центры для туристов, плохо работают электронные системы бронирования билетов и гостиниц, у иностранных туристов часто возникают проблемы на вокзалах и аэропортах, даже в крупных городах нет табличек на английском языке. Правительство РФ понимает важность ресурсов Байкала, а также имеющиеся проблемы, поэтому запланировало создание «туристско-рекреационных кластеров» (комплексов, в которые входят природные и культурные достопримечательности, места для отдыха и досуга туристов, гостиницы, торговые центры и другие объекты инфраструктуры).

Озеро Байкал является объектом Всемирного природного наследия ЮНЕСКО. Охрана озера Байкал – это вопрос, который рассматривается на государственном уровне. Для этой цели создана Федеральная целевая программа «Охрана озера Байкал и социально-экономическое развитие Байкальской природной зоны» (на 2012-2020 годы).

Глава 2 Экономическое сотрудничество Восточно-Сибирского региона с КНР

俄罗斯东西伯利亚地区与中国的经济合作

俄罗斯东西伯利亚与中国有着众多经济长期合作项目。2009年，时任中国国家主席胡锦涛与俄罗斯总统梅德韦杰夫签署了《俄罗斯联邦远东和东西伯利亚地区与中国东北地区合作规划纲要（2009—2018年）》，涵盖200多个重点经济项目，其中包括：消除中俄跨境贸易障碍、建设国际高速公路、建设外贝加尔地区机场、组织"东方之环"和"大茶道"旅游线路等。

2009年以前，俄罗斯东西伯利亚和中国东北部地区的区域合作，仅局限于扩大进出口贸易（对华贸易占后贝加尔边疆区外贸总额的98%）等内容。中国经济高速发展，需要东西伯利亚提供的石油、金属、煤炭和木材，与之对应，中国为工业重地伊尔库茨克州、克拉斯诺亚尔斯克边疆区的工厂提供现代化的机器制造设备。而如今，双方合作的重点已转向联合经营项目，尤其是西伯利亚矿产资源的联合开发。双方还计划在边境地区建立联合木材加工企业。中国专家目前正协助该地区创建现代化建筑业（苏联解体后，俄罗斯建筑业发展一团糟）。双方已启动了一系列大型项目，旨在构建统一的区域电网系统。雅库特天然气田至中国的最大天然气管道项目"西伯利亚力量"正在如火如荼的落实之中。

2.1. Пограничное, транспортное и туристическое сотрудничество

23 сентября 2009 года в ходе 64-ой сессии Генассамблеи ООН президент РФ Дмитрий Медведев и председатель КНР Ху Цзиньтао подписали важнейший для регионального сотрудничества документ – «Программу сотрудничества между регионами Дальнего Востока и Восточной Сибири Российской Федерации и Северо-Востока Китайской Народной Республики на период 2009-2018 гг.». Программа включает в себя более 200 ключевых экономических проектов. Курируют Программу: с российской стороны, Министерство регионального развития РФ, с китайской стороны, Государственный комитет КНР по реформам и развитию.

Данный документ имеет важнейшее значение для развития отношений между Восточной Сибирью и китайским Северо-Востоком. Программа является не просто рамочным соглашением, она включает в себя список конкретных проектов, которые

ЧАСТЬ 8
ВОСТОЧНО-СИБИРСКИЙ РЕГИОН РОССИИ

должны быть реализованы на территории российского и китайского регионов.

Для ускорения регионального экономического сотрудничества важнейшей задачей является снятие пограничных препятствий на пути торгово-экономических связей. В содержание Программы включены пункты о развитии приграничной инфраструктуры и пограничных пунктов пропуска, а также по ускорению таможенных процедур на границе (в том числе реконструкция международного автомобильного пункта пропуска «Забайкальск –Маньчжоули»), о региональном транспортном сотрудничестве (реконструкция автомобильной дороги А-166 Чита – Забайкальск, строительство скоростной автотрассы Маньчжоули – Дацин, реконструкция железнодорожной линии до Забайкальска с российской стороны, строительство железной дороги Хэйшаньтоу – Хайлар с китайской стороны). Немало место в Программе занимают планы развития воздушного транспорта (расширение аэропорта «Кадала» (г. Чита), строительство аэропорта в поселке Забайкальск и реконструкция аэропорта в поселке Краснокаменск, открытие новых авиамаршрутов, которые свяжут китайские города Хайлар, Маньчжоули, Хух-Хото, Харбин, Чанчунь, Шэньян, Далянь, Муданьцзян, Цзямусы, Цицикар, Хэйхэ и Дацин с Иркутском, Красноярском, Улан-Удэ, Читой, а также с городами Дальнего Востока и Западной Сибири). В рамках соглашения, Иркутск (наряду с дальневосточными аэропортами Владивостока и Красноярска) получает статус приоритетного аэропорта регионального сотрудничества. В Программу включен ряд пунктов по сотрудничеству в сфере туризма, в частности, планируется открыть новый туристический маршрут "Восточное кольцо России" (Забайкальский край, Амурская область, Еврейская автономная область, Хабаровский край, Приморский край, Камчатский край, Республика Саха (Якутия), Сахалинская и Иркутская области, Республика Бурятия); маршрут "Великий чайный путь" (Республика Бурятия, Пермский край, Иркутская область, Забайкальский край) и другие.

Город Хайлар является одним из важнейших партнёров Читинской области

2.2. Совместные экономические проекты

До 2009 года развитие экономического сотрудничества восточных регионов России с КНР шло по экстенсивному пути, то есть, по пути расширения экспортно-импортных операций. При подписании Программы президенты двух стран пришли к единому мнению о необходимости смещения акцента на реализацию крупных проектов, совместных инвестиционных программ, открытие новых производств и строительство инфраструктуры. Большинство совместных проектов пока находится в стадии планов, однако многие из них уже строятся и даже начинают работать.

Большая часть совместных проектов связана с освоением новым месторождений полезных ископаемых, например, железной руды и полиметаллических руд в Забайкальском крае, где планируется добывать молибден, сурьму, медь, титан, ванадий, для чего будет построен современный Забайкальский горно-металлургический комплекс. Есть планы по освоению серебряных и золотых руд на севере Иркутской области. В Республике Бурятия должно быть построено совместное предприятие по обработке нефрита.

Планируется большое количество совместных проектов по глубокой переработке древесины. Появятся крупные комплексы, объединяющие добычу и переработку леса: в Иркутской области будет создан Тайшетский лесопромышленный комплекс, в Бурятии – Хоринский лесопромышленный комплекс, деревообрабатывающие заводы появятся и Чите, и в пограничном поселке Забайкальск.

Немалое внимание уделяется строительству и модернизации новых заводов по производству стройматериалов (в восточной части России данная отрасль промышленности находится в плачевном состоянии). Будут реконструированы старые цементные заводы в Забайкальском крае, Бурятии и Иркутской области, построены новые кирпичные заводы, завод по производству строительных плит (в г. Улан-Удэ). Для производства цемента и кирпича в окрестностях Улан-Удэ будет запущен совместный проект по добыче глины.

Есть планы и в высокотехнологичном производстве, например, в г. Байкальск будет налажено производство современных нагревательных приборов и кондиционеров на основе нанотехнологий.

Российская госкорпорация «Россети» и Государственная энергетическая корпорация Китая планируют создать совместное предприятие для развития электроэнергетики Восточной Сибири и Дальнего Востока. Новое предприятие должно заниматься современными «интеллектуальными» системами электроснабжения и производства электроэнергии, а также модернизацией действующих объектов электроэнергетики. Этот проект важен в стратегической перспективе для развития современных горно-металлургических предприятий Восточной Сибири.

Китайская алюминиевая корпорация Chalco – один из ведущих партнёров российской корпорации «Русал»

Активно сотрудничает с китайскими партнерами российский алюминиевый гигант «Русал», подписавший стратегический договор с китайской алюминиевой госкорпорацией Chalco. С помощью китайской корпорации рассматриваются планы по созданию новых заводов в Восточной Сибири. «Русал» и Chalco планируют начать совместную разработку бокситовых ресурсов, есть планы по привлечению китайских инвестиций в производство алюминия с использованием дешевой сибирской гидроэнергии, расширяется сотрудничество в совместных проектах в сфере новых технологий для алюминиевой отрасли.

Успешнее всего совместные проекты реализуются на уровне конкретных регионов или даже по модели «регион – корпорация». Китайские партнёры с готовностью вкладывают капитал в богатые сибирские ресурсы. Так, в 2014 году власти республики Бурятия подписали договор с китайской компанией из города Ланьчжоу, в рамках которого будет построен завод по производству байкальской воды в бутылках (объем проекта – до 180 млн. юаней). Аналогичный проект запущен и в поселке Култук Иркутской области. Подобные примеры успешного сотрудничества на локальном уровне можно найти в любом субъекте федерации на территории Восточно-Сибирского региона.

2.3. Торговое сотрудничество

Важнейшим торговым партнёром Восточной Сибири является Китай. Товарооборот между РФ и КНР растёт быстрыми темпами. Главы России и КНР за столом переговоров объявили, что к 2015 году взаимный товарооборот нужно довести до 100 млрд., а к 2020 году — довести этот показатель до 200 млрд. долларов. Столь амбициозные цели были поставлены не на пустом месте: они отражают громадный потенциал торгового сотрудничества Восточной Сибири с китайскими партнёрами. Успешно торгуют с провинциями Китая Иркутская область, Забайкальский и Красноярский края, республики Бурятия, Хакасия и Тыва - регионы Восточной Сибири России. По большинству регионов доля торгового оборота с Китаем является подавляющей (например, Забайкальский край 98% внешней торговли ведет с КНР). Внешнеторговый оборот субъектов РФ Восточно-Сибирского региона с Китаем в 2009 году составил 3 млрд. долларов, 57% из них приходится на Иркутскую область. Экспорт составил свыше 2 млрд. долларов США – 75% от внешнеторгового оборота, импорт - свыше 700 млн. долларов (25%). По состоянию на 2015 год, большую часть экспорта из Восточной Сибири в Китай продолжает занимать сырьё. Внутренний потребительский рынок КНР по мере стремительного расширения требует огромного количества ресурсов, в том числе углеводородов, металлов, угля, продуктов химической промышленности, древесины. Из регионов Восточной Сибири экспортировались: древесина из Иркутской области (свыше 80% экспорта области) и Республики Бурятия, руды и концентраты (13%) из Красноярского края и Республики Хакасия, продукция нефтехимического комплекса (6%), черные и цветные металлы и изделия из них (2%) из Забайкальского и Красноярского краев.

Импорт из Китая представлен, главным образом, машиностроительной продукцией (свыше 30% всего импорта) в основном, в промышленно развитые Иркутскую область и Красноярский край, продовольственными товарами (25%), в основном, в Забайкальский край, изделиями из черных металлов (9%), минеральными продуктами, текстильными изделиями, обувью, изделиями из стекла и керамики (3%), продукцией нефтехимического

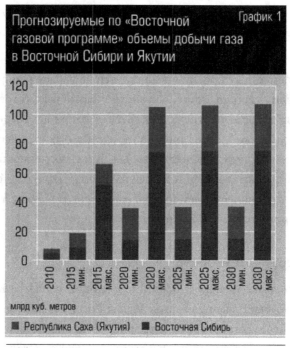

В Восточной Сибири планируется резко увеличить добычу газа для продажи его в Китай

комплекса.

При развитии тех или иных отраслей промышленности Восточной Сибири всегда учитывается возможность торговли с Китаем. Так, например, в последние годы на юге Красноярского края был построен огромный комплекс по добыче и переработке леса. Его строительство стало возможным именно потому, что КНР является крупнейшим и весьма перспективным рынком для экспорта леса из Восточной Сибири. В 1990-е годы китайские предприятия закупали в регионе только круглый лес и обрабатывали его на собственных заводах. К 2010 году начинает развиваться экспорт и другой российской продукции из древесины: так, к 2015 году доля обработанной древесины выросла уже до 25%, хотя основным по-прежнему остаётся экспорт круглого леса.

По состоянию на 2015 год, львиную долю регионального экспорта в Китай составляет древесина. Однако данная ситуация в будущем должна измениться, а основной позицией экспорта должны стать углеводороды. Полным ходом идет реализация крупнейшего в мире проекта «Сила Сибири» по поставкам газа Иркутского и Якутского центров газодобычи по «восточному» маршруту в Китай. В совокупности с «западным» направлением (через Алтай) газоносные базы России будут направлять китайским соседям около 100 млрд. кубометров газа.

ЧАСТЬ 8
ВОСТОЧНО-СИБИРСКИЙ РЕГИОН РОССИИ

Глава 3 Научные и образовательные ресурсы Восточной Сибири

俄罗斯东西伯利亚地区的科学与教育资源

东西伯利亚地区的科学教育事业发展要比西西伯利亚地区晚很多，过去也仅仅是以满足本地需求为目的。20世纪50年代，当地以克拉斯诺亚尔斯克、雅库斯克为中心建立了一系列军事科研机构和地质、能源类研究所。

东西伯利亚地区的科教中心是克拉斯诺亚尔斯克、伊尔库茨克，俄罗斯科学院西伯利亚分院的大部分资源都分布于这两个城市。克拉斯诺亚尔斯克共有15万名学生，来自东西伯利亚各地。该地有60多个科研所，研究领域涵盖物理、化学、林业、生态学等。2006年，克拉斯诺亚尔斯克市内建立了东西伯利亚地区最大的大学——西伯利亚联邦大学。伊尔库茨克市内坐落着东西伯利亚境内历史最为悠久的一所大学——伊尔库茨克国立大学，该校专门对贝加尔湖进行生物学和生态学研究。伊尔库茨克市内的欧亚语言学院，是俄罗斯东部地区最大的外语学习中心之一，该校与上海合作组织各成员国的高校积极开展交流合作。

Научно-образовательный потенциал Восточной Сибири развивался, прежде всего, для обеспечения региональных нужд. Развиваться он стал значительно позднее, чем в Западной Сибири. До войны в регионе наукой занимались только с целью изучения местной природы. Бурный научный рост начался после войны. С 24 февраля 1949 года в Иркутске был открыт Восточно-Сибирский филиал АН СССР, прежде всего, для решения научных задач по освоению гидроэнергетических, энергетических и минеральных ресурсов Восточной Сибири. Неудивительно, что первыми организациями филиала стали Институт геологии и Институт энергетики. В послевоенные годы активная разработка новых видов вооружений СССР привела к быстрому росту сети научно-исследовательских центров военного назначения. В Восточной Сибири такие центры формировались вблизи Красноярска, а также во всех прочих крупных городах региона.

Крупнейшими научно-образовательными центрами региона являются Красноярск и Иркутск. В послевоенный период лидером в этой сфере оставалась Иркутская область, а к 1970-м годам им стал Красноярский край. Всего в Красноярске обучается более 150 тысяч студентов, здесь находится большинство университетов региона и научный центр Сибирского отделения РАН. В 1956 году в Красноярске был открыт крупнейший центр академической науки региона, один из первых научных центров Сибири – Институт физики АН СССР. В Красноярском крае работают НИИ леса, физики, химии природного сырья, химико-металлургических процессов, экономики промышленного производства, исследования экологических систем и другие (всего 64 научных центра). Здесь же работает Институт медицинских проблем Севера РАН. В Красноярском крае впервые в России создан региональный научный фонд для поддержки местных перспективных научных программ и учёных края.

В Красноярске находится старейший вуз Красноярского края – Сибирский государственный технологический университет (1930 год). В 1969 году здесь появился один из крупнейших вузов Восточной Сибири – Красноярский государственный университет. Этот университет, как и большинство других вузов Восточной Сибири, появились в советскую эпоху на базе филиалов вузов Западной Сибири и европейской части России.

В 2006 году принято решение о создании в Красноярске высшего учебного заведения нового типа – Сибирского федерального университета, в состав которого вошли четыре крупнейших красноярских вуза: Красноярский государственный университет, Красноярская государственная архитектурно-строительная академия, Красноярский государственный технический университет, Красноярский государственный университет цветных металлов и золота.

Учащиеся Сибирского федерального университета (г. Красноярска)

Вузы Иркутска также пользуются заслуженным авторитетом в регионе. Особое место среди них занимает старейший вуз Восточной Сибири – Иркутский государственный университет, основанный еще в 1918 году. Этот вуз известен своими уникальными исследованиями по экологии Байкала. Иркутский государственный технический университет был основан в 1930 году, сейчас это крупный центр инновационных технологических исследований, имеющий государственное значение, его главные научные направления – «Новые технология добычи полезных ископаемых» и «Нанотехнологии». Иркутский государственный медицинский университет, основанный в 1919 году, является старейшим медицинским вузом к востоку от Енисея. Крупнейшим лингвистическим вузом Восточной Сибири и Дальнего Востока был Иркутский государственный лингвистический университет, основанный в 1948 году. Сейчас он называется «Евразийский лингвистический институт». Под девизом «Взаимопонимание со всем миром» он входит в Консорциум гуманитарных университетов стран Шанхайской организации сотрудничества. Следует также отметить Байкальский государственный университет экономики и права и Иркутский государственный университет путей сообщения.

В юго-западной части Иркутска находится его научный центр – иркутский Академгородок, «младший брат» знаменитого новосибирского Академгородка. Из современных научных центров Академгородка, играющих важнейшую роль для укрепления международного научного сотрудничества, стоит отметить Отдел региональных экономических и социальных проблем Иркутского научного центра СО РАН и Координационный Центр Ассоциации академий наук Азии (ААНА).

Богатый научно-образовательный потенциал Восточной Сибири позволяет расширять гуманитарное сотрудничество с КНР. В Программу регионального сотрудничества внесены планы по проведению международных фестивалей культуры, художественных конкурсов и других художественных мероприятий, по организации международных конференций на тему здравоохранения и по проведению совместных исследований на тему охраны здоровья населения и экологического развития. Также предполагается запуск совместных образовательных программ, особенно в сфере высшего образования, поддержка совместной подготовки бакалавров, магистров и докторантов крупнейшими вузами Восточной Сибири, Дальнего Востока РФ и Северо-Востока КНР, распространение языковой практики, организация летних лагерей и т.п. На базе Байкальской международной бизнес-школы Иркутского государственного университета запланирован запуск программы совместного бизнес-образования с вузами Северо-Востока КНР. В 2010 году в Иркутске был успешно проведен Международный детский форум.

Иркутский государственный университет, как и большинство вузов региона, стремится к сотрудничеству с китайскими партнёрами

Глава 4 Природные и культурные достопримечательности Восточной Сибири

俄罗斯东西伯利亚地区的自然人文景观

东西伯利亚地区的景观以自然风光为主，其中最为著名的便是贝加尔湖及其周边区域。当地民族（布里亚特人和图瓦人）独特的文化和佛教庙宇，为当地发展民俗旅游提供了巨大的前景。

贝加尔湖中的岛屿——乌什卡尼岛、奥里宏岛以及拥有一座在俄罗斯非常重要的佛教寺庙的奥戈伊岛——深受游客们的喜爱。奥里宏岛为游客开放了数个民俗村，让游客了解布里亚特文化，岛上还有几座蒙古古城的发掘点。

布拉茨克水电站、克拉斯诺亚尔斯克水电站、萨亚诺—舍申斯卡亚水电站都是人类大型工程的丰碑。萨彦内—舒申斯基自然保护区拥有令人称奇的高山湖泊和雪松树林，而作为俄罗斯最大保护区之一的泰梅尔保护区内还有世界上独一无二的猛犸象博物馆，这两大保护区内有着东西伯利亚特有的动植物群落。

Восточная Сибирь, мало освоенная человеком, отличается, прежде всего, огромным количеством природных достопримечательностей. Среди всех природных красот региона первое место, бесспорно, занимает Байкал и прилегающая к нему территория. Уникальными в своем роде достопримечательностями, памятниками победы человека над сибирскими реками, являются местные гидроэлектростанции на Енисее и Ангаре. Интересен и еще мало освоен потенциал этнографического туризма – знакомство с материальной и нематериальной культурой бурятов, тувинцев, хакасов. Достопримечательности крупных городов региона – Красноярска, Иркутска, Читы – многочисленны, но носят локальный характер.

Байкальская астрофизическая обсерватория

Байкальская астрофизическая обсерватория Сибирского отделения РАН расположена на южном побережье озера Байкал, в 70 км от Иркутска в поселке Листвянка. Это главный центр изучения физики Солнца и Земли в Сибири. Обсерватория известна крупнейшим в России и вторым по мощности в мире солнечным телескопом, диаметр объектива которого составляет 1 м. Этот телескоп нужен для наблюдения за солнечной активностью. С возвышенности, на которой находится обсерватория, открывается завораживающий вид на озеро Байкал и исток Ангары.

ЧАСТЬ 8
ВОСТОЧНО-СИБИРСКИЙ РЕГИОН РОССИИ

В Байкальской обсерватории проходят лекции, устраиваются экскурсии. Все занятия проводят специалисты Иркутского планетария и Иркутского государственного университета. Здесь можно увидеть диск Солнца, узнать о его роли в жизни планеты и о том, как с ним взаимодействует Земля.

Байкальская астрофизическая обсерватория

Листвянка – небольшой поселок у самых истоков Ангары на северо-западном побережье Байкала, 66 километров от Иркутска. Основан он был еще в начале XVIII века. Это место называют «вратами Байкала», здесь начинаются основные туристические маршруты и круизы по Байкалу. Поселок с населением не более 2000 человек постоянно наполнен туристами. В Листвянке, кроме обсерватории, немало других примечательных мест. На въезде в поселок располагается музей, в котором можно узнать о растительном и животном мире Байкала. Выше музея оборудована смотровая площадка, с которой можно полюбоваться природными красотами. Здесь же установлен камень в память о советском писателе Александре Вампилове, который погиб недалеко от посёлка.

Буддийская ступа

Буддийская ступа, она же Священная буддийская Ступа Просвещения, один из двух наиболее священных буддийских храмов в России, возведена в 2005 году. Расположена она на острове Огой озера Байкал и представляет собой бетонное восьмиметровое сооружение, состоящее из трех ступеней и увенчанное куполом со шпилем. Возведена Буддийская ступа в самой высокой точке острова на высоте 512 метров. Перед началом строительства буддийские ламы (среди бурятов, живущих на Байкале, распространён тибетский буддизм) провели на горе особый ритуал. Местные буддисты верят, что Ступа – это сам Будда, воплощённый в материю. Считается, что человек становится лучше, даже если он будет просто смотреть на Ступу, если обойти ступу трижды, выказав ей свое уважение, то после этого сбудется любое желание. Внутри Ступы можно найти копии древних книг тибетской культуры, сюда, например, было вывезено 2,5 тонны священных предметов из Непала. При посещении Ступы нельзя не только пить пиво, мусорить или курить, но даже думать о чём-то плохом.

Буддийская ступа на Байкале – священное место для всех буддистов России

Братская, Красноярская и Саяно-Шушенская ГЭС

Три великие гидроэлектростанции – не только основа гидроэнергетики Восточной Сибири и всей России, не только памятники великой эпохе советских строек, но и настоящие достопримечательности региона. Братская ГЭС расположена на Ангаре в городе Братск Иркутской области. Ей была посвящена известная поэма Евгения Евтушенко «Братская ГЭС» (1964), которая начинается известными словами «Поэт в России — больше, чем поэт».

Братская ГЭС стоит на втором месте в мире по объему водохранилища, уступая лишь Саяно-Шушенской, и на третьем месте по мощности в России, уступая золото опять Саяно-Шушенской, а серебро – Красноярской. Братская ГЭС до сих пор остается крупнейшим производителем гидроэлектроэнергии на континенте. Чтобы заполнить Братское водохранилище, пришлось затопить свыше 70 островов и более 100 деревень! Это событие получило название «Ангарская Атлантида», а Валентин Распутин увековечил его в своей знаменитой повести «Прощание с Матерой».

Сами ГЭС являются закрытыми объектами, туристов туда не пускают. Главной достопримечательностью является стена длиной в 1 километр, которая держит 170 млн. тонн воды. На правом берегу Ангары установлена смотровая площадка, с которой открывается чудесный вид на плотину. Здесь фотографию на память делают все местные

ЧАСТЬ 8
ВОСТОЧНО-СИБИРСКИЙ РЕГИОН РОССИИ

Братская ГЭС

молодожёны. Плотину украшают красивые барельефы с изображениями крестьян и рабочих.

Красноярская ГЭС расположена на расстоянии 23 километров от города Красноярска, на реке Енисей, это первая гидроэлектростанция на реке Енисей, визитная карточка города. Именно она изображена на купюре достоинством 10 рублей. Входящая в десятку самых мощных ГЭС мира электростанция обеспечивает энергией экономику Красноярского края. На территории станции открыт музей, посвященный истории строительства Красноярской ГЭС. ГЭС является самой посещаемой достопримечательностью в Красноярском крае – увидеть, как сбрасывается вода, приезжают сотни людей ежедневно.

Саяно-Шушенская ГЭС находится в юго-восточной части Хакасии, на реке Енисей посреди горного массива Саян вблизи города Саяногорска. Это мощнейшая электростанция России. Вода в водохранилище ГЭС такая чистая, что здесь можно найти редкие виды рыб и животных. Здесь работает музей, а рядом с ГЭС расположен биосферный заповедник. В летний период сюда приезжают толпы туристов, чтобы увидеть своими глазами Саяны, красивые пейзажи тайги и панораму ГЭС. Со смотровой площадки на левом берегу видна белая скала в 200 метров в высоту – это крупнейшее месторождение саянского мрамора, одного из лучших видов мрамора в мире. , которая простирается по речным берегам на километры.

Саяно-Шушенский природный заповедник и заповедник «Таймырский»

Заповедник расположен в горах Саяны на территории Красноярского края. Дата рождения заповедника – март 1976 года, он занимает 390,4 тысяч гектаров, с южной стороны заповедник граничит с республикой Тува. Здесь охраняют снежного барса (ирбиса) и козерога (сибирского горного козла), эта работа проходит под личным контролем президента РФ Владимира Путина, который любит приезжать на территорию заповедника, чтобы отдохнуть и посмотреть на редких животных. С 1985 года решением ЮНЕСКО заповедник получил международный статус. Постоянного населения на территории заповедника нет, что позволяет сохранить реки, горные озера, луга и таежные кедровые леса в естественном виде.

Таймырский заповедник является одним из крупнейших в стране и находится на полуострове Таймыр на севере Красноярского края. Это первый в стране заповедник международного уровня. Он был создан в 1979 году на огромной территории свыше 2,7 млн. гектаров. Здесь активно изучают редкие виды животных и птиц тундры. Заповедник имеет самое большое в мире число северных оленей. В реках и озерах заповедника водится огромное количество рыбы более чем 20 видов. Рыбы здесь так много, что ее разрешено ловить. В пределах охраняемой зоны развит познавательный вид туризма - здесь можно заниматься наблюдением за птицами и животными. Кроме того, работают маршруты экстремального пешего туризма, организуются походы на собаках. В заповеднике можно изучать культуру местных жителей Восточного Таймыра. В заповеднике находится множество замороженных останков представителей древних животных, например, мамонтов. Музей мамонта на Таймыре был открыт в 1999 году, с ним сотрудничают несколько крупнейших мировых естественнонаучных музеев. Музей находится внутри ледяной пещеры, температура здесь всегда ниже 0°C. Ежегодно территорию заповедника посещают свыше 3000 человек. С территории полуострова, заранее оформив необходимые документы, можно даже совершить путешествие на Северный полюс.

Парк топиарного искусства

Парк топиарного искусства – первый и единственный в России, расположен в городе Абакане, открыт в 2007 году. Является одной из главных достопримечательностей Абакана и всей Восточной Сибири. Топиарное искусство – это искусство создания скульптур из кустарников и деревьев, постриженных особым образом. Местные мастера научились создавать прекрасные скульптуры из местных видов деревьев. Здесь можно встретить фигуры панды, огромного орла, Эйфелевой башни и многие другие чудеса. Туристов ждут английская лужайка, японский сад, альпийские горы и тропические заросли, наполненные скульптурами животных.

Фигура из кустарника в парке топиарного искусства в Абакане

ЧАСТЬ 8. ВОСТОЧНО-СИБИРСКИЙ РЕГИОН РОССИИ

Озеро Байкал и остров Ольхон

Озеро Байкал, бесспорно, является главной достопримечательностью Восточной Сибири и даже всей азиатской части России. Туристов привлекают не только прекрасные виды природы, но и уникальная экология Байкала. Озеро включает множество островов, самым известным и крупным из которых является остров Ольхон. Зимы здесь мягкие, лето не слишком жаркое. Учёные посчитали, что по количеству солнечного света территория Байкала выигрывает даже у Чёрного моря.

Вид на остров Ольхон

Территории вокруг озера наполнены природными, культурными и историческими памятниками. Среди наиболее известных – скала «Шаманский камень», Ушканьи острова, мыс Бурхан, бухта Песчаная и другие.

Ольхон – крупнейший остров Байкала, находится в средней части озера, его площадь – почти 700 кв. километров. Часть Байкала между западным берегом и Ольхоном называется «Малым морем». Малое море отличается от остального Байкала по экологическим и климатическим характеристикам. Климат на острове мягче, нежели в остальном Прибайкалье. Дожди здесь бывают редко, но часто дуют сильные ветра. Буряты верят, что остров имеет священную силу и является святым местом Азии. По бурятским легендам, в эпоху Чингисхана сюда приезжали все монгольские шаманы. Сейчас на Ольхоне для туристов открыто несколько этнографических деревень, где можно познакомиться с бурятской культурой. Ольхон богат археологическими памятниками, в том числе, древними городами VI-XI веков. Сейчас остров является крупным туристическим центром – здесь, среди безлюдной тайги, легко можно найти гидов, которые владеют разными языками.

Фигура бродяги на берегу Байкала

Уникальной достопримечательностью Байкала является четырехметровый бронзовый бродяга. Этот человек бежал из тюрьмы, «переехал Байкал», и теперь он дальше высматривает путь к своему дому. Идею памятника подсказала известная народная песня, текст которой находится у подножия фигуры. Монумент рассказывает о такой важной странице истории Забайкалья как места «всероссийской ссылки», места вечной мечты о свободе.

Глава 5 Экологическая обстановка в Восточной Сибири

俄罗斯东西伯利亚地区的生态环境

东西伯利亚的大部分地区人烟稀少，因此生态环境良好。其生态问题主要集中在克拉斯诺亚尔斯克边疆区和伊尔库茨克州的大都市之中。从空气中排放的有害物质含量来说，克拉斯诺亚尔斯克边疆区是俄罗斯污染相对较为严重的地区。这首先要归咎于"诺里尔斯克·尼克利"企业的生产活动，该企业的工厂每年向空气中排放超过100万吨的有害物质。赤塔、伊尔库茨克、布拉茨克、安加尔斯克等城市也存在着严重的空气污染问题。

工业污染也对叶尼塞河和安加拉河产生了不良影响。各个木材加工中心附近的河流中常有木材漂浮，从而对水体产生污染。数十年来的固体废弃物堆积如山，盗砍森林、非法捕鱼都是严重的问题。

贝加尔湖湖区同样也存在着严重的生态问题，工厂企业长年污染湖水。现在这些工厂大部分已经关闭了，而贝加尔湖的发展定位也转向了旅游业。中国当局在推广清洁环保的工业技术和交通能源方面经验丰富，西西伯利亚如果能在生态环保方面与中国开展合作，自身的发展前景将不可限量。

Экологические проблемы Восточной Сибири не имеют сплошного характера: значительная часть местных промышленных объектов сосредоточена в долинах рек и низменностях, там же находятся все крупные города. Сибирские ветры плохо рассеивают загрязнение, поэтому территория больших промышленных городов региона является очень загрязненной. Красноярский край занимает 76 место среди всех субъектов Российской Федерации по качеству экологии. Забайкальский край имеет немного лучший результат – 75 место. Первое место в России по уровню выбросов, загрязняющих атмосферный воздух, принадлежит именно Красноярскому краю. От загрязнения воздуха промышленными предприятиями страдают жители Читы (считается одним из самых загрязненных городов России), Иркутска, Ангарска, Братска, Норильска и Абакана. Состояние воздуха в этих городах критическое. Основные загрязняющие вещества: пыль, диоксид серы, оксиды азота, оксид углерода, углеводороды. Содержание некоторых вредных веществ в воздухе этих городов превышает норму более, чем в 100 раз, по диоксиду азота и сероводороду – в 15-25 раз. Это отражается на здоровье населения. Но причина проблем – не только в ветрах.

ЧАСТЬ 8
ВОСТОЧНО-СИБИРСКИЙ РЕГИОН РОССИИ

Многие предприятия оснащены устаревшими технологиями 50-летней (и более) давности; при их строительстве экологические вопросы просто не учитывались, очистные сооружение или не устанавливались, или уже пришли в негодность.

Норильск является одним из наиболее экологически неблагополучных городов России

Лидером по загрязнению воздуха, «чемпионом» не только Восточной Сибири, но и всей России является промышленный комплекс «Норильский никель». Ежегодно он выпускает в воздух свыше 1,3 млн. тонн диоксида серы. Плохая экология Норильска привела к гибели лесов на территории общей площадью 600 тысяч га вокруг города. Загрязнение атмосферы диоксидом серы распространяется не только на соседние регионы, но даже на страны Северной Европы – Финляндию и Швецию.

Серьёзно загрязнены все реки бассейна Ангары и Енисея, поскольку все они протекают по территориям крупных промышленных центров. Например, река Щучья на севере Красноярского края, в которую сбрасываются воды «Норильского никеля», имеет содержание меди в 1000 раз выше нормы. Химические предприятия Иркутской области загрязняют реки и водохранилища ртутью. Ртутью наполнены все почвы близ данных рек. Еще одна серьезная экологическая проблема региона – скопление плавающей древесины в Братском, Усть-Илимском и Красноярском водохранилищах (до 3,5 млн. кубометров).

Проблемы в экологии региона часто описываются выражением «накопленный экологический ущерб». Речь идет о том, что на территории региона многие годы действовали источники экологической опасности – крупные предприятия, военные объекты, действовали склады ядерного и химического оружия, захоронения отходов ядерного топлива и другие. В 50 км. к северу от Красноярска находится город Железногорск, на крупнейшем предприятии которого – горно-химическом комбинате – установлен ядерный реактор. В связи с секретностью этого города в советское время обсуждать местные экологические проблемы было нельзя. С начала 1990-х годов на территории около реки Енисей выявлено более 150 участков с высоким уровнем радиоактивного загрязнения. В некоторых пунктах на берегах Енисея уровень радиации превышает норму в 100 раз, местное население пользуется водой, заражённой радиоактивными веществами. Радиационное заражение отмечено и на территории города Красноярска. Еще одним источником загрязнения являются свалки твёрдых отходов, наибольшее их количество образуется при добыче полезных ископаемых (более 90% всех отходов регионов).

Даже такое уникальное с точки зрения экологии место, как озеро Байкал, находящееся под прямой охраной государства, имеет большое количество экологических проблем. В период с 1934 по 2001 год неподалеку действовал вольфрам-молибденовый

Байкальский бумажный комбинат – один из наиболее экологически опасных объектов региона – был закрыт в 2013 году

комбинат, накопленные им отходы приводили к серьезному загрязнению озера. Наиболее известным загрязнителем вод озера Байкал является Байкальский целлюлозно-бумажный комбинат (накоплено 6 млн. тонн отходов за 40 лет работы). Однако еще большее влияние на загрязнение озера оказывают впадающие в него реки, особенно река Селенга, главным загрязнителем которой является крупный город Улан-Удэ. Но и маленькие населенные пункты, очистные сооружения которых давно находятся в аварийном состоянии, серьезно загрязняют реку, в том числе нефтепродуктами и канализационными отходами. Министерство природных ресурсов и экологии РФ готовит Федеральную программу «Ликвидация накопленного экологического ущерба» на 2014 — 2025 годы, в которую вошло большое количество территорий Восточной Сибири, в том числе озеро Байкал. Одной из задач Программы является создание инфраструктуры экологического туризма.

Большой ущерб экологии и экономике Восточной Сибири наносят незаконные рубки леса, которые в Восточной Сибири отнюдь не являются редкостью, а также незаконная охота и ловля рыбы.

В последние годы экологическая обстановка в регионе несколько улучшается: заметно снижается доля вредных выбросов от промышленных предприятий, на некоторых из них модернизируется производство, на некоторых устанавливаются современные очистные сооружения, некоторые просто прекращают работу (по экономическим причинам). К сожалению, растёт загрязнение воздуха от автотранспорта (большое количество личных автомобилей представляют собой изношенные и экологически опасные машины), сейчас автомобили стали вторым по опасности источником загрязнения (после предприятий электроэнергетики).

С 2010 года в регионе проводится большая работа по решению экологических проблем, проводится постепенный переход на устойчивую модель развития, повышается уровень расходов на нужды экологии. Для решения экологических проблем требуется именно технологическая модернизация предприятий региона. Просто закрыть эти предприятия нельзя, например, если закрыть комплекс «Норильский никель», то все жители Норильска сразу же останутся без работы. Особое внимание должно быть направлено на сохранение уникальных природных территорий, например, Байкала и северных территорий Красноярского края.

Большую пользу в решении экологических проблем региона может принести сотрудничество с партнёрами по ШОС, прежде всего, с КНР. Эти проекты успешно реализуются на региональном уровне. Например, власти Забайкальского края и Народное правительство АР Внутренняя Монголия создали постоянную рабочую группу, члены которой работают над охраной вод реки Аргунь и ее биологического разнообразия. Аналогичная работа ведется и в других приграничных территориях. Большое значение имеет технологический обмен: российские партнёры получают из КНР технологии экологически чистого производства. Еще одну подобную программу по охране экологии реки Амур власти Забайкальского края ведут с властями провинции Хэйлунцзян.

ДАЛЬНЕВОСТОЧНЫЙ РЕГИОН РОССИИ

Глава 1 Экономико-географическая характеристика Дальневосточного региона России

俄罗斯远东地区的经济地理特征

远东地区是俄罗斯最东部、也是最大的地区（600多万平方公里，约占俄罗斯总面积的36%，其大小超过西欧各国面积的总和）。该地区南北长4500公里，北起东西伯利亚海海岸，南到日本海。该地区幅员辽阔，而人口大约仅有600万（而且还在不断减少）。远东只有两个大城市：哈巴罗夫斯克、符拉迪沃斯托克，这两个城市的人口也都只有60万左右。人口不足是远东地区最严重的问题。远东的南部地区毗邻中国和朝鲜，并与美国、日本隔海相望，所以军事政治意义重大。俄罗斯远东在亚太地区具有重要地位，这为其提供了巨大的发展潜能，而这些潜能至今尚未发挥出来。

远东地区的开发始于17世纪30年代，最先开发的是其北部的雅库特。17世纪上半叶，俄罗斯哥萨克人抵达中国黑龙江流域，开始与中国清朝进行接触。1689年，中俄签订两国第一份边界条约

《尼布楚条约》。根据1858年到1860年新签订的多个不平等条约，俄罗斯获得了开发使用今天的阿穆尔边疆区和滨海边疆区所在地区的权利。

苏联时期，远东地区渐渐成为了一个快速发展的工业化地区，拥有数量众多的大型开采业企业和国防工业企业。自1991年至今，远东逐渐成为了俄罗斯最不发达的地区，人口大量外流。为解决该地区的各种问题，俄罗斯于2012年成立了俄罗斯联邦远东发展事务部。

远东矿产资源丰富，拥有大量稀有矿藏。远东的主要矿产是有色金属矿（金、锡、钨、锌等）。而萨哈林的北部地区以及雅库特地区的油气储量非常可观。此外，雅库特以盛产金刚石而闻名于世。

远东地区还有一大财富：森林资源（占世界总木材资源的9%）。勒拿河、阿穆尔河、泽亚河、乌苏里江在经济和交通方面意义重大。由于气候严寒，远东的农业发展缓慢，不过远东南部地区气候温暖宜人，可栽种大豆、水稻甚至葡萄。远东地区（尤其是堪察加半岛、滨海边疆区）的鱼类和海产品世界闻名。

该地区的主要经济部门是林业、捕鱼业、有色冶金业和造船业。远东经济总量的80%都与亚太地区国家相关（排在第一位的是中国），只有20%与俄罗斯相关联。阿穆尔州2012年开始建造了俄罗斯境内第一个非军用航天发射场——"东方"航天发射场，这对远东地区的战略发展意义重大。2016年4月，"东方"航天发射场发射了第一艘宇宙飞船。

远东地区最重要的交通工具是铁路，列列满载原材料的货运列车正是通过西伯利亚大铁路从远东源源不断地运抵俄罗斯西部地区。海运也发挥着巨大的作用，对于远东的北部地区尤为重要——因为那里气候严寒，不适合修建铁路。

1.1. Общая характеристика региона

Дальний Восток – самый восточный и крупнейший по площади регион России – раскинулся от берегов Тихого океана на востоке до Забайкалья на западе. При огромной площади (свыше 6 млн. кв. км., около 36% от общей площади России, площадь Дальнего Востока больше площади всей Западной Европы) регион имеет очень небольшое население – всего чуть более 6 млн. человек (менее 5% населения России).

Регион включает 9 субъектов Российской Федерации, входящих в состав Дальневосточного федерального округа: Республика Саха (Якутия), Камчатский,

Приморский и Хабаровский края, Амурская, Сахалинская, Магаданская области, Еврейская автономная область и Чукотский автономный округ.Сахалинская область не имеет сухопутных границ с материковой частью России и располагается на более чем 60 островах. На территории региона всего два крупных города – Владивосток и Хабаровск (население чуть больше 600 тысяч человек). Другие города – Якутск, Комсомольск-на-Амуре, Благовещенск, Южно-Сахалинск – имеют население 200-250 тысяч человек.

Регион протянулся с севера на юг почти на 4500 километров, поэтому природные условия Дальнего Востока очень неоднородны. На Камчатке высота снежного покрова может достигать 6 метров, а на юге Приморья нередко устанавливается погода с влажностью свыше 90 %.Большая часть региона занята горами высотой в среднем 1000-1500 м. Население сконцентрировано неравномерно, главным образом, по берегам крупных рек. В северной части региона распространена многолетняя мерзлота, что значительно затрудняет его экономическое освоение. В связи со сложными климатическими условиями в регионе слабо развито сельское хозяйство: в нём работает в три раза меньше людей, чем в промышленности.

Регион имеет выход к Северному Ледовитому и Тихому океанам,имеет сухопутные границы с КНР на юге и с КНДР на крайнем юге, а также морские границы с Японией на юго-востоке и с США на крайнем северо-востоке (через Берингов пролив). Развитие Дальнего Востока всегда отвечало больше политическим и военным, чем экономическим интересам России. В настоящее время это единственный регион России, в котором сохраняется проблема территориальных споров: Южные Курильские острова, являющиеся территорией России (как правопреемницы СССР), оспариваются Японией, которая владела ими в XIX и первой половине XX века. Вопрос о принадлежности Курильских островов остаётся открытым и по сегодняшний день, японская сторона не показывает стремления к построению конструктивного диалога по данной проблеме.

Один из вулканов Курильских островов

Географическое положение Дальнего Востока – и проблема, и преимущество региона. С одной стороны, регион удалён от европейской части России, недостаточно включён в единую хозяйственную систему страны. С другой стороны, Дальний Восток России является частью Азиатско-Тихоокеанского региона – наиболее динамично развивающейся части мира. Огромные преимущества для региона заключаются в географической близости к Китаю и другим странам Азии.

1.2. История экономического освоения Дальнего Востока

Освоение Дальнего Востока русскими началось с Якутии, именно туда, к берегам Лены, в 1630-е годы пришли первые отряды казаков с Енисея. Нельзя сказать, что бассейн Лены был диким: до прихода русского населения здесь жили коренные народы – якуты (саха), эвенки (тунгусы), эвены, юкагиры и другие малые народы. В 1632 году казаки построили на Лене первые крепости, в том числе, будущий город Якутск. В 1638 году Русское царство признает огромную территорию в бассейне Лены своей частью и называет ее Якутский уезд. Именно якутские крепости стали стартовой площадкой для дальнейшего освоения русскими Дальнего Востока и Аляски.

В 1639 отряд казаков во главе с Иваном Москвитиным вышел к берегам Охотского моря. Отряды Василия Пояркова (1643-1646) и Ерофея Хабарова (1649-1653) дали начало освоению русскими Приамурья – от реки Зея и далее на восток по Амуру. До появления русских на Амуре проживали местные народы – дауры, эвенки, нивхи, нанайцы и другие, которые считались подданными китайского императора. После возникшего военного конфликта между Русским царством и империей Цин был подписан Нерчинский договор (1689 г.) – первый официальный документ, определявший границу между двумя государствами.

Памятник Ерофею Хабарову – один из символов города Хабаровск

В 1724 году Петр I направил на полуостров Камчатка экспедицию во главе с Витусом Берингом. Беринг точно определил географические данные пролива между Чукоткой и Аляской (Берингова пролива), описал восточное побережье Камчатки. В 1730-1740-е годы русские корабли достигли побережья Аляски, в 1772 году там появились первые торговые поселения русских. В 1740 во время второй экспедиции на север Дальнего Востока был основан Петропавловск-Камчатский.

В 1850 году русские моряки под командованием Г. Невельского основали город в устье Амура – Николаевск-на-Амуре. После договоров 1858 и 1860 годов с ослабленной войнами империей Цин Российская империя получила в своё владение все правобережное Приамурье и все Приморье (его изучение и освоение было исторически наиболее поздним). Осваивали Приамурье относительно быстро, за счёт массового переселения крестьян из Восточной Сибири. Всего в Приамурье до начала XX века было переселено 126 тысяч крестьян и 26 тысяч казаков. В 1858 году на Амуре основан город Хабаровск, в 1860 году на юге Приморья основали Владивосток. В 1875 году Россия получила от Японии остров Сахалин, передав в обмен все Курильские острова. С этого периода Дальний Восток, прежде всего, Сахалин, Колыма и Якутия, становятся главным местом для политической ссылки. Южная часть Дальнего Востока, прежде всего, Амурская область, стала местом добычи золота, однако основой экономики региона до начала XX века была торговля пушниной. Промышленное развитие региона началось только в начале XX века, тогда же были сделаны первые попытки освоить огромные богатства Якутии – начать добычу местного свинца.

С началом советской эпохи территория Дальнего Востока, как и все восточные регионы, переживает быстрое развитие. Строятся новые промышленные центры, самым известным из которых является Комсомольск-на-Амуре. В 1920-е годы на реке Алдан начата добыча золота, с этого момента начинается масштабное промышленное развитие Якутии. В 1930-е годы Якутию с севера, через морской порт Тикси в устье Лены, связали с европейской частью России по Северному морскому пути. В 1940-1980-е годы регион переживал период бурного экономического роста, создавались крупные предприятия добывающей и оборонной промышленности.

Памятник первостроителям (комсомольцам, строившим города на Дальнем Востоке) в Комсомольске-на-Амуре

После 1991 года экономическое положение Дальнего Востока резко ухудшается, однако наиболее острой его проблемой становится проблема оттока населения, прежде всего, квалифицированной рабочей силы. За период с 1991 по 2010 год регион покинуло почти 2 миллиона человек (более 22% его населения). Данная проблема остаётся острой и по состоянию на 2015 год.

13 мая 2000 года указом Президента Российской Федерации был создан

ЧАСТЬ 9
ДАЛЬНЕВОСТОЧНЫЙ РЕГИОН РОССИИ

Дальневосточный федеральный округ с центром в г.Хабаровске. В 2012 году в правительстве Д.А. Медведева появилось новое министерство – Министерство РФ по развитию Дальнего Востока. Огромный рывок в развитии региона связан с проведением во Владивостоке саммита АТЭС в 2012 году.

1.3. Минеральные ресурсы Дальневосточного региона России

Дальний Восток отличается от других регионов России тем, что здесь сосредоточены очень редкие, иногда даже уникальные полезные ископаемые: олово, свинец, цинк, вольфрам, золото, ртуть, графит, флюорит и др.Главные из минеральных ресурсов региона — руды цветных металлов. Залежи олова сосредоточены на Чукотке, в Хабаровском крае (поселки Горный и Солнечный около города Комсомольска-на-Амуре), в Якутии, в Приморье. Северная часть Дальнего Востока богата вольфрамом, ртутью (Магаданская область), свинцом и цинком. В 1970-е годы были открыты новые месторождения ртути на Чукотке, там же в 1959 году началась добыча вольфрама.

Важнейшей отраслью является добыча золота. Наиболее старый район добычи золота - Амурская область. Именно она в свое время создала мировую славу Дальнему Востоку как крупнейшему золотоносному району страны. И сегодня Амурская область дает стране много золота. Золото добывают по всей территории Дальнего Востока. Уже в эпоху СССР центрами добычи золота стали Магаданская область, Якутия и Чукотка. Магаданская область и Республика Саха дают 2/3 всего золота в России.

В южной части Дальнего Востока, на территории Амурской области и юга Хабаровского края обнаружены железные руды, есть запасы железа и в Якутии (на реке Алдан). Крупное месторождение железных руд находится в Еврейской автономной области, в горах Малый Хинган, там же имеются и марганцевые руды. На восточном побережье Камчатки на Курильских островах есть уникальные месторождения титана.

По всей территории Дальнего Востока, особенно в южной его части – на территории Амурской области и Еврейской АО – есть запасы каменного и бурого угля. На севере Сахалина добывают нефть и газ.

Имеются запасы алмазов, особенно в Республике Саха, где крупнейшими месторождениями являются трубки "Мир", "Айхал", "Удачная". Алмазов здесь так много, что добывать их можно открытым способом. В бассейнах рек Вилюй и Алдан

Алмазы Якутии

в Якутии имеются месторождения исландского шпата и горного хрусталя. Дальний Восток занимает важное место в стране по запасам слюды. Из химического сырья имеются поваренная соль и сера. Соль имеется в Республике Саха, а сера - на Камчатке. Цементным сырьем богаты Приморье и Хабаровский край. Месторождения графита выявлены в Еврейской автономной области. В Приморье открыто крупнейшее в России месторождение плавикового шпата, добывают графит.

Уникальное место по минеральным богатствам занимает Республика Саха (Якутия). Трудно найти другую столь же богатую полезными ископаемыми область России. На обширной площади Якутии найдено более 100 различных видов минерального сырья, из которых только по 40 видам разведано свыше 1500 месторождений: 700 месторождений золота, 60 — олова, 40 — алмазов, 40 — каменного угля, 30 — нефти и газа, 25 — слюды. На более чем 20% территории Якутии есть запасы топливных ресурсов – газа, газового конденсата, нефти. Имеются в большом количестве редкие металлы: олово, вольфрам, сурьма, ниобий (по запасам многих из них – первое место по России), однако эти уникальные запасы пока почти не используются. На долю Якутии приходится 47% разведанных запасов угля, 35% природного газа, нефти Восточной Сибири и Дальнего Востока. В Якутии добывают 100% российской сурьмы, 98% алмазов, 40% олова, 15% золота. Огромны и прогнозируемые запасы всех видов ископаемых. Многие запасы из-за их огромных размеров даже не удаётся оценить: например, изучено только 10% нефтегазовых районов Якутии, где уже подтверждено почти 2,5 триллиона кубометров природного газа. Только разведанные алмазы могут обеспечить всю Россию на 34 года вперед. По геологическим запасам угля Якутия стоит на первом месте в России, причем, речь идёт о высококачественных сортах угля. Первое место Якутия занимает и по запасам олова (около 50% от всех запасов России). Запасы золота в Якутии составляют 20% от общих по России. Минеральные богатства этой обширной территории неисчислимы и, в перспективе, могут стать источником богатства всего Дальнего Востока.

1.4. Лесные, водные и биологические ресурсы Дальневосточного региона России

Лесные ресурсы Дальнего Востока огромны и многообразны. Их объем оценивают на уровне от 11 до 22 млрд. кубометров древесины (свыше 35% общероссийских ресурсов, около 9% мировых ресурсов). Основные запасы древесины – в лиственничных лесах (более 60%) на территории Якутии, Амурской и Магаданской областей и Хабаровского края. В Приморском крае и на Сахалине более распространены и елово-пихтовые леса (12% запасов древесины региона). Кедровые и широколиственные леса занимают всего 1% территории Дальнего Востока. Из лесных ресурсов недревесного происхождения нужно отметить уникальные виды лекарственных растений (женьшень, элеутерококк, аралия маньчжурская и другие, всего более тысячи видов), а также сотни видов пищевых растений, грибов и т.д.

Дальний Восток имеет достаточно густую речную сеть, реки преимущественно быстрые, обладающие большим потенциалом для строительства ГЭС. На некоторых из них уже построены гидроэлектростанции - Вилюйская, Зейская и Бурейская ГЭС.

ЧАСТЬ 9
ДАЛЬНЕВОСТОЧНЫЙ РЕГИОН РОССИИ

Гидроэнергетический потенциал рек Дальнего Востока составляет около 15% всех гидроресурсов страны. Транспортное значение имеют Лена, Амур, Зея, Селемджа, Бурея, Уссури, Амгунь. Следует отметить также реки крайней северо-восточной части региона - Яну, Индигирку, Колыму. Подземные воды региона, к сожалению, изучены еще недостаточно хорошо и используются пока слабо.

Великую дальневосточную реку «Амур» местные жители ласково называют «Амур-батюшка»

На юге Дальнего Востока климатические условия достаточно благоприятны для сельского хозяйства. На низменностях Приамурья хорошо растут овощи и зерновые культуры, в том числе, соя и рис, а также плодовые деревья. В Приморском крае растет даже виноград. На Сахалине успешно выращивают картофель и другие овощи.

Большое экономическое значение имеет добыча и разведение более 30 видов пушных зверей, среди них соболь, колонок, выдра, белка. Для производства ценных медицинских препаратов используются рога местных оленей. Но наибольшее значение для экономики имеют морские богатства. Здесь, особенно в Охотском

Икра лососевых рыб (красная икра) - одно из богатств Дальнего Востока

море, наиболее богатом рыбными ресурсами, добывают сельдь, камбалу, треску, лососевых (кету, горбушу, нерку и другие), морского окуня, палтуса, угольную рыбу, минтая, сайру, меч-рыбу, тунца, крабов, креветок. Большие рыболовные траулеры представляют собой плавучие заводы, которые обрабатывают весь улов сразу в море. В прибрежных водах добывается морской огурец, моллюски, мидии и гребешки, морские ежи. В Японском море добывают морские водоросли и морскую капусту.

Туристические и досуговые ресурсы Дальнего Востока потенциально велики, но используются недостаточно. Юг Приморья по своим климатическим условиям не уступает курортам Крыма и Кавказа. Ясные солнечные нежаркие дни делают климат Приморья исключительно полезным, ценность его увеличивают источники лечебных минеральных вод и залежи лечебных грязей. Купальный сезон во Владивостоке длится с июля до конца сентября, а сезон для парусного и гребного спорта превышает 250 дней.Камчатка и Курилы уникальны по своим ландшафтам, целебным горячим источникам.Организация курортной экономики на Дальнем Востоке – перспективная задача для властей региона.

1.5. Основные отрасли экономики Дальнего Востока

Ведущими отраслями экономики региона являются угольная, горнорудная, рыбная и лесная промышленность, судостроение и цветная металлургия. Дальний Восток – это, прежде всего, огромная сырьевая база Российской Федерации.

Добывающая отрасль Дальнего Востока строится на разработке месторождений алмазов, которые составляют 80% алмазных запасов России, и золоторудных и россыпных месторождений в Якутии, Амурской и Магаданской областях, Хабаровском крае и на Камчатке. В Якутии, Сахалинской, Магаданской и Амурской областях ведущее место занимает угольная промышленность.Экспортные поставки дальневосточного угля осуществляются в Японию и Южную Корею, Китай и во многие другие страны Азиатско-Тихоокеанского региона.

Погрузка угля в Приморском крае (порт Восточный)

Лесная и деревообрабатывающая промышленность Дальнего Востока развивается на юге региона. Больше всего леса заготавливается в Хабаровском и Приморском краях, там же производятся пиломатериалы, бумага, целлюлоза, древесноволокнистые плиты. Основные центры деревообработки — Владивосток, Благовещенск, Хабаровск, Биробиджан. Больше всего древесины — свыше 40% — заготавливает Хабаровский край (он даёт более 40% пиломатериалов, 70% фанеры и более 20% картона), почти 20% — Приморский и примерно по 10% — Сахалин, Амурская область и Якутия. Вырубаются главным образом лиственница, ель, кедр и пихта, а в Приморье и в Приамурье — и широколиственные леса; крайне мало используются мелколиственные леса. Среди лесных товаров, производимых в Хабаровском крае, можно назвать стандартные деревянные дома, фанеру, паркет, кормовые дрожжи, этиловый спирт и углекислоту. Город Амурск (Хабаровский край) является центром производства бумаги и картона. Хабаровской край, Приморье и Амурская область занимают лидирующие позиции в общероссийском экспорте древесины и пиломатериалов.

Цветная металлургия также является отраслью специализации Дальнего Востока, она представлена добычей и переработкой олова, ртути, золота, полиметаллических руд, вольфрама. Наибольшее значение цветная металлургия имеет в Республике Саха (более 60% от всей промышленности республики) и Магаданской области (около 60%).

Машиностроение и металлообработка занимают в экономике региона второстепенное место. Наибольшее развитие эта отрасль получила в Хабаровском, Приморском краях и Амурской области. Один из крупных машиностроительных центров — Хабаровск. Основными видами машиностроения являются: судостроение и судоремонт (города Николаевск-на-Амуре, Петропавловск-Камчатский, Владивосток, Находка, Комсомольск-на-Амуре, Хабаровск); сельскохозяйственное машиностроение (Еврейская автономная область); производство энергетического оборудования (Хабаровск и Комсомольск-на-Амуре). Черная металлургия, продукции которой явно недостаточно для нужд Дальнего Востока, представлена в Хабаровском крае (в Комсомольске-на-Амуре).

В Комсомольске-на-Амуре действует крупный авиастроительный завод

Промышленность строительных материалов также не обеспечивает нужд Дальнего Востока. Больше всего предприятий этой отрасли находится в Приморском и Хабаровском краях, а также в Республике Саха.

Химическая и нефтехимическая промышленность размещена лишь в Хабаровском крае, куда нефть поступает из Сахалинской области.

Развитая речная сеть в Хабаровском и Приморском краях, Якутии и Магаданской области стимулирует развитие рыбной промышленности и гидроэнергетики (Зейская ГЭС и Бурейская ГЭС). Дальний Восток с его малым населением производит более 50% всей рыбной продукции России, основная часть которой добывается в Приморском крае.

Камчатский краб – знаменитое богатство Дальнего Востока

Другими наиболее крупными центрами рыбной отрасли являются Сахалин и Камчатка. Среди городов-лидеров по количеству предприятий отрасли можно выделить Петропавловск-Камчатский и Владивосток (вместе с городом Находка). Добыча рыбы основана на активном лове в открытых морях с помощью крупных рыболовных судов. Главными промысловыми рыбами являются сельдь, морской окунь, минтай, тунец, лососевые породы - кета, горбуша, кижуч. Работают холодильные комбинаты, крупнейшие из которых находятся в Петропавловске-Камчатском и Комсомольске-на-Амуре. Из других отраслей пищевой промышленности на Дальнем Востоке большое значение имеет мукомольная промышленность, развивающаяся в Амурской области, Хабаровском и Приморском краях. Там же работают предприятия молочной, мясной, кондитерской, сахарной отраслей. Однако пищевая промышленность является развитой недостаточно и не обеспечивает продуктами даже небольшое население Дальнего Востока.

Лёгкая промышленность Дальнего Востока представлена небольшими текстильно-трикотажными предприятиями, обувными и некоторыми другими, не имеющими большого экономического значения для региона.

В настоящее время экономика Дальнего Востока на 80% ориентирована на страны АТР и только на 20% - на Сибирь, Европейскую часть России и на Европу. Происходит быстрая и успешная интеграция местных предприятий в региональную экономику Азиатско-Тихоокеанского региона. По своему экономическому значению для экономики России Дальний Восток остаётся поставщиком сырья.

Огромное значение для стратегического развития региона имеет начатое в 2012 году строительство космодрома «Восточный» в Амурской области – первого невоенного космодрома на территории РФ. В апреле 2016 года с «Восточного» был запущен первый космический корабль, но закончится строительство только после 2023 года. В перспективе космодром самым технологически современным и самым дорогим предприятием всего региона, к сожалению, пока единственным в своем роде.

1.6. Транспортные системы Дальнего Востока

Железнодорожный транспорт играет важную роль в транспортной системе региона.

ЧАСТЬ 9
ДАЛЬНЕВОСТОЧНЫЙ РЕГИОН РОССИИ

Прежде всего, регион связан с остальной частью России Транссибирской магистралью. Местные железнодорожные линии развиты достаточно слабо, их общая протяженность составляет всего 9 тысяч км., что значительно ниже среднероссийского уровня (на Дальнем Востоке на каждые 10 тысяч кв. км. всего 14 км. железных дорог, а в среднем по России – 50 км.) Железные дороги развиты на юге региона - в Приморском, Хабаровском краях, Еврейской АО и Амурской области. Технический уровень железных дорог региона достаточно слабый, однако этот вид транспорта играет важнейшую роль в грузовых и пассажирских перевозках. Железной дорогой перевозится большинство грузов энергоресурсов (нефти и угля), металлургии и лесной промышленности.

Возрождение "Великого Шелкового пути" - это, прежде всего, создание современных транспортных коридоров между странами Азии и Европы, большую роль в этом могут сыграть крупнейшие железнодорожные магистрали региона — Транссиб и БАМ. Модернизация этих магистралей — один из проектов, заявленных Владимиром Путиным на Петербургском экономическом форуме 2013 года, этот проект входит в программу «Экономическое и социальное развития Дальнего Востока и Байкальского региона до 2018 года».

Тында – одна из крупнейших станций БАМа

Байкало-Амурская магистраль была запланирована в 1938 году, однако активное строительство шло только с 1974 по 1984 год. За это время на неосвоенной территории удалось создать железнодорожный коридор с пропускной способностью около 16 млн. тонн грузов в год. К сожалению, сейчас БАМ почти не используется, однако правительство РФ строит планы по возрождению этого проекта: планируется построить новые ветки БАМа к месторождениям в Якутии и развивающемуся порту Ванино.

Морской транспорт также играет в регионе немалую роль, поскольку морское побережье Дальнего Востока имеет протяженность в более чем 7 тысяч километров. Здесь расположено 32 морских порта (22 торговых, 10 рыбных), а также около 300 небольших портовых пунктов. Их доля в общем объеме грузовых перевозок российских портов составляет около 35%. Однако технический уровень дальневосточных портов, как и железных дорог, не отвечает современным требованиям (они имеют маленькую глубину и не могут принять современные суда). Наиболее важными круглогодичными портами являются Владивосток, Находка, Восточный (эти три порта Приморского края занимают важнейшее место в регионе), Ванино, Магадан, на Сахалине - Корсаков и Холмск. Для некоторых регионов (Магаданской, Сахалинской областей, северных районов Хабаровского края и Камчатского края) морской транспорт - единственный путь доставки грузов. В настоящее время морским транспортом Дальнего Востока выполняется 85% экспортных и 45% импортных грузовых перевозок.

Судно у причала торгового порта (г. Петропавловск-Камчатский)

Речной транспорт в регионе используется на реках Амур и Лена. Большая глубина Нижнего Амура позволяет использовать суда «река-море» для перевозок грузов в страны АТР (более 1 млн. тонн в год). Амур является международной транспортной артерией для торговли с КНР. С российской стороны статус открытых портов приобрели Благовещенск, Нижнеленинское, Хабаровск, Комсомольск-на-Амуре. Дальневосточные экспортеры поставляют в соседнюю страну строительные материалы (например, песок), древесину, удобрения. Из Китая ввозятся продовольствие и товары народного потребления. В будущем по Амуру и его правому притоку Сунгари планируется перевозить грузы из Японии и Южной Кореи в северо-восточные регионы Китая.

Автомобильный транспорт в регионе является относительно слаборазвитым, так как на Дальнем Востоке почти нет современных автомобильных дорог. Эту проблему лишь отчасти решила новая федеральная трасса из Восточной Сибири до юга Приморья «Чита – Хабаровск – Находка». Трасса имеет такое огромное значение для развития транспорта в регионе, что открывал ее лично Владимир Путин, который совершил на ней поездку на отечественном автомобиле «Лада – Калина».

Воздушный транспорт имеет большое значение для Дальнего Востока из-за огромных размеров территории региона и слабого развития других видов транспорта в его северной части. В пассажирских перевозках этот вид транспорта играет важнейшую роль, как внутри региона, так и в его транспортных связях с другими частями страны. Доля воздушного транспорта в пассажирских перевозках на Дальнем Востоке составляет около 38%. В регионе немало населенных пунктов, для которых самолет – единственное средство сообщения. Всего на Дальнем Востоке более 200 аэропортов (включая небольшие), из них 105 находятся на юге региона. Большинство из них не имеет современного оборудования и бетонной полосы для посадки. Лишь 13 из них могут принимать тяжелые самолёты. Основным центром воздушного транспорта является Хабаровск, откуда выполняются рейсы более чем в 40 городов России и стран СНГ. Ежегодно воздушный транспорт перевозит в регионе около 2 млн. пассажиров и около 30 тысяч тонн грузов.

Глава 2. Экономическое сотрудничество Дальневосточного региона с КНР

俄罗斯远东地区与中国的经济合作

原料出口占俄罗斯远东地区外贸的71%，主要是从雅库特和萨哈林分别向中国、朝鲜、日本出口金属和石油。中国东北地区经济发展较快，急需能源补给，因此中国大量采购俄罗斯远东地区的煤炭和阿穆尔州的电能。

为扩大经济合作，中俄两国正在联合修建公路、铁路和空运走廊，将俄罗斯阿穆尔州、犹太自治州、哈巴罗夫斯克、滨海边疆区与中国东北地区连为一体。

整个远东地区都有中俄经济合作项目，双方的合作项目主要集中在采矿业、木材加工业、农业、海洋经济以及能源领域。携手复兴远东地区在20世纪90年代危机中遭遇重创的建筑行业尤为重要：在中方的协助下，俄罗斯远东地区正在新建水泥厂和砖厂，一幢幢高楼拔地而起。滨海边疆区启动了高新技术合作项目，其中中方投资额大大超过了俄方资本份额。

远东地区出台了吸引中国游客的规划，增设了阿穆尔河游船项目、阿穆尔少数民族文化体验项目、堪察加和雅库特深度游项目以及捕鱼、狩猎旅游项目等。

2.1. Торговое и энергетическое сотрудничество

Внешнеторговый оборот Дальневосточного региона (включая Якутию) в 2012 году составил 36,4 млрд. долларов США. Доля экспорта составила 71%. В товарной структуре преобладает сырье (топливо и полезные ископаемые - около 70%). Более 80% экспорта обеспечили ресурсодобывающие проекты в Сахалинской области и Якутии. Основными потребителями российского сырья выступают Республика Корея (32,4%), Япония (28,9%),

Китай (19,8%). При этом доля КНР в импорте дальневосточного сырья плавно растет.

В современной России, в контексте нестабильных отношений с Западом и стабильно развивающихся партнерских отношений с Китаем, наблюдается перестройка модели энергетического сотрудничества с зарубежными странами, которая получила название «Изменение курса энергетической дипломатии России на Восток».

Около 40% в структуре дальневосточного экспорта приходится на нефть и нефтепродукты, при этом в структуре спроса возросла доля китайских компаний. Нефть в Китай с Дальнего Востока отгружается через нефтеналивной терминал «Козьмино» в Приморском крае.

Перспективным для дальневосточных экспортеров является китайский рынок угля. Китай является вторым крупнейшим импортером угля в мире. В 2009-2010 годах власти России начали развивать активное сотрудничество с КНР еще и в сфере торговли углем. По намеченным планам, к 2030 году экспорт российского угля должен увеличиться до 100 млн. тонн в год. В 2012 году Китай вышел на первое место среди импортеров российского угля (19,3 млн. т.) В 2010 году в г. Хэйхэ (провинция Хэйлунцзян) было подписано соглашение по обязательному импорту российского угля в объеме 15 млн. тонн в год; для освоения угольных ресурсов в Амурской области, ЕАО и Хабаровском крае китайские власти выдали кредит в объеме 6 млрд. долларов США. Это позволит наладить большие объемы поставок угля в Китай при низкой стоимости перевозок. Растут объемы перевозки угля в Китай и через дальневосточные порты.

Нефтеналивной терминал «Козьмино» (Приморский край)

Большое значение для развития энергетического сотрудничества с КНР имеет уже действующая в Амурской области линия для поставки тока на территорию КНР через реку Амур. Первая линия электропередачи «Благовещенск – Хэйхэ» была открыта еще в 1992 году. Данное сотрудничество определяется договоренностями РАО «Единые энергетические системы» и Китайской государственной корпорацией электроэнергетики, подписанных при личном участии В.В. Путина в 2006 и 2007 годах. Сейчас экспорт обеспечивается межгосударственной линией электропередач, построенной в 2012 году.

В 2013 году в Китай было продано 2,73 миллиарда киловатт в час - на 51% больше,чем в2012 году. По соглашениям между двумя странами, к 2015 году объем поставок электроэнергии с территории Дальневосточного региона России в провинцию Хэйлунцзян должен составить 38млрд. кВт/час в год.

Еще одно многообещающее направление - экспорт сжиженного природного газа (СПГ). Спроса СПГ в странах АТР растет. Сегодня в РФ производится 9,6 млн.этого вида энергоносителя на заводе, который построен корпорацией «Газпром» в рамках проекта «Сахалин-2» На роль крупнейшего потребителя российского СПГ претендует Китай. В 2012-2013 году поставки СПГ в Китай были совсем небольшими (0,4 млн. тонн в 2012 году), однако российское правительство активно поддерживает сотрудничество с КНР в этом направлении.

2.2. Пограничное, транспортное и туристическое сотрудничество

В рамках Программы сотрудничества между регионами Дальнего Востока и Восточной Сибири Российской Федерации и Северо-Востока Китайской Народной Республики на период 2009-2018 гг. (уже упомянутой нами в главе, посвященной Восточно-Сибирскому региону России), большая часть из ключевых проектов сотрудничества, как в экономической, так и в гуманитарной сферах, затрагивает Дальневосточный регион России. Для укрепления региональных связей планируется развернуть работу по нескольким направлениям, прежде всего, по развитию пограничной транспортной инфраструктуры (строительство многостороннего автомобильного пункта пропуска Пограничный – Суйфэньхэ, реконструкция ряда других пунктов пропуска в Амурской области и ЕАО, строительство грузового и пассажирского причала в пункте пропуска Нижнеленинское, а также в пункте Амурзет). Запланирована реконструкция автомобильных дорог на подъездах к пунктам Нижнеленинское, Амурзет и Пашково, а также дорог от этих пунктов до Биробиджана, а с китайской стороны – строительство пограничной автомобильной дороги от Тунцзяна до Фуюаня. Еще одна приграничная автомагистраль свяжет Суйфэньхэ и Маньчжоули, будут также построены автомагистраль Дуннин – Муданьцзян и железнодорожная ветка Дуннин – Хуньчунь.

Реконструирован будет и железнодорожный пункт пропуска Нижнеленинское – Тунцзян, здесь планируется построить железнодорожный мост через Амур.

Через Амур по маршруту «Благовещенск – Хэйхэ» налажена переправа

Крупнейшим проектом в этом отношении является строительство автомобильного моста между Благовещенском и Хэйхэ (там же будет создан новый пункт пропуска). Новый мост позволит создать единый транспортно-логистический комплекс между двумя этими городами. Еще один крупный проект – строительство международной автомобильной трассы Владивосток – Чанчунь (через г. Хуньчунь). В 2015 году по данному маршруту запланировано международное автобусное сообщение. Планируются и автомобильные пассажирские перевозки по маршруту Хабаровск – Харбин (через Бикин и Жаохэ).

Железнодорожный пограничный переход между Приморским краем и провинцией Цзилинь КНР в Хуньчуне

В сфере совместного развития транспортных систем на Дальнем Востоке запланировано изучение возможностей по совместному использованию портов региона, по открытию международного сообщения от Даньдуна (провинция Ляонин) на юге через города Цзямусы и Муданьцзян (провинция Хэйлунцзян) и город Уссурийск (Приморский край). Этот маршрут будет иметь выход на Транссибирскую магистраль. Новые авиамаршруты должны связать с городами Северо-Востока КНР аэропорты Владивостока, Магадана, Якутска, Анадыря, Южно-Сахалинска и Петропавловска-Камчатского. Владивосток и Якутск должны стать региональными центрами сотрудничества с КНР в сфере воздушного транспорта. Кроме того, запланирована реконструкция аэропорта Благовещенска для расширения сети маршрутов в КНР. С китайской стороны запланировано строительство новых аэропортов в городах Фуюань, Удаляньчи, Ябули и других.

В 2013 году Россия и Китай подвели итоги Года китайского туризма в России и отметили, что перспективы туристического сотрудничества двух стран очень широки. Стороны объявили о намерении за 2-3 ближайших года увеличить поток туристов до 5 млн. человек в год (в 2013 году он составил 2,6 млн. человек, большая часть – это российские туристы, въезжающие в Китай). Дальний Восток имеет достаточные туристические ресурсы для приёма китайских туристов, однако на пути развития этого направления сотрудничества есть препятствия, например, недостаточно оборудованные пункты пограничного пропуска, недостаточно готовы к притоку китайских туристов местные системы безопасности и медицинского обслуживания. Приморский край, благодаря инфраструктуре, построенной к саммиту АТЭС 2012 года, лидирует по числу приёма китайских туристов – более 100 тысяч человек в год. Второе место по китайскому туризму в регионе занимает Амурская область.

ЧАСТЬ 9
ДАЛЬНЕВОСТОЧНЫЙ РЕГИОН РОССИИ

Новый грузовой пограничный пункт «Хабаровск – Фуюань» на острове Большой Уссурийский (проект)

Значительно увеличивается количество китайских туристов в Хабаровском крае. Однако в Хабаровском крае число китайских туристов примерно в 30 раз меньше, чем в Приморском. Такая разница объясняется инфраструктурными факторами. В Приморье основной поток туристов направляется через автомобильный контрольно-пропускной пункт (КПП) «Суйфэньхэ-Пограничный», а в Хабаровск большинство китайских туристических групп въезжает на речном транспорте, при этом пограничные органы Хабаровска не могут обслужить более 10 пассажирских судов в день.

На Дальнем Востоке китайские туристы могут посетить не только крупные города. Разработаны также круизные маршруты по Амуру, этнографические путешествия, позволяющие познакомиться с культурой и бытом малых народов Амура, а для пожилых туристов созданы экскурсионные туры по историческим местам. Кроме того, китайские туристы начали интересоваться экзотическими турами по региону: их заинтересовали, например, виды Якутии, а также маршруты рыболовного и охотничьего туризма.Планируется создание российско-китайского туристического маршрута по рекам бассейна реки Амур с заходами в Уссури, Сунгари и Зею (проект "Амур-Хэйлунцзян").

2.3. Совместные экономические проекты

Стратегическая программа регионального сотрудничества подразумевает запуск большого количества совместных проектов во всех регионах Дальнего Востока в самых различных отраслях. Наибольшее внимание уделяется добывающей отрасли: запланировано совместное освоение Евгеньевского месторождения апатитов в Амурской области, оловянных руд в Хабаровском крае,строительство Дальневосточного горно-металлургического комбината для переработки железных руд на территории Еврейской

АО, строительство комбината для переработки золотых руд на севере Хабаровского края, освоение месторождений каменного и бурого угля на Сахалине и на Камчатке, переработка титано-магнетитовых песков Халактырского месторождения на Камчатке. Крупнейшим по масштабам является чукотский проект освоения Беринговского месторождения каменного угля. Инфраструктура на Чукотке совершенно не развита, поэтому кроме организации добычи и переработки угля здесь будет построен морской порт для отгрузки угля, энергетические линии и дорога до Анадыря. Аналогичный проект запланирован для Чукотки и в сфере нефтепереработки: в Анадыре будет построен крупный нефтеперерабатывающий завод, нефтепровод до местных источников нефти (длиной 138 км.), нефтебаза и морской причал для отгрузки нефти.

Почти в каждом субъекте федерации есть планы по развитию деревообрабатывающей промышленности. Планируется построить соответствующие заводы в ЕАО (г. Биробиджан, село Нижне-Ленинское), на Сахалине, на реке Колыма, на Камчатке. Запланировано создание мощной системы предприятий для глубокой переработки древесины в Хабаровском крае (в Амурске, Комсомольске-на-Амуре, Вяземском) общей мощностью до 100 тысяч кубометров в год.

Дальневосточный регион обладает уникальными ресурсами сельского и морского хозяйства, которое нуждается в развитии и модернизации. Китайские партнёры помогут построить новые животноводческие комплексы в ЕАО, там же появится завод по переработке сои. В Амурской области будет создан российско-китайский центр аграрных технологий в Амурской области. В Магаданской области и на Чукотке будет создан крупный комплекс по добыче морского зверя с глубокой переработкой ценного биологического сырья, в частности, для медицинских и косметических целей. Совместные проекты будут реализованы и на Камчатке, в частности, запланировано создание морских ферм и заводов по глубокой переработке рыбы и морепродуктов. На Камчатке, в бухте Русская, будет создан завод по производству природной питьевой воды с содержанием серебра.

Добыча морского зверя на Чукотке – перспективное направление сотрудничества с Китаем

Как и в Восточной Сибири, в значительных инвестициях нуждается строительная промышленность Дальнего Востока. Новые цементные и кирпичные заводы появятся в Амурской области, Хабаровском крае, на Сахалине. Огромный опыт строительства жилья китайской стороной может быть использован для строительства новых жилых кварталов Благовещенска, доступного жилья в городах Камчатки и Сахалина. Большие перспективы

ЧАСТЬ 9
ДАЛЬНЕВОСТОЧНЫЙ РЕГИОН РОССИИ

Китайские специалисты успешно ведут строительство новых кварталов Благовещенска (Амурская область)

просматриваются в строительстве объектов туристической инфраструктуры на Камчатке (горнолыжные курорты, spa-отели, гостиницы).

Большое внимание уделяется и энергетическому сотрудничеству в регионе. С участием китайских партнёров планируется строительство Ургальской ТЭС на северо-западе Хабаровского края. В Магаданской области на реке Колыма будет начато строительство Усть-Среднеканской ГЭС на реке Колыма, там же будет создан завод по производству водородного топлива.

В Приморском крае должны сосредоточиваться наиболее высокотехнологичные проекты двустороннего сотрудничества. Здесь запланировано создание зоны технологического сотрудничества в рамках российско-китайского парка по внедрению информационных технологий в г. Владивостоке (еще две такие зоны будут открыты в Харбине и Муданьцзяне). Будет создана российско-китайская экспериментальная инновационная площадка "Техноград" в г. Партизанске (Приморский край). Запланировано строительство нескольких крупных промышленных районов и парков – «Канцзи» в городе Уссурийск, промышленного парка в Михайловском районе, базы по производству бытовых электроприборов «Артём».

Перечисленные проекты сыграют важную роль в развитии экономики. Необходимо учитывать, что экономическое сотрудничество с КНР для российского Дальнего Востока является непреложным условием развития. По данным российских СМИ, за 2010 год китайские инвесторы вложили в регион 3 млрд. долларов США, а правительство РФ – около 1 млрд. долларов.

Глава 3 Научные и образовательные ресурсы Дальневосточного региона России

俄罗斯远东地区的科学与教育资源

远东地区具有独特的科学资源：俄罗斯科学院远东分院（创办于1987年）下设有50余家研究所。最大的科学中心位于哈巴罗夫斯克、符拉迪沃斯托克、布拉戈维申斯克、雅库茨克，其主要研究方向有：海洋生物学和海洋地质学、海洋学、海洋技术和当地各民族的民族学。堪察加半岛上有世界上唯一的一个火山学研究院。

远东地区的主要高校有：远东联邦大学（符拉迪沃斯托克）、东北联邦大学（雅库茨克）、太平洋国立大学（哈巴罗夫斯克）和阿穆尔国立大学（布拉戈维申斯克）。

其中，远东联邦大学是最著名的大学，其科研水平和教学质量丝毫不逊色于俄罗斯的顶尖大学。远东联邦大学的科研中心积极研究纳米物理学、纳米生物学和纳米医学的前沿技术。该校还是俄罗斯最权威的东亚语言（汉语、朝鲜语、日语）教学中心之一。"俄罗斯"岛上2012年建成的远东联邦大学新校区，是整个远东地区的又一处靓丽风景。

远东地区的高校和中方紧密合作，远东地区几乎每一个城市都开设了孔子学院。定期举办的中国东北地区与俄罗斯远东、西伯利亚地区校长论坛在双方合作中发挥着重要作用。

Дальний Восток России, несмотря на свою удалённость от крупных научных центров Европейской части России и Сибири, имеет собственный значительный научный и образовательный потенциал. В регионе работает свыше 50 научных организаций Дальневосточного отделения Российской Академии наук (ДВО РАН). Научные центры ДВО РАН расположены почти во всех крупных городах региона – Хабаровске, Владивостоке, Петропавловске-Камчатском, Благовещенске, Магадане и Южно-Сахалинске. В Якутске работает научный центр Сибирского отделения РАН. Как и в Сибири, эти научные центры занимаются, главным образом, местными проблемами.

Дальневосточное отделение РАН как самостоятельная региональная научная структура была создана в 1987 году (до этого с 1957 года входило в состав Сибирского отделения АН СССР). Морские технологии и биология моря, морская геология и океанология, этнография народов Дальнего Востока – вот уникальные региональные направления работы местных научных институтов. На Камчатке работает единственный в мире научный институт вулканологии и сейсмологии, в Магадане – Институт биологических проблем Севера. ДВО РАН занимается не только теоретическими исследованиями, но и принимает активное участие в создании комплексов высоких технологий «наука + образование + бизнес».

ЧАСТЬ 9
ДАЛЬНЕВОСТОЧНЫЙ РЕГИОН РОССИИ

В.В. Путин посетил океанариум Дальневосточного отделения РАН во Владивостоке

В число ведущих вузов региона входят Дальневосточный федеральный университет (г. Владивосток), Северо-Восточный федеральный университет (г. Якутск), Тихоокеанский государственный университет (г. Хабаровск), Амурский государственный университет (г. Благовещенск) и другие.

Дальний Восток должен самостоятельно готовить специалистов, которые смогли бы развивать в регионе инновационные отрасли (новые технологии энергосбережения, новые материалы и технологии, информационные системы, системы спутникового наблюдения) и провести модернизацию промышленности. Для этого в регионе создано два федеральных университета – во Владивостоке и Якутске. ДВФУ – это пример одного из наиболее успешных и престижных вузов России, который объединяет в себе и научно-исследовательский центр, и центр современного высшего образования. Его главные направления исследований и подготовки специалистов – это изучение, сохранение и использование биоресурсов, особенно Мирового океана, развитие нанофизики, нанохимии, нанобиологии, наномедицины; создание современных

Новый кампус ДВФУ на острове Русский

строительных материалов; языковая подготовка (в направлении азиатских языков, прежде всего, китайского, корейского и японского). В вузе обучается 24 тысячи студентов и 500 аспирантов по почти 600 специальностям, важнейшее из которых – востоковедение (свыше 90% специалистов этого направления в регионе – выпускники ДВФУ). Для вуза в 2009-2012 годах был построен новый кампус на острове Русский – один из самых современных и крупных в России (его общежития рассчитаны на 11 тысяч человек). В 2012 году там прошли мероприятия саммита АТЭС. Огромный и современный университетский кампус – редкость в России, поэтому остров Русский является сейчас главной достопримечательностью Владивостока. Здесь регулярно проводятся крупные международные мероприятия, например, Молодежный форум Ассоциации университетов АТР, спортивные соревнования.

ДВФУ является не единственным успешным вузом Владивостока. Больших успехов в научной работе и современном образовании добился и Владивостокский государственный университет экономики и сервиса (ВГУЭС), в котором создан первый и единственный в Приморском крае бизнес-инкубатор (центр поддержки малых предприятий и молодых предпринимателей). Бизнес-инкубатор ВГУЭС, кроме того, занимается переподготовкой специалистов, организуя курсы по таким престижным направлениям, как интернет-маркетинг, PR-технологии, политические технологии. Вуз открыл несколько фондов для поддержки лучших предприятий в сфере высоких технологий. Это позволяет добиться развития инноваций даже в таком отдаленном регионе России, как Дальний Восток. Все вузы региона активно изучают возможности новых экономических и культурных связей с партнёрами по АТР.

Научно-образовательный потенциал региона активно используют и китайские партнёры. Успешно реализуются программы совместной подготовки бакалавров, магистров и докторантов известными университетами; проводятся обмены учёными и преподавателями, постоянно расширяется обмен студентами, организуются летние лагеря. Большую работу в этом отношении проводят Институты Конфуция, действующие во многих ведущих вузахрегиона.

Первый в Сибири и на Дальнем Востоке РФ Институт Конфуция был основан на базе ДВГУ (сейчас ДВФУ) при участии Хэйлунцзянского университета (КНР, г. Харбин). Помимо языковой подготовки Институт проводит мероприятия по китайской культуре (каллиграфия, тайцзицюань), сейчас он считается одним из лучших в России. В образовательных и культурных мероприятиях Института Конфуция

Молодежь Дальнего Востока с удовольствием изучает китайский язык (на фото: учащиеся Института Конфуция в ДВФУ)

ДВФУ приняли участие более 40 тысяч жителей Дальнего Востока, подготовленные Институтом Конфуция ДВФУ команды студентов и школьников не раз становились призерами всероссийских и всемирных конкурсов китайского языка. Институт Конфуция ДВФУ - яркий пример активной и успешной формы российско-китайского образовательного партнёрства на территории Дальнего Востока. В Амурской области Институт Конфуция был организован на базе Благовещенского государственного педагогического университета 15 октября 2007 г.

Успешно сотрудничают с китайскими партнёрами и дальневосточные научные библиотеки:Дальневосточная государственная научная библиотека в Хабаровске и Амурская областная научная библиотека им. Н.Н. Муравьева-Амурского в Благовещенске. Они регулярно проводят международные конференции и рабочие встречи с библиотекарями КНР, организуют выставки и обмен книгами.

В октябре 2014 года в г. Благовещенске и г. Хэйхэ (КНР) проходил XI международный форум ректоров вузов Дальнего Востока, Сибири и Северо-Востока КНР. На форум съехались представители вузов из таких городов, как Магадан, Владивосток, Хабаровск, Чита, Якутск, Благовещенск, Новосибирск, Омск, Тюмень, Комсомольск-на-Амуре, Харбин, Чанчунь, Хэйхэ, Аньшань, Суйхуа и др. Параллельно с форумом ректоров проходил молодёжный форум студентов вузов России и Китая «Молодёжь России и Китая: вектор в будущее». В нём приняло участие более 100 лидеров студенческих объединений России и Китая. На Форуме было принято решение считать развитие совместных образовательных программ подготовки магистров самым важным направлением образовательного сотрудничества Китая и восточных регионов РФ. Обе стороны договорились направить студенческие команды на международный физкультурно-спортивный фестиваль «Студенты Азии», который состоится в сентябре 2015 года в г. Хабаровск.

В научной библиотеке Хабаровска

Глава 4 Природные и культурные достопримечательности Дальневосточного региона России

俄罗斯远东地区的自然与文化景观

俄罗斯远东地区的主要景点是其未被人为破坏、独一无二、丰富多彩的自然风光，例如堪察加半岛的火山、太平洋的海岸、阿穆尔河的自然景观等。该地区主要的文化景观集中在哈巴罗夫斯克和符拉迪沃斯托克，诉说着远东开发史的点点滴滴。

堪察加半岛是世界上最美丽的地方之一。阿瓦查湾、"堪察加火山"自然公园和"间歇泉峡谷"为全球纯天然风景爱好者所熟知。堪察加的彼得罗巴甫洛夫斯克拥有两个绝无仅有的博物馆：火山博物馆、三文鱼博物馆。遗憾的是，由于地震频发、交通和酒店基础设施落后，堪察加难以成为俄罗斯真正的旅游胜地。

雅库特、楚科奇半岛、堪察加岛拥有丰富的旅游资源，当地少数民族民族（雅库特族、堪察加族、科里亚克族）的文化、传统和节庆异彩纷呈。阿穆尔各族人（赫哲、达斡尔族、乌利奇族）的文化对于中国和日本游客颇具吸引力。

符拉迪沃斯托克的景点具有海洋风情。此外，馆藏日俄战争大量文献的军事历史博物馆也值得一去。

俄罗斯滨海边疆区和中国黑龙江省的边界上有一个风景如画的湖泊——汗卡湖，两国联合将该湖建成了自然保护区。

Главная достопримечательность Дальнего Востока России – это его прекрасная, не испорченная человеком, уникальная и очень разнообразная природа. От Камчатских вулканов и гейзеров до владений уссурийского тигра, от суровых снегов Чукотки до величественных вод Амура – в регионе найдутся пейзажи на любой вкус. Основные культурные достопримечательности в Якутске, Благовещенске, Хабаровске и Владивостоке посвящены, главным образом, истории освоения Дальнего Востока.

Авачинская бухта

Бухта «Авачинская» расположена на юго-восточном побережье Камчатки. Ее огромная площадь в 215 кв. км не замерзает всю зиму.На берегах бухты расположились два города: Петропавловск-Камчатский – самый крупный город полуострова и Вилючинск – город подводников Тихоокеанского флота.В бухту впадают две реки: Авача и Паратунка, широко известные среди любителей рыбалки. Сама Авачинская бухта пользуется популярностью среди любителей морских прогулок и дайвинга. Бухта отделена от Тихого океана узким проливом в 3 км, что достаточно хорошо защищает ее от штормов. Здесь часто собираются тюлени и другие морские животные и птицы.

Несомненным символом бухты являются скалы «Три брата», они расположены у входа в бухту. Легенда гласит, что когда-то давно на берег Камчатки обрушился жестокий цунами. Три брата, прекрасные юноши, договорились защитить родные земли от удара морской стихии и встали у входа в бухту, чтобы своими телами защитить берег и освободить свой народ от горя. Так и стоят они до сих пор – гордые и непобедимые скалы, символы защитников своего народа.

«Три брата» в Авачинской бухте

Вулканы Камчатки

Природный парк «Вулканы Камчатки» был учрежден в январе 2010 г. и объединил в себе четыре природных парка: Ключевской, Быстринский, Налычево и Южно-Камчатский. На огромной территории парка (свыше 2,5 млн. га) расположены действующие и потухшие вулканы, включенные в Список Всемирного природного наследия ЮНЕСКО. Уникальность парка в том, здесь постоянно меняется ландшафт. В парк часто приезжают ученые наблюдать за тем, как появляются и исчезают горы, как бьют из-под земли горячие источники. Здесь соседствуют альпийские луга, тундра, лиственные и хвойные леса. Здесь, несмотря на опасную близость вулканов, обитают редкие виды животных и растений. Эта часть земли оставалась безлюдной длительное время: коренные жители не хотели селиться у опасных вулканов.

Ключевская сопка – один из самых известных вулканов на Камчатке

Для туристов разработан ряд увлекательных маршрутов для активного и познавательного отдыха: восхождения на вулканы, сплавы по горным рекам, походы по альпийским лугам, поездки на собачьих упряжках и вездеходах, купание в горных озёрах. Здесь же можно заниматься и горнолыжным спортом.

На территории парка «Быстринский» есть возможность познакомиться с бытом коренных народов Камчатки. Особый интерес вызывают национальные праздники народов Севера, например, традиционные гонки на собачьих упряжках «Берингия» (гонки в марте, как правило, на очень длинных маршрутах, есть и детские гонки).

В конце февраля проходит «День оленевода», где можно попробовать национальные блюда из северного оленя и понаблюдать за соревнованиями на оленьих упряжках. В июне местные народы встречают Новый год и отмечают праздник «Нургэнэк».

Природный парк «Ключевской» включает в себя 12 вулканов, в том числе один из красивейших вулканов Камчатки — Ключевской — один из самых активных в мире и самый высокий действующий вулкан Евразии высотой 4750 метров. В парке есть еще одна достопримечательность – сухие реки (вода в них почти всегда остаётся замёрзшей).

Есть возможность подняться в кратеры действующих вулканов, где лава еще не остыла.

Долина гейзеров

Долина гейзеров — одно из семи чудес России. Располагается она среди вулканов вдоль восточного побережья Камчатского полуострова, в глубоком каньоне реки Гейзерной.

Долина гейзеров на Камчатке

Долина, которая является самым крупным скоплением гейзеров в Евразии, находится на территории Кроноцкого государственного биосферного заповедника. Гейзер — источник, из которого время от времени на большую высоту выбрасывается горячая вода с паром — удивительное природное явление, связанное с действием вулканов. Гейзер «Великан» — самый большой в Долине, он выбрасывает кипящую воду на 30 метров вверх, а пар – на высоту до 300 метров. Всего в Долине находится около 40 гейзеров и огромное количество горячих источников. В 2007 году, в результате природной катастрофы, несколько гейзеров оказались под землей, а на территории Долины появилось огромное озеро с горячей водой. Интерес туристов и учёных к этому месту огромен, но добраться сюда можно только на вертолёте, а для туристов действуют очень строгие ограничения (например, приехать в Долину самостоятельно нельзя).

Культурные достопримечательности Якутска

Якутский русский драматический театр имени А.С. Пушкина является первым театром на территории Якутии, он был открыт в 1920 году. Свою историю театр начал со спектакля «На дне». С 1992 года на базе театра работает театральная школа-студия (высшее учебное заведения для актёров театра).

Дом-музей истории политической ссылки в Якутске – известная культурная достопримечательность города. До 1917 года в нём жили революционеры, отправленные в ссылку царским правительством. В феврале 1951 года здесь был открыт исторический музей. В доме-музее сохранилось много предметов быта ссыльных. Позже на территорию музея перенесли несколько уникальных старинных зданий, например, старую церковь.

Военно-исторический музей Тихоокеанского флота и Владивостокская крепость-музей

Военно-исторический музей Тихоокеанского флота во Владивостоке – это главный музей города, создан он был в 1950 году, сейчас размещается в старинном здании на главной улице города. На сегодняшний день в одиннадцати залах музея насчитывается свыше 40 тысяч удивительных экспонатов, которые рассказывают посетителям об истории Тихоокеанского флота со времен Петра I до наших дней: старинное оружие и награды русских моряков, исторические памятники Русско-японской войны, коллекция моделей кораблей. Филиалом музея являются два корабля Тихоокеанского флота - подводная лодка «С-56» и мемориальный корабль «Красный вымпел».

Владивостокская крепость (внутренние музейные помещения)

Владивостокская крепость представляет собой комплекс военных строений, построенных в начале XX века (с учётом опыта Русско-японской войны 1904-1905 годов). В своё время крепость считалась одной из самых надёжных в России. В октябре 1996 г. на территории крепости был открыт музей, коллекции которого рассказывают посетителям об истории крепости, а также о прошлом самого города и Приморского края.

Бухта Провидения

Эта живописная бухта в Беринговом море была открыта еще в 1660 году первым русскими путешественниками. Своё название она получила только 200 лет спустя, когда один английский капитан спас здесь свой корабль (который был уверен, что именно Бог помог ему найти эту безопасную бухту). В бухте, активно используемой с XIX века, до сих пор действует морской порт. В последние годы сюда стали всё чаще приезжать туристы, каждую зиму здесь проводятся гонки на собачьих упряжках.

К северо-востоку от Бухты Провидения располагается главная достопримечательность

Чукотки – Китовая аллея, которая протянулась вдоль берега Берингова пролива на 500 метров. Считается, что это сооружение, построенное из больших костей китов, было создано в XIV веке и остаётся единственным памятником местной древней культуры. Для строительства такого громадного памятника потребовалось не менее 50 взрослых китов. В конце этого строения можно увидеть 50-метровую каменную дорогу, ведущую к ровной и круглой площадке, окружённой большими камнями. Очевидно, что это место было священным для древних жителей полуострова.

Китовая аллея на Чукотке

Музеи города Петропавловск-Камчатский

Музей вулканологии, основанный в 1963 году, является единственным в своем роде в России. Сейчас музей входит в состав Института вулканологии Дальневосточного отделения Российской Академии Наук и является в большей степени научным центром, чем местом для туристов. Здесь хранятся фотографии и фильмы о вулканах, а также образцы вулканических пород и лавы из вулканов Камчатки, Курильских островов, Италии, Японии, США, Мексики, Исландии и Новой Зеландии. Все образцы минералов тщательно изучены, установлен их химический состав.

Музей лосося (Петропавловск-Камчатский)

Музей лосося, открытый в Петропавловске-Камчатском в 2004 году, также единственный в России. Экспонаты музея рассказывают о разнообразии рыб Камчатки, о географии обитания тихоокеанских лососей, об истории ловли лосося и способах охраны природы. Лосось – не просто одна из рыб Камчатки, это важнейшая часть местной экологии и культуры местного населения – камчадалов.

Озеро Ханка

Озеро, имеющее форму груши, расположено на границе Приморского края и китайской провинции Хэйлунцзян. Его длина достигает 95 километров, максимальная глубина около 10 метров. Это самое большое пресноводное озеро на Дальнем Востоке, богатое рыбой и птицей. Местная рыба еще в средние века поставлялась к столу китайских императоров. В 1990 году на территории озера был организован Ханкайский заповедник, а в 1996 году создан международный российско-китайский заповедник «Озеро Ханка». В начале лета, когда на озере дуют сильные ветра, здесь проводятся популярные соревнования виндсёрферов.

Амурские столбы (Хабаровский край)

Амурские столбы

Столбы представляют собой скалы различных причудливых форм, расположенные на вершине горы в 800 метров. Природная достопримечательность скрыта в глухой тайге Хабаровского края, примерно в 130 километрах от Комсомольска-на-Амуре, на левом берегу Амура. С вершины сопки открываются потрясающие виды нижнего течения реки. Высота столбов разная - от 12 до 70 метров, самой известной является «Шаман-камень». Его происхождение местные жители - нанайцы - объясняют красивой легендой, о том, что в камне навеки застыли шаман, девушка и охотник. По некоторым легендам, это и вовсе остатки древнего города, например, один из камней похож на белую церковь. Нанайцы верят, что воздух около Амурских столбов особенный, помогает лечить болезни.

Глава 5　Экологическая обстановка на Дальнем Востоке

俄罗斯远东地区的生态环境

俄罗斯远东地区工业发展水平低下，因此反倒是俄罗斯生态环境最好的地区之一。远东北部的雅库特、堪察加和楚科奇地区的空气质量可以说是俄罗斯境内最好的。令人遗憾的是，相比于俄罗斯其他地区而言，远东大部分地区（特别是阿穆尔地区、哈巴罗夫斯克边疆区）是最容易受森林火灾危害的地区。此外，阿穆尔河的污染问题特别突出，水质逐年恶化。雅库特的采矿工作也产生了一些不良影响，但是总体而言，当地的生态环境非常良好。远东地区生态环境的特点是：与中国环保机构合作，保护阿穆尔河、乌苏里江沿岸自然环境及珍稀动物。这一工作现由俄罗斯总统普京亲自主持。

На Дальнем Востоке, по сравнению с другими регионами Востока России, ситуация не является критической, но экологические проблемы также присутствуют. Огромной экологической проблемой для региона являются лесные пожары. Ежегодно они уничтожают огромные массивы леса в Амурской области, Еврейской АО, Хабаровском крае.

Большинство регионов Дальнего Востока России относятся к экономически малоразвитым, следовательно, промышленное загрязнение воздуха, воды и почв здесь не является столь же острой проблемой, как в промышленных центрах Сибири и Урала. Особенно это актуально для севера региона, где экологическая обстановка является одной из наиболее благоприятных в России.

Лесные пожары поражают огромные площади Дальнего Востока

На юге региона экологические проблемы стоят острее. Некоторые из них связаны с загрязнением бассейна реки Амур, в первую очередь, водами канализационного стока. В крупнейших городах на Амуре – Благовещенске, Хабаровске, Комсомольске-на-Амуре – очистные сооружения устарели, их модернизация происходит слишком медленно. Во многих городах Якутии современных очистных сооружений нет совсем. Качество воды в Амуре и его притоках остается низким. Существуют и проблемы,

ЧАСТЬ 9
ДАЛЬНЕВОСТОЧНЫЙ РЕГИОН РОССИИ

связанные с изменением русла реки Амур (этот процесс начался естественным образом в прошлом веке). Амур быстро мелеет в районе Хабаровска. Воды другой крупнейшей реки региона – Лены – оцениваются как «умеренно загрязненные».

В Якутии, в целом, экологическая обстановка остаётся благоприятной. Здесь реализуется целый ряд экологических проектов по улучшению качества территорий вокруг крупных городов. Действуют программы «Шум зеленой тайги - музыка жизни моей», «Ытыксирдэр – памятник природы», «Расширение сети общественного экологического мониторинга в Юго-Западной Якутии», «Сохраним лечебно-восстановительную силу природы»,«Измени мир к лучшему!» и другие. На территории Якутии существуют источники радиоактивного заражения, в том числе, в месте добычи полезных ископаемых (для разведки и добычи полезных ископаемых производились подземные ядерные взрывы). На территорию республики поступали и продолжают поступать загрязнения из других регионов, в частности – от Норильского горно-металлургического комплекса. Добыча полезных ископаемых является причиной экологических проблем и в других частях региона.Так, например, в Амурской области из-за большого количества новых мест добычи золота ухудшается качество почв и воды.

В регионе ведется активное экологическое сотрудничество с китайскими партнёрами. Так, например, подписаны соглашения по сотрудничеству в сфере охраны природы острова Большой Уссурийский. Правительства Амурской области и провинции Хэйлунцзян договорились о сотрудничестве в охране воды в пограничной реке Амур, а также об обмене экологическими технологиями

Очистка Амура от загрязнения – общее дело России и Китая

и информацией о результатах оценки окружающей среды. Планируется создание ряда приграничных охраняемых природных территорий. Правительства Хабаровского края, Сахалинской области и провинции Хэйлунцзян подписали аналогичное соглашение, совместно проводят наблюдения за качеством воды в Амуре, за качеством воздуха, ведут защиту местных видов животных и растений.